취향과 경험을 판매합니다

취향과 경험을 판매합니다

은종성 지음

책길

차례

1장

소비자가 중심이 되는 경험경제

2장

고객경험을 제공하는 방식들

3장

오프라인의 취향과 경험

4장

소유에서 이용으로 구독경제

취향과 경험을 판매한다는 것은

라이프 스타일이란 사람들이 살아가는 방식, 즉 개인이 가진 저마다의 독특한 삶의 양식을 말하는 것으로 취향, 사물, 공간을 투영합니다. 여기서 취향은 순간의 경험들이 쌓이고, 체득되고, 정제되는 과정을 거치면서 완성되는 게 일반적입니다.

지금은 제품과 서비스가 넘치는 시대입니다. '공급 과잉'이라고 하죠. 소비자들이 원하는 것도 다양해졌는데, 우리는 이를 '소비자 욕구의 다양화'라고 부릅니다. 누군가는 지나치게 예민한 것 아니냐고 말할 수도 있지만, 그만큼 사람들의 라이프 스타일은 복잡하고 다양해졌습니다.

'공급 과잉'과 '소비자 욕구의 다양화'는 많은 변화를 불러왔습니다. 그중에서도 가장 중요한 변화를 꼽으라면 전 국민이 사랑하는 '베스트셀러'가 탄생하기 어렵거나 아예 없어지고 있는 현상입니다. 이제 기업은 고객에게 다가가는 방법에 있어 지금까지 관념적으로 파악했던 기준을 다시 잡아야 합니다. 소비자 개개인의 특성을 파악하고, 고객의 행동과 경험과 니즈를 잘게 쪼개어 세분화해 접근해야 한다는 얘기입니다. 소비자는 마케팅으로 그럴듯하게 포장된 의미 없는 과장을 거부하고 있기 때문입니다.

최근에는 '라이프 스타일을 판다'거나 '라이프 스타일을 제안한다'는 말을 쉽게 사용합니다. 이는 단순히 생활의 편리함 또는 새로움만을 의미하지 않습니다. 고객의 삶의 관점을 깊이 있게 이해하며, 그의 전체적인 모습과 맥락에 따른 취향을 존중하고 경험을 제공한다는 뜻입니다.

'지식의 저주'라는 말이 있습니다. 상대도 나만큼 지식이 있다고 착각한다는 것으로 기업의 여러 활동에서 자주 나타납니다. 단적인 예가 제품 개발자들이 소비자들도 자신들처럼 첨단기능을 능숙하게 사용할 것이라고 착각해 신제품을 개발한다는 겁니다. 그런데 재미있는 사실은 신제품 관련 고장신고 내용을 보면 대부분 실제 제품의 고장보다는 사용방법을 몰라서라고 합니다. 소비자는 기업만큼은 제품에 관심이 없는 거죠. 그럼에도 기업들은 연일 자사의 제품에 새로운 기능을 추가하느라 여념이 없습니다. 집에서 TV를 볼 때 리모컨에 있는 기능 중 실제 사용하는 게 몇 개나 되는지를 떠올려보기만 해도 금방 이해할 수 있습니다.

이러한 일은 고객경험 분야에서도 확인이 됩니다. 글로벌 컨설팅 업체인 베인앤컴퍼니(Bain & Company)가 전 세계 362개 기업을 대상으로 고객중심경영을 조사한 결과를 보면 응답 기업의 95%가 "고객지향적인 전략을 사용하고 있다"고 답했습니다. 그리고 80%의 기업은 스스로를 "경쟁사보다 차별화된 상품과 서비스를 제공하고 있다"고 평가했습니다. 맞는 말일까요? 아닙니다. 고객들은 앞서 말한 바와 같이 그렇게 생각하고 있지 않습니다. "기업이 차별화되고 우수한 상품과 서비스를 제공하는가?"라는 질문에 불과 8%만이 "그렇다"고 답했거든요. 고객경험을 관리해야 하는 이유가 여기에 있습니다.

그렇다면 고객경험은 왜 더 중요해지는 걸까요? 그것은 '제품의 서비스화'에 기인합니다. 예를 들어 사람들이 쏘카와 같은 공유서비스로 필요할 때만 차량을 이용한다면 자동차는 제품이 아닌 서비스가 됩니다. 가족들과 캠핑을 떠나면서 장비를 사지 않고 필요할 때만 대여해서 사용한다면 캠핑용품 또한 제품이 아닌 서비스가 됩니다. 그렇게 되면 결국 제품은 서비스를 제공하기 위한 도구로 인식되기 시작할 것입니다.

경험경제는 여기서부터 출발합니다. 기술의 발달로 제품 경쟁력의 차이가 별로 없어진 상황에서는 소비자들이 차별화된 경험과 서비스를 구매하는 것에 가치를 둔다는 새로운 경제 개념입니다. 과거에는 우월한 기능이 있는 상품 하나를 만들면 시장을 장악할 수 있었습니다. 경쟁자가 이를 따라잡는 데는 많은 시간이 걸렸기 때문입니다. 반면, 지금은 누구나 우월한 기능과 외관을 빠르게 따라잡을 수 있습니다. 서비스와 상품, 온라인과 오프라인의 경계가 무너진 상황에서 기업은 미래 시장을 소비자에게서 찾을 수밖에 없게 되었습니다.

이제 기업은 어떤 상품과 서비스를 제공할지에 대한 고민을 넘어 고객과 어떤 관계를 맺을지 고민해야 합니다. 단순히 재화를 팔면서 고객들과 일시적인 거래를 하는 브랜드로 기억될 것인지, 고객이 원하는 경험을 제공하면서 앞으로도 지속적인 관계를 유지할 것인지 선택해야 합니다.

하지만 선택은 자유이나 답은 명확합니다. 이전과는 확연히 다른 새로운 시대에는 거래가 아닌 관계로, 재화가 아닌 경험으로 패러다임을 변화시켜야 한다는 겁니다.

《취향과 경험을 판매합니다》는 전체 4개의 장으로 구성되어 있습니다.

첫 번째 장에서는 '소비자가 중심이 되는 경험경제'에 대해 설명합니다. 나이,

성별, 지역 등 태어나 성장한 장소와 시기를 중심으로 소비자를 구분하는 것은 많은 부분에서 설득력이 떨어집니다. 기업은 이제 '어떻게 사는 것이 잘 사는 것인가?', '나는 무엇을 하고 싶은가?'와 같은 인간 본연의 욕구에 대한 질문에 답을 할 수 있어야 합니다.

두 번째 장에서는 기업이 '고객경험을 제공하는 방식'에 대해 이야기합니다. 제조기업은 온라인을 중심으로 소비자와 직접 만나는 D2C(Direct to Customer) 방식으로 유통분야에 진입했고, 유통기업은 자체 브랜드인 PB(Private Brand)상품을 확대하면서 제조에 관여하기 시작했습니다. 플랫폼을 만들어놓은 hy(야쿠르트)와 같은 기업은 자신들의 플랫폼을 파트너들과 함께 사용하는 '오픈 서비스 이노베이션(Open Service Innovation)' 방식으로 영역을 확장하고 있습니다. 이처럼 제조, 유통, 플랫폼 기업들이 어떻게 경험을 제공하고 있는지가 두 번째 장의 내용입니다.

세 번째 장은 '오프라인의 취향과 경험'에 대해 설명하고 있습니다. 비용의 관점에서만 보면 오프라인은 온라인에 비해 불리할 수밖에 없습니다. 그런데 오프라인의 단점을 뒤집으면 어떻게 될까요? 장점이 됩니다. 아마존, 무신사, 카카오프렌즈처럼 온라인 기업들이 왜 오프라인에 매장을 오픈하는지 생각해보아야 합니다. 비용 측면에서의 효율성은 온라인이 좋은 게 사실이나 고객에게 경험을 제공하는 데는 분명 한계가 있기 때문입니다. 사람이 몸을 부대끼며 살아가는 곳은 가상세계가 아니라 현실세계라는 걸 잊어서는 안 됩니다. 오프라인이 사라질 수 없는 절대적인 이유입니다.

네 번째 장은 '소비에서 이용으로, 구독경제'에 대해 설명하고 있습니다. 구독 서비스는 왜 계속 증가할까요? 합리적으로 소비하려는 사람들이 많아지면서 소비의 목적이 소유에서 경험으로 바뀌어 가고 있습니다. 그래서 제품과 서비스의 구매가 일회성이 아닌 구독이라는 형태로 변화되는 것입니다.

사실 구독 서비스는 지난 20여 년간 계속 다루어져 왔던 내용입니다. 그렇다면 그동안 많은 논의가 있었음에도 지지부진하던 구독 서비스가 대대적으로 활성화되고 있는 이유는 뭘까요? 여러 가지가 있겠으나 그중 하나는 클라우드를 활용한 실시간 스트리밍 기술, 스마트폰을 활용한 온라인 커머스 환경, 빅데이터 기반의 고객 맞춤형 기술, 네이버페이 같은 간편결제 등 IT 기술이 뒷받침되고 있기 때문입니다.

《취향과 경험을 판매합니다》는 저의 열세 번째 책입니다. 늘 말씀드리지만, 하나의 아이디어를 떠올리고 그것을 구체화해서 세상에 선보이기까지는 오랜 시간이 필요합니다. 이 책의 출간도 마찬가지입니다. 그럼에도 '라이프 스타일', '취향', '경험'에 대한 모든 것을 담았다고 말하기는 어렵습니다.

다만, 오랜 시간 고민한 다양한 내용을 가볍지 않게 담으려고 노력했습니다. 모쪼록 이 책이 '라이프 스타일'과 '취향', '경험'을 고민하는 기업과 개인에게 도움이 될 수 있기를 바랍니다. 감사합니다!

은종성

1장

소비자가 중심이 되는 경험경제

세대별 구별 짓기보다는
라이프 스타일로

이전 세대와 지금 세대

베이비부머 세대, X세대, 밀레니얼 세대(Y세대), Z세대처럼 우리는 태어난 시기를 중심으로 특정 세대를 규정하곤 합니다. 같은 시대를 살았거나 살고 있으므로 비슷한 성장환경을 겪고 공감대를 형성한다고 보는 것인데요. 이처럼 동시대에 태어나 공통의 경험을 한 사람들의 생각이 모여 그 시대의 감성과 가치관을 만들게 됩니다. 한 시대를 관통하는 문화적 코드이자 가치관이 바로 시대감성이 되는 거죠.

예를 들면, 불과 한 세대 전만 해도 관광을 목적으로 해외로 나가는 일은 불가능했습니다. 정말 그랬을까 하는 생각도 들겠지만, 1980년대까지는 순수한 해외여행 목적의 여권은 아예 발급을 해주지 않았습니다. 일반인은 다니는 회사에서의 출장, 유학, 취업 같은 특별한 목적이 있어야만 해외 출국이 허락되었죠.

전면적인 해외여행 자유화가 가능해진 때는 1989년입니다. 이 시기에 청소년기를 보내고 대학에 진학한 세대가 X세대로, 1970년에서 1980년 사이에 태어난 그들은 풍요 속에서 자유로움을 누리며 성장했죠. '서태지와 아이들'로 대표되는 X세대는 '자기 자신'에게 집중하며, 개성을 존중하고 발산하기 시작한 세대입니다. 또한, X세대는 해외여행 자유화의 열기 속에 세계 곳곳으로 배낭여행을 떠났는데, 이를 통해 다양하고도 글로벌한 경험을 하게 됩니다. 그리고 이전의 부모 세대인 베이비부머 세대는 가져보지 못했던 이러한 경험은 그들의 가치관 형성에 큰 영향을 끼칩니다.

1981년부터 90년대 중반 사이 출생자들은 '밀레니얼 세대(Y세대)'라고 합니다. '밀레니얼'은 '새로운 천년이 시작되는 시기'를 뜻하는 '밀레니엄(millennium)'의 형용사형입니다. 최초로 디지털 세계에서 인터넷과 함께 자란 디지털 원주민이기도 하지만, 한참 예민하던 청소년기에 외환위기와 IMF(국제통화기금) 구제금융 여파로 하루아침에 정든 직장에서 쫓겨나던 부모를 보고 자란 세대이기도 합니다. 경제적인 풍요로움과 자유, 인터넷을 통한 새로운 연결망 속에서 성장했으나 미래에 대한 불안감도 함께 경험한 세대라고 할 수 있습니다.

1990년대 중반부터 2010년생까지는 'Z세대'라고 합니다. 'Z'는 알파벳의 마지막 글자로 '20세기에 태어난 마지막 세대'를 뜻합니다. 이들은 스마트폰 같은 모바일 기기와 페이스북·인스타그램·유튜브 등의 소셜네트워킹서비스(SNS)를 몸의 일부처럼 사용하며 살아온 세대입니다. 수평적인 디지털 세계에서 자라며 정보나 관습을 일방통행식으로 받아들여야 했던 이전 세대와는 삶의 방식과 가치관이 다를 수밖에 없죠.

세상은 밀레니얼 세대(1981~96년생)와 Z세대(1997~2010년생)를 묶어서 '디지털 세대'라고 규정하기도 합니다. 이들은 옷이나 신발, 책, 전자기기 등 상품구매에 있어 온라인 비중이 다른 세대보다 월등히 높습니다. 이들에게 온라인은 오프라인을 보조하는 수단이 아닙니다. 그렇다 보니 다양한 디지털 경험이 제품과 서비스를 구매하고 소비하는 과정에 큰 영향을 미칩니다.

디지털 세대는 사람을 사귀는 방식도 다릅니다. 베이비부머 세대와 X세대는 혈연·지연·학연 등에서 별로 자유롭지 못합니다. 온갖 인맥을 쌓기 위해 노력하는 이유가 거기에 있습니다. 반면, 인터넷을 비롯해 여러 소셜미디어를 통해 전 세계 사람들과 손쉽게 연결되는 세상을 살아온 MZ세대는 혈연·지연·학연 중심의 수직적 관계가 아닌, 역량과 성과 중심의 수평적 관계를 선호합니다. 그러니 이

전 세대와는 가치관이 다를 수밖에 없죠.

라이프 스타일 중심의 취향과 경험

각 세대별 특징들을 간단히 정리해보았습니다. 하지만 이는 어디까지나 참고사항일 뿐입니다. 예를 들면, 디지털 세대라고 규정되는 MZ세대의 인구수는 1,700만 명이 넘습니다. 이들을 모두 하나라고 볼 수 있을까요? 모두 같은 사고방식을 갖고 있을까요? 1981년생부터는 밀레니얼 세대이고 1980년생은 X세대인 걸까요?

출생 후 성장한 시대를 중심으로 특정 세대를 구분하는 방법은 많은 부분에서 설득력이 떨어집니다. 소비자를 나이, 성별 같은 인구통계학적 기준으로 구분하는 것은 기본적인 분류이긴 하나 각자의 취향이나 관심사로 시장이 세분화되고 있는 것도 분명한 사실이기 때문입니다.

소비자 분석은 인구통계학적 기준과 특징뿐만 아니라 그들이 무엇을 좋아하고 싫어하는지를 중심으로 바라보아야 합니다. 그렇게 보는 방법이 '라이프 스타일'입니다. 라이프 스타일은 사람들이 살아가는 방식으로서 각 개인이 가진 독특한 삶의 양식으로 그들이 추구하는 가치, 동기, 감정, 개성, 인구통계적 특성, 가족, 준거집단, 사회계층, 문화 등이 반영되어 시장의 구분을 정확히 묘사할 수 있도록 해줍니다. '조명'보다는 '루이스폴센 PH 스타일'이라거나, '청바지'보다는 '와이드 커팅 진'이라고 하는 것처럼 말이죠.

라이프 스타일은 이렇게 개인의 취향과 사물, 공간을 투영합니다. 어떤 사람이 특정 상품군에서 언어를 디테일하게 사용한다면 그것은 자신만의 라이프 스타일을 가졌다고 보아야 합니다. 취향은 보통 순간의 경험들이 쌓이고, 체득되고, 정제되는 과정을 거치면서 완성되니까요.

라이프 스타일 관점의 소비자 분석이 필요한 이유는 사람들의 니즈가 달라서입니다. 러닝화를 예로 들어보죠. 우리는 주변에서 러닝을 즐기는 사람들을 어렵지 않게 찾아볼 수 있습니다. 학생부터 직장인, 주부에 이르기까지 연령대 구분 없이 많은 사람이 취미로 러닝을 즐기는데요. 러닝 크루에 소속되어 활동하는 사람도 있고, 나이키 런 클럽(Nike Run Club)을 통해 매일 자신의 러닝 성과를 SNS에 남기는 사람도 있습니다.

그런데 자세히 살펴보면 같은 크루나 클럽에 속한 사람들도 선호하는 브랜드가 조금씩은 다릅니다. 어떤 사람은 '아디다스 퓨어부스트'를, 어떤 사람은 '나이키 페가수스'를, 어떤 사람은 '아식스 젤 카야노'를 신고 달립니다. 똑같이 '러닝을 좋아하는 사람들'이지만, 자세히 들여다보면 원하는 게 조금씩 다름을 알 수 있습니다. 따라서 기업은 이제 소비자 개개인에 맞는 취향과 경험을 제공해야 합니다.

'라이프 스타일을 판매한다', '라이프 스타일을 제안한다'는 표현은 이처럼 소비자의 니즈를 깊이 이해하고 그 성취가 가능하도록 해줄 제품과 서비스를 제공한다는 의미입니다. 물론, 어디서부터 어디까지가 라이프 스타일인지를 규정하기는 사실상 불가능합니다. 그럼에도 소비자는 각자 개인화된 경험을 원하며, 이것을 가능하도록 하는 기술이 발전하고 있다는 사실만큼은 분명합니다. 차이는 있겠지만, 앞으로 모든 산업과 비즈니스는 개인의 취향과 경험을 제안하는 형태로 발전해 가리라는 것을 짐작할 수 있죠.

이 같은 개인의 라이프 스타일 변화는 정치·경제·사회·문화·기술 등과 같은 외부환경의 변화에 따라 달라지며, 시장의 성장과 축소에도 영향을 미칩니다.

외부환경 변화에 능동적으로 대처하고 있는 대표적인 기업으로는 나이키가 있습니다. 나이키는 코로나가 지구를 덮치기 이전부터 고객경험 최적화를 위해 소비자와 직거래하는 'D2C(Direct to Consumer)' 방식으로 비즈니스 모델을 바꾸고 있었습니다. 2019년 11월에는 '탈(脫) 아마존'을 선언하기도 했죠. 코로나로 인한 온라인 판매 강화가 아니라 그 이전부터 변화하는 외부환경에 맞춰 비즈니스 모델을 전환하고 있었던 것입니다.

소비자와 직접적인 관계 맺기에 초점을 맞춘 나이키는 기존 소매업체와 차별화된 시스템으로 전 세계 소비자에게 동일한 서비스를 제공하는 형태로 변화하는 중이었습니다. D2C 선언 후 모바일 애플리케이션(앱)을 유료 회원제로 개편하고, '나이키 라이브'와 같은 체험형 직매장을 늘려 고객과의 접점을 높여왔으며, 고객 맞춤 서비스 강화를 위해 데이터 분석 기업 셀렉트(Celect)를 인수했습니다. 결과적으로 나이키가 '실적'과 '고객경험'을 앞서서 함께 잡을 수 있었던 이유입니다.

관계의 구심점이 되는 브랜드로

코로나 사태 이후 세상은 큰 변화를 겪고 있습니다. '비대면'으로 대표되는 사람들의 라이프 스타일은 말할 것도 없습니다. 디지털 사회로의 전환 속도뿐 아니라 그 내용 변화도 거의 지각변동에 가깝습니다. 비대면 사회는 생산과 소비와 유통의 모든 영역에 크나큰 영향을 끼쳤습니다. 디지털화를 넘어 비대면 · 비접촉 경제에 성공적으로 안착한 기업과 그렇지 못한 기업 간 격차는 어마어마합니다.

삼정KPMG 경제연구원이 발간한 〈신(新)소비 세대와 의 · 식 · 주 라이프 트렌드 변화〉라는 보고서가 있습니다. 코로나 이전에 발간된 보고서인데 코로나 이후에도 적용이 됩니다. 이는 코로나로 인해 세상이 바뀐 것이 아니라 원래의 방향성에서 속도가 빨라졌다는 의미입니다. 여기서는 소비자의 라이프 스타일 측면에 대해 인간 생활의 세 가지 기본 요소인 '의식주'로 나누어 변화하는 트렌드를 설명합니다.

첫 번째, 의(衣) 관련 라이프 트렌드 변화로는 소비자 개개인의 취향을 반영한 커스터마이징 패션, 윤리적 가치관과 신념을 표현할 수 있는 브랜드 선호, 소비자가 원하는 형태로 즉각 제공되는 온디맨드(On-Demand) 등을 들고 있습니다.

두 번째, 식(食) 관련 라이프 트렌드 변화로는 가사 노동의 효율성 확대로 장보기 외주화 성향이 심화되고, 반조리 등의 가정 간편식 메뉴가 확장되며, 여러 채널을 통해 후기가 SNS를 통해 공유되면서 식품 소비의 다양성이 증가하는 점을 얘기합니다.

세 번째, 주(住) 관련 라이프 트렌드 변화로는 독특하고 다양한 취향이 반영된 공간으로의 변화를 말합니다. 집은 이제 단순히 잠만 자는 주거공간이 아니라 휴식으로서의 집, 놀이로서의 집 등과 함께 코로나 이후로는 바이러스에도 안전한 역할을 요구받고 있습니다. 앞으로는 집도 개개인의 취향을 최대한 반영한 공간으로 변화해 나간다는 전망입니다.

보고서의 내용을 보면 라이프 트렌드는 결국 효율화와 가치 중심 소비로 나아가리라는 사실을 알 수 있습니다.

효율성 측면에서 예를 들면, 빨래와 건조·다림질 같은 '노동'으로서의 일이 세탁을 대행하는 '세탁특공대'와 '런드리고'로 대체되고, 청소 도우미 서비스인 '미소', '청소연구소'에 맡겨지고 있죠. 이 같은 서비스는 주부를 포함한 30~40대 여성들 사이에 제법 인기가 높습니다. 빨래와 청소 같은 가사노동을 대행으로 해결하고 그로 인해 확보된 시간을 자신을 위해 활용할 수 있기 때문입니다.

또 가치 중심 소비는 '나'를 위한 소비 및 자신의 신념과 일치하는 브랜드 선호의 증가로 알 수 있습니다. 원하는 장소와 시간을 맞춰주는 방문 홈트레이닝 서비스 같은 '나'를 위한 소비와 윤리적 신념이나 개인의 취향에 따른 소비는 큰 틀에서 모두 가치 중심 소비입니다. 이러한 소비를 추구하는 사람들에게는 가격이나 품질이 선택의 절대기준이 아닙니다. 예를 들면, 채식주의자가 되자고 결심한 사람은 육식이 아니면서도 맛있는 음식을 찾으려 애를 쓰며, 동물권에 관심이 생긴 사람은 유기견 보호센터에 기부를 하기도 하고, 플라스틱 등의 폐기물을 최소화하고 재활용을 권장하는 제로웨이스트에 관심 있는 사람들은 가격이 다소 비싸더라도 친환경 물품을 구매하는 방식으로 지구를 살리는 일에 기꺼이 동참하는 것과 같습니다.

소비자들은 기업이 나라는 소비자를 알아봐 주는지, 나에게 관심을 가지고 반응하는지 등을 살핍니다. 기업은 브랜드 이미지를 각인시키는 것은 물론 소비자의 라이프 스타일 변화까지도 이끌어내야 합니다.

과거에는 기업들이 경쟁 상품 대비 더 좋은 특징 중심의 USP(Unique Selling Point, 고유판매제안)를 말했다면, 이제는 브랜드를 사용하는 장면을 그릴 수 있도록, 그래서 브랜드를 사랑하는 사람으로 자신만의 개성을 특화시킬 수 있다는 이미지를 고객에게 심어주어야 합니다.

'고객경험'이란
'업의 본질'에 대한 질문

비즈니스의 본질

고객경험은 비즈니스의 본질과 맞닿아 있습니다. 애플은 휴대전화를 라이프 스타일 관점으로 확장하면서 세계 최고의 기업이 되었습니다. 일본의 츠타야 서점은 책이 아닌 취향을 판매합니다. 책은 그야말로 거들 뿐, 사람들이 즐거운 시간을 보낼 수 있는 공간으로 바뀐 거죠. 스타벅스도 커피를 판매한다고 하지 않고 집과 사무실 외의 제3의 장소를 제공한다고 정의하고 있습니다.

반면, 휴대전화를 단순히 커뮤니케이션 도구로만 해석했던 노키아는 오래 전 역사 속으로 사라졌고, 책 중심 판매처로서만 기능했던 지역의 수많은 서점은 몇 개의 거대 온라인 서점에 의해 결국은 문을 닫고 말았습니다. 우리나라를 커피 공화

국으로 만든 동네의 수많은 커피숍도 몇 년을 버티지 못하고 자취를 감추었습니다. 애플과 노키아, 츠타야 서점과 동네 서점, 스타벅스와 동네 커피숍의 차이는 뭘까요? 바로 '업'에 대한 본질을 어떻게 이해하고 있는가에서 나오는 차이입니다.

'업'에 대한 본질은 단순히 그럴듯한 단어만 나열하는 것에서 그치지 않습니다. 예를 들면, '스티치픽스(Stitch Fix)'는 알고리즘 분석 결과와 스타일리스트의 의견을 조합해서 고객에게 적합한 스타일을 찾아줍니다. 사이트에서 MD가 제안하는 의류를 파는 정도가 아니라 개개인의 취향에 맞는 옷을 추천하고 판매하는 방식입니다. 기존 패션사업에 데이터를 접목한 것인데, 스티치픽스는 '데이터 과학 중심으로 패션사업을 재정의하는 기업'이라고 스스로를 정의합니다. 스티치픽스의 창업자 카트리나 레이크(Katrina Lake)는 "데이터 과학은 우리의 문화 자체다"라며 단순히 패션에 국한된 회사가 아니라 데이터 기업임을 강조합니다.

같은 상품이라도 시대에 따라 소비자들의 니즈는 다릅니다. 시계산업은 최초에 정밀기계산업 분야에 해당했으나 기계화와 자동화가 진행되면서 조립양산산업으로 바뀌었습니다. 조립양산산업은 시계에 스타일을 접목한 스와치 등에 의해 패션업으로 변화했다가 최근에는 애플워치 등에 의해 헬스케어 산업으로 바뀌었습니다. 시계는 이제 시간을 알려주는 기계의 기능보다는 패션을 완성시키고, 건강을 관리해 주는 도구가 되었습니다.

'업'에 대해 어떻게 질문하고 대답하느냐에 따라 기업의 운명이 바뀔 수 있는 것입니다.

고객은 무엇을 원하는가?

그럼 '업'에 대한 본질을 찾으려면 무엇이 필요할까요?

여러 가지가 있겠지만 가장 중요한 것은 고객입니다. 고객들은 무엇을 원하는지, 어려운 점은 없는지 그리고 기업이 해야 할 일은 무엇인지 끊임없이 질문해보는 것인데요. 기업은 고객이 있어야 존재가치가 있기 때문입니다.

첫 번째는 고객은 무엇을 원하는지 물어보는 것입니다. 가장 기본적으로는 상품 자체의 속성에 대한 질문입니다. 기능이 더 좋다거나 디자인이 예쁘다거나 하는 건데요. 기업들은 지금까지 디자인이나 브랜드를 통해 차별점을 만들어 왔습니다. 하지만 소득 수준이 높아지고 기술이 발전하면서 소비자들의 기대는 더 높아졌습니다. 개인화에 대한 니즈가 커지고 있음을 간파한 애플은 아이폰에 앱스토어를 결합해 제품과 서비스를 통합한 새로운 경험을 제공해 주었습니다. 또 아마존은 유기농 신선식품 체인 홀푸드를 인수해 온라인과 오프라인을 통합한 경험을 제공하고 있습니다.

두 번째는 고객이 느끼는 문제점을 파악하는 일입니다. 일본의 가전회사 다이이치는 세일이나 사은품을 준다고 해서 판매량이 늘어나지 않는다는 사실에 주목해 문제를 분석해 본 결과, 소비자들이 주거공간이 좁아 새로운 가전제품 구매를 망설인다는 점을 파악했습니다. 본질적인 문제는 집안에 추가로 가전제품을 들여놓을 공간이 부족하기 때문이었죠.

다이이치는 이에 착안해 '가전제품 보관 서비스'를 시작했습니다. 겨울에는 선풍기와 냉풍기 등을 보관해주고, 여름에는 히터와 난로 등 부피가 큰 제품을 보관해주는 서비스인데, 이를 통해 다이이치는 가전제품 판매량을 증가시킬 수 있었습니다.

세 번째는 고객의 문제 해결을 위해 기업은 무엇을 해야 하는지 아는 것입니다. 이는 기업이 추구하는 가치에 관한 이야기입니다. 애플은 하드웨어와 소프트웨어를 하나로 통합하면서 높은 품질과 디자인으로 소비자들이 기술과 제품을 바라보는 시각을 바꿔 놓았습니다. 내부적으로 애플은 '기업은 세상에 우수한 제품을 전달하는 것을 주된 목적으로 삼는다'라는 가치를 공유하고 있습니다. 기술이 가진 복잡성의 이미지를 단순함으로 담아내는 것이죠. 이러한 단순성은 세계 최고의 기업이 되었음에도 여전히 아이폰, 아이패드, 맥북 등 단 몇 개의 제품과 서비스로 고객에게 다가가며 문어발식 확장을 추구하지 않는 애플의 현재 위상으로도 확인 가능합니다.

기업들은 정해진 정답이 없는 상황 속에서 매출 상승을 위해 오늘도 싸우고 있습니다. 정답은 찾아가는 게 아닙니다, 만들어가는 것입니다. 기업 스스로 새로운 시장을 개척하고, 업계의 지도를 새롭게 그려내야 합니다. 그러려면 사물을 있는 그대로만 보지 않는 역발상이 필요할 뿐만 아니라 아무도 가보지 않은 길을 가려는 기업가 정신으로 무장해야 합니다.

기업은 왜 존재하는가?

'업'에 대한 본질은 미션(Mission), 비전(Vision), 목표(Goal) 등으로 명문화됩니다. 미션은 기업의 존재 이유를 정의하는 일이고, 비전은 기업이 선택한 사업영역 안에서 구체적인 모습을 밝히는 것입니다. 그리고 목표는 비전을 달성하기 위해 중간중간 설정한 이정표를 말합니다. 사람으로 비유하면 변호사가 되겠다는 건 미션이고, 인권변호사가 되겠다는 건 비전입니다. 미션은 '우리 회사는 왜 존재하는가?', '우리 회사는 누구를 위해 존재하는가?'라는 본질적인 질문에 대한 답이며, 비전은 중장기적인 미래의 모습에 대한 구체적 진술인 것이죠.

그런데 당장의 생존이 중요한 지금, 미션·비전·목표 같은 것들의 구분이 필요한가 하는 의구심이 들기도 합니다. 또 아무리 좋은 의도라 해도 모두 말장난에 불과하다고 생각할 수도 있습니다. 하지만 우리는 산다는 것이 건강하게 숨 잘 쉬고, 잘 먹기만 하면 된다고 생각하지 않습니다. 마찬가지로 기업도 단순히 돈을 벌기 위해서만 존재해서는 안 됩니다. 돈 되는 일만 좇다 보면 어느새 기업의 핵심은 온데간데없이 사라지고 존재가치도 함께 없어집니다. 당장 약간의 돈은 벌지 몰라도 오랜 기간 지속하기는 힘듭니다. 직원들이 원하는 만큼의 급여와 복지를 제공할 만큼의 돈을 번다면 몰라도 그렇지 않으면 인재를 붙잡을 명분마저 사라지고 맙니다. 단지 돈만을 위해서라면 진짜 필요한 인재는 갈 곳이 많을 테니까요. 그가 만약 돈보다 더 중요한 어떤 가치를 추구한다면 돈만을 좇는 회사를 선택하거나 남을 이유가 없겠죠.

기업활동은 단순히 돈 벌기만을 목적으로 삼아서는 안 됩니다. 돈을 버는 것은 결과론일 뿐 기업 존재의 본원적인 이유를 진지하게 고민하고, 그것을 표현해야 합니다. 글로 명문화한 미션 선언문은 기업의 존재 이유와 목적에 대해 회사 안팎에서 커뮤니케이션할 수 있게 해줍니다. 따라서 미션 선언문에는 기업의 주요 사업이 무엇인지, 충족시켜야 하는 고객의 기본적인 니즈는 무엇인지, 달성 가능한 미래상은 무엇인지 등이 포함되어야 합니다.

미션과 비전을 바탕으로 한 목표도 세워야 합니다. 목표는 원하는 곳으로 나아가도록 힘을 집중시킵니다. 보유하고 있는 시간, 체력, 재력 등의 한정된 자원을 목표에 집중하게 함으로써 불필요한 시간 낭비를 최소화하도록 해줍니다. 반면, 목표가 없는 사람은 순간순간의 흥미로운 일이나 예고 없이 주어지는 일에 한정된 자원을 낭비하며 "나와 맞지 않아!", "내 체질이 아니야!", "흥미가 식었어!" 등의 이유를 대며 다른 뭔가를 찾는 악순환을 되풀이합니다.

이렇듯 미션, 비전, 목표는 조직의 구성원들이 하나의 방향으로 나아가도록 만드는 구심점이 됩니다. 또 구성원 각자가 자신의 위치에서 의사결정을 해야 할 때 중요한 기준점이 되기도 합니다. 그러므로 그럴듯한 미사여구로만 꾸미지 말고 전체 구성원이 함께 참여해 만들고 실행해 나감으로써 원하는 목표를 함께 달성하는 것이 중요합니다.

거래가 아닌 관계,
재화가 아닌 경험으로

소비자가 중심이 되는 '경험경제'

경험경제란 기술의 발달로 제품 자체의 경쟁력에 차이가 별로 없어진 상황에서 차별화된 경험과 서비스의 구매에 소비자들이 가치를 두기 시작한 경제 개념입니다. 제품과 서비스, 온라인과 오프라인의 경계가 무너진 현실에서 기업은 결국 소비자에게서 미래를 찾을 수밖에 없게 되었습니다.

이를 두고 덴마크 출신 미래학자인 롤프 옌센(Rolf Jensen)은 "고객의 구매결정은 이성적 이유보다는 감성적 요인에 따라 이루어지며, 사람들은 상품에 담긴 감성·가치·이야기를 구매한다. 따라서 기업은 제품 자체의 기술적 우수성이나 편리함보다는 이야기와 신화를 만드는 데 주력해야 경쟁력을 확보할 수 있다"라고 했습니다.

기업은 이제 어떤 상품과 서비스를 제공할지에 대한 고민을 넘어 고객과 어떤 관계를 맺을 것인지 고민해야 합니다. 재화를 팔고 고객들과 일시적인 거래를 계속하는 브랜드로 기억될 것인지, 고객이 원하는 경험을 제공하고 지속적인 관계를 유지할 것인지 선택해야 합니다. 거래(Transaction)가 아닌 관계(Relationship), 재화(Goods)가 아닌 경험(Experience)으로 선택의 패러다임이 변화하고 있기 때문입니다.

경험소비는 소비의 중심인 MZ세대가 이끌고 있습니다. MZ세대는 과거 세대보다는 물질적인 풍요로움 속에서 성장했습니다. 어릴 때부터 부모와 함께 여행을 다니면서 다양한 환경을 경험했고, 유튜브나 인스타그램 등을 통해 다양한 캐릭터와 브랜드에 자연스럽게 노출되면서 성장한 세대입니다. 다양성을 받아들이는 측면에서만큼은 과거 세대보다 훨씬 포용력이 넓으며, 인종이나 국적·성수소자 같은 사회적 이슈뿐만 아니라 개인의 사소한 취향에 대해서도 다름을 인정하고 존중하는 세대이기도 합니다.

부모의 뒷받침 아래 질 높은 교육을 받고 성장한 MZ세대는 '인류 역사상 가장 똑똑한 세대'라는 평가를 받기도 합니다. 그래서 정치·사회적 이슈는 물론 상품 서비스에 대해서도 의견이 뚜렷할 뿐만 아니라 자신의 생각을 당당하게 표출하죠. 안타까운 점은 '인류 역사상 가장 똑똑한 세대'임에도 '부모보다 가난한 세대'라는 것입니다. 사회에서 정해놓은 방식대로 치열하게 공부하고 노력하면서 성장해왔는데 기회는 터무니없이 적기 때문입니다. '평생직장'이나 "개천에서 용 난다"라는 말은 이들에게는 너무 먼 옛이야기일 뿐입니다. '우리'보다 '나'를 위한 소비 증가 패턴은 미래에 대한 불만과 불안함에 기인합니다. '복잡한 세상을 편하게 살자'는 줄임말인 '복세편살', '소소하지만 내가 확실하게 얻을 수 있는 행복'을 추구하는 '소확행'이 MZ세대의 가치관으로 설명되는 이유이기도 합니다.

또한, MZ세대는 디지털 네이티브(Digital Natives) 세대라고도 표현합니다. 어릴 적부터 인터넷과 스마트폰을 옆에 끼고 언제든 그것들과 연결된 환경에서 성장한 이들은 스마트폰 같은 모바일 기기와 페이스북, 인스타그램, 유튜브 등 소셜 네트워킹 서비스(SNS)와 밀착되어 있습니다. 다양한 디지털 기기와 서비스를 활용해 스스로 정보를 검색하며, 다양한 네트워크를 통해 세계와 적극적으로 소통하고 있습니다.

개인화된 고객경험을 제공하는 스타벅스

브랜드가 개인화된 경험을 제공하는 사례로는 스타벅스의 경험 확장판 버전인 '리저브(Resrve)' 매장을 들 수 있습니다. 리저브 매장에서는 바리스타가 선호하는 취향을 묻기도 하고, 그날그날의 상황에 따라 맛있는 커피를 추천하기도 합니다. 리저브 바에서는 바리스타와 눈높이를 맞추고 대화하면서 나만의 전담 바리스타를 둔 느낌을 경험하게 됩니다. 궁금한 점을 물어볼 수도 있고, 불만을 이야기해도 바로바로 대응해 줍니다. 예를 들면, 바리스타가 초콜릿 맛이 느껴지는 커피를 추천한 경우, 커피 마시기에 경험이 많지 않은 사람은 초콜릿 맛을 느끼지 못할 수도 있습니다. 바리스타에게 이야기하면 시음용으로 내려놓은 다른 맛의 커피를 맛보게 해줍니다. 두 종류의 커피를 비교하면서 맛과 향을 제대로 느껴보라는 겁니다.

이런 경험을 통해 고객의 만족감은 올라갈 수밖에 없습니다. 커피 주문부터 제조에 이르기까지 고객 관여도가 매우 높은 리저브 바에는 커피에 대한 전문성과 열정이 넘치는, 스타벅스 글로벌 인증 평가를 통과한 최고의 커피 전문가들이 포진해 있습니다. 원두 선별부터 추출방식 선택까지 한 잔의 리저브 커피가 제조되는 과정을 설명해 줄 뿐 아니라 고객이 편안하게 커피를 즐길 수 있도록 도와줍니다.

인테리어도 빠트릴 수 없습니다. 편안하게 커피를 마실 수 있는 분위기는 기본이며 신뢰성 및 전문성을 높이기 위한 매장으로 인테리어를 설계합니다. 먼저 바와 고객의 의자 높이를 바리스타를 올려다보는 구조로 만들어 의도적으로 고객의 시선을 바리스타보다 낮게 설정함으로써 신뢰감을 확보합니다. 또 매장의 메인 컬러를 프리미엄과 신뢰를 표현하는 검은색으로 정하고, 매장의 컵과 로고, 바리스타의 유니폼 등을 검은색으로 구성해 리저브 매장을 커피 전문매장으로 인식하도록 만들죠.

또한, 리저브 매장에는 리저브 원두의 특징을 기록한 종이 카드가 있습니다. 카드를 매개체로 형태가 존재하지 않는 커피의 맛과 향을 시각화해 주는 장치입니다. 원두 선택이 어려울 때 먼저 이 카드에 적힌 원두 소개를 보면 상상으로 맛을 가늠해볼 수 있으며, 그래도 마시고 싶은 커피가 명확하지 않다면 바리스타와의 대화를 통해 커피에 대한 자신의 취향을 파악할 수 있습니다.

고객이 원두를 선택하면 커피를 내리기 위해 분쇄한 원두를 시향하도록 해주는 것도 스타벅스 리저브 매장의 특징입니다. 분쇄된 원두의 향은 완성된 커피의 향보다 강렬해서 초심자들도 '여기 커피는 다르구나!' 하고 느끼게 되죠. 그리고 시향을 하게 되면 기대감도 높아지기 마련입니다.

향기는 인간의 기억 속에 강하게 남습니다. 스타벅스가 커피의 맛과 향을 방해하는 메뉴를 출시하지 않는 이유입니다.

즐거운 러닝 경험을 제공하는 나이키

고객경험 사례로 빼놓을 수 없는 브랜드 중 하나로 나이키(Nike)를 들 수 있습니다. 나이키는 즐거운 러닝 경험을 선사하는 다양한 프로젝트를 통해 러닝 트렌드를 주도하고 있습니다. 국내에서도 '휴먼 레이스(Human Race)'를 비롯해 '위 런 서울(We Run Seoul)', '우먼스 하프 마라톤' 등 해마다 최고 수준의 러닝 이벤트를 개최하고 있죠.

이들의 노력은 단순히 단발성 스포츠 이벤트로만 그치지 않고 한 걸음 더 나아갑니다. 전문 트레이너 및 참가자들과 함께 훈련할 수 있는 '나이키 런 클럽(Nike Run Club)'이 대표적입니다. 이 서비스는 다양한 수준의 러너들에게 거리, 속도, 레벨 등 실력에 따른 맞춤형 러닝 프로그램을 제공합니다. 달리기를 원하는 사람이라면 웹사이트를 통해 누구나 예약이 가능하며, 서울 주요 매장에 모여 그룹별 달리기를 진행할 수 있습니다.

나이키 브랜드의 슬로건인 'JUST DO IT'이라는 고객경험을 완성하기 위해 탄생한 결과물이 바로 '나이키 런 클럽'입니다. 나이키 런 클럽은 조깅을 더욱 즐겁게 해주는 요소들로 가득합니다. 달리는 동안에도 얼마나 빠른 속도로 뛰고 있는지, 어느 정도 뛰었는지를 이어폰을 통해 알려줍니다. 혼자 달리기 싫은 날이나 혼자 달리기가 어려운 입문자라면 '러닝 가이드'를 이용하면 됩니다. '퍼스트 런(First Run)'이라는 프로그램을 활용하면 23분 정도 분량의 운동 가이드를 받을 수 있는데, 마치 전문 코치가 옆에서 가이드를 해주는 것과 같은 경험을 오디오로 체험하게 됩니다.

러닝이 끝난 후에는 그날 조깅한 코스를 지도로 보여주고 평균 페이스와 칼로리 소모량도 알려줍니다. 그리고 이런 기록은 '나이키 런 클럽' 안에 차곡차곡 저장되는데, 나이키의 무료 제공 기능을 통해 인스타그램 등에 올릴 수도 있습니다. 나이키는 운동화를 판매하는 데 그치는 게 아니라 '나이키 런 클럽'을 운영하면서 운동을 하는 고객에게 잊을 수 없는 경험을 제공하는 것입니다.

나이키가 추구하는 이러한 고객경험은 D2C 전략을 발판으로 확장 중입니다. 고객경험 개선에 중요한 고객 데이터가 D2C 전략에 의해 수집되기 때문입니다. 대부분의 구매행동이 자사몰에서 발생하므로 구매시간, 구매주기, 웹사이트 방문 빈도 등 다양한 고객 데이터를 손쉽게 확보할 수 있습니다. 모바일 앱 사용자들이 선호하는 제품을 중심으로 구성한 체험형 직매장 '나이키 라이브'를 운영하는 나이키는 이 같은 고객 데이터를 활용한 온·오프라인 연계 서비스를 제공합니다. 고객과의 접점을 늘려 브랜드 가치를 직접적인 방식으로 전달하고, 그렇게 수집한 고객 데이터를 바탕으로 또다시 고객경험을 개선해 가는 것이죠.

체험 마케팅의 선두주자 룰루레몬

일상복처럼 입는 스포츠 의류 브랜드로 프리미엄 요가복을 개발해 '요가계의 샤넬'이라 불리는 룰루레몬(Lululemon)은 체험 마케팅 분야에서 선두주자로 꼽힙니다. 1998년 캐나다에서 설립된 이 브랜드는 "생활에 변화를 주는 제품과 체험을 통해 모두가 행복하고 즐거운 삶을 건강하게 누릴 수 있도록 한다"는 경영철학에 따라 명상 및 호흡법, 필라테스, 아이스 요가, 건강한 식단 짜는 법, 선물 포장 등의 다양한 무료강좌를 개최하고 있습니다.

룰루레몬의 체험 프로그램은 요가복 판매와 직접 관련되어 있지는 않습니다. 요가, 아쉬탕가(Ashtanga), 브로가(Broga, 남성들이 하는 요가)처럼 브랜드를 체험할 수 있는 것들 외에도 꽃꽂이, 선물 포장법, 건강한 식단 짜기, 복싱 등 국가와 지역의 특성에 따라 다양한 수업을 진행합니다. 여기에서 주목할 점은 '커뮤니티'입니다. 사람들에게 동기를 부여하고 룰루레몬의 팬으로 만드는 역할을 합니다. 외부 사람들을 이 커뮤니티로 유인하면 제품은 자연스럽게 판매되기 때문이죠. 따라서 룰루레몬은 사람들이 자발적으로 활발하게 교류할 수 있도록 시스템을 만들어 지원하고, 그 과정에서 낳은 스토리를 마케팅 포인트로 활용합니다. 들어온 사람들을 하나로 모아 커뮤니티화한 다음 그 속에서 끊임없이 가치 있는 경험을 하도록 만드는 것입니다.

룰루레몬에는 전 세계 약 4,000명 이상의 브랜드 앰베서더(Ambassador)가 있습니다. 앰베서더란 기업이나 국가, 사회단체 등이 유명인과 전문가 중에서 엄선하여 다양한 홍보 활동을 펼치게 하는 것으로 박지성 선수가 은퇴 후에 소속팀이었던 맨체스터 유나이티드의 앰베서더로 활동한 것이 대표적인 예입니다. 이처럼 현직 운동선수나 강사로 활동 중인 룰루레몬의 앰베서더들은 커뮤니티 클래스를 이끌기도 하고, 제품개발과 테스트에 직접 참여합니다. 룰루레몬으로서는 홍보도 하면서 강력한 사용자 중심의 데이터도 확보하는 셈입니다.

룰루레몬은 이제 기존 제품 및 신제품의 카테고리를 확장해 남성복 매출을 확장하는 한편, 온·오프라인 판매채널과 이벤트 등을 통해 '고객경험 확산(Omni guest experience)' 전략을 실행하고 있습니다.

경쟁이 고도화되고 기술이 상향평준화 될수록 기능적·물리적 특징 같은 하드웨어만으로는 차별화가 어려워집니다. 해당 상품과 서비스를 구성하는 감성적이고 경험적인 요소, 즉 소프트웨어의 중요성에 초점을 맞춰야 합니다. 경험의 시대는 이미 도래했습니다. 상품과 서비스를 개발한 후에 고객의 입맛을 따라가는 접근이 아니라, 고객의 진정한 니즈를 파악하여 우리만의 차별적인 경험을 그것에 어떻게 맞출지 고민하는 브랜드가 고객의 마음을 사로잡게 될 것입니다.

경험경제의 부상은 기업으로서는 그리 반가운 소식이 아닐 수 있습니다. 소비자들의 관심이 상품구매보다 경험 쪽에 치우치게 되면 앞으로 레저 및 엔터테인먼트 산업과도 경쟁해야 하기 때문입니다. 하지만 경험경제가 기업에게 오히려 좋은 기회가 될 수도 있습니다. 경험은 탁월하고 혁신적이고 인상적이며 감각적인 상품을 만들어내는 동력이 되며, 그 요소를 잘 활용하면 시장에서 차별화를 이룰 수 있으니까요. 소비자들에게 사랑받는 브랜드를 분석해 보면 모든 사업 영역에서 더 좋은 경험을 제공하기 위해 치열하게 노력했음을 알 수 있습니다.

이처럼 경험을 전략적 요소로 활용해야 브랜드 친밀도를 높일 뿐만 아니라 고객과의 연계를 구축해 궁극적으로 더 많은 상품을 판매할 수 있습니다. 특히, 경험을 매개로 사적이면서 감성적으로 브랜드와 연결된 고객은 엄청난 충성심을 발휘합니다. 상품이나 서비스보다 더 큰 가치를 만들어내는 요소가 경험이기도 합니다.

앞으로는 기업이 제공하는 상품이나 서비스를 소비자가 원하는 특정한 경험과 잘 연결하고 고도화된 마케팅 솔루션으로 분석해냄으로써 효율성 혁신에 대한 노력을 끊임없이 이어가야 합니다.

고객경험은 맥락에 맞게

경험은 통합되는 중

경험이란 사용자 경험과 브랜드 경험을 모두 포함하는 개념입니다. 상품 고유의 특징인 품질과 디자인과 성능 등을 사용자 경험, 브랜드 전반에 걸쳐진 공통적 맥락을 브랜드 경험이라고 할 수 있는데, 제품과 서비스는 브랜드에 포함되는 영역이므로 브랜드 경험이 사용자 경험보다 더 넓은 의미입니다.

사람들은 제품과 서비스를 탐색하고 구매하고 사용하고 폐기하는 모든 접점에서 브랜드를 느끼고 인식하고 기억합니다. 브랜드 경험은 온라인과 오프라인을 구분하지 않으며, 어떤 물리적인 결과가 반드시 있어야 하는 것도 아닙니다. 예를 들어, 삼성전자와 애플은 스마트폰을 판매하면서 오프라인 체험매장도 운영하고 있습니다. 온라인에서 주문한 후 오프라인 매장에서 제품 픽업도 가능하며, 스마트폰을 중심에 놓고 워치와 노트북 등을 연계해 사용할 수도 있습니다. 무엇인가의 경계는 흐릿해지고 경험은 통합되는 중입니다.

이 같은 통합된 경험 제공을 위해 꼭 필요한 것은 '맥락(Context)'입니다. 소비자의 구매, 브랜드 충성도 형성, 나아가 브랜드 추천까지를 목표로 한다면 단순한 재미와 흥미가 아니라 전체적인 흐름을 고려한 콘텍스트가 필요하죠. 제품과 서비스에 대한 사람들의 기대치와 경험은 상황마다 다를 뿐만 아니라 주관적입니다. 이러한 순간순간의 맥락을 고려하지 않은 고객경험은 실패로 귀결되기 마련입니다.

나이키는 광고 캠페인에서 신발을 판매하려고 애를 쓰지 않습니다. 나이키 신발의 탁월한 기능들에 대해 떠들지 않습니다. 그런데 지금도 전 세계인을 대상으로 엄청난 양의 신발을 판매하고 있습니다. 이유는 바로 콘텍스트에 있습니다.

나이키는 신발을 판매하지 않고 스포츠를 팝니다. 스포츠 영웅들을 존경하며, 스포츠라는 행위의 놀라움과 숭고함을 기리고, 자신들의 제품은 스포츠라는 거대한 카테고리 안에 속한 작은 부속품일 뿐이라고 이야기를 건넵니다.

스타벅스도 마찬가지입니다. 스타벅스는 여유로운 시간과 공간이라는 문화를 판매합니다. 커피 맛으로만 따지면 스타벅스보다 좋은 곳은 많겠지요. 하지만 스타벅스를 찾는 사람들은 커피 맛이 아니라 공간을 소비하는 것입니다. 커피 원재료인 커피콩의 원가는 고작 2~3센트에 지나지 않지만, 여기에 스타벅스에서 제공하는 오렌지색 조명, 초록색 로고, 미국식 카페테리아 등의 경험 요소가 추가되면 가격은 5,000원을 훌쩍 넘어섭니다. 온라인에서는 1,000원이라도 저렴하게 구매하려고 몇 시간씩 가격을 비교해 보는 사람들이 아무렇지 않게 5,000원이 넘는 돈을 지불하는 이유는 스타벅스에서 커피를 마신다는 경험과 만족감 때문입니다.

발견, 선택, 경험, 공유의 과정

콘텍스트는 어느 날 갑자기 생겨난 개념이 아닙니다. 소비자의 시간 또는 상황 정보를 토대로 개인화된 서비스를 제공한다는 의미로 오래전부터 이미 널리 사용돼 오고 있었죠. 이 개념이 디지털 트랜스포메이션 시대를 맞이하면서 사람들이 페이스북, 인스타그램, 유튜브 등에 남겨놓은 흔적에서 인사이트를 찾아내 이를 커뮤니케이션 과정으로 정교하게 녹아내면서 더욱 활성화되고 있을 뿐입니다.

제품은 이제 제품 자체로 끝나지 않습니다. 점심을 먹으면서도, 영화를 보면서도, 책을 읽으면서도 사람들은 자신의 이야기를 끊임없이 SNS에 공유합니다. 경험이 제품 자체보다 중요해진 시대입니다. 즉 시장의 주인공이 제품에서 경험으로 바뀌었다고 표현해도 무방합니다. 연결된 세상이라고 해서 멋진 플랫폼을 설계한다고 네트워크가 저절로 만들어지지는 않습니다. 사소하고 지루한 연결 하나하나가 쌓여 네트워크를 구축하죠. 그리고 이 사소한 연결을 돕는 게 바로 콘텍스트입니다.

콘텍스트는 발견, 선택, 경험, 공유의 형태로 나타납니다. 각각의 것들은 독립되거나 배타적이지 않으며, 순차적으로 진행되지도 않습니다. 계속해서 동시다발적으로, 다중적으로 발생합니다. 콘텍스트란 정지된 것이 아니라 끊임없이 흘러가는 하나의 상태이기 때문입니다. 발견, 선택, 경험, 공유는 서로 유기적으로 연결된 관점이라는 뜻입니다.

발견은 콘텍스트의 접점이자 계기입니다. 친구가 페이스북에 올려놓은 책 표지를 보고 '내용이 괜찮겠는데?'라고 생각하는 순간 발견은 곧 선택이자 경험이 됩니다. 발견만으로 책을 읽기도 전에 경험이 시작되는 것이죠. 발견은 어쩌면 이렇게 의도치 않게 나에게 다가오는 것 같지만 사실은 연결의 결과입니다. 페이스북 알고리즘이나 구글과 네이버 알고리즘을 통하기도 하고, 기업에서 관심사 등으로 타기팅한 광고를 통해서도 발견이 됩니다.

선택은 발견에 영향을 받습니다. 발견 과정이 절묘하다면 의식하지 못한 상태에서 선택으로 이어집니다. 친구가 추천하는 책에 대한 의견과 리뷰만으로 책의 구매에 이르게 되는 것을 예로 들 수 있습니다. 사람들은 매 순간 합리적인 의사결정을 하는 듯 보이지만 실상은 그렇지 못합니다. 게다가 정보가 많으면 많아질수록 선택은 더 어려워집니다. 그러니 '아는 사람'들이 주는 정보의 효과성이 선택에 영향을 미칠 수밖에 없죠.

경험은 제품과 서비스를 구매하고 이를 소비하는 과정을 말합니다. 소비자가 구매와 소비과정에 만족하면 재구매로 이어질 뿐만 아니라 충성고객이 되어 다른 사람들에게 추천까지 합니다. 반면, 구매의 경험이 즐겁지 못하면 발견과 선택의 과정마저 수포로 돌아가고 맙니다. 또한, 소비의 과정이 즐겁지 못하면 일회성 고객에 그치므로 기업은 신규 고객 유입을 위해 끊임없이 비용을 지출해야 합니다.

이렇게 발견하고 선택하고 경험한 것은 다양한 소셜미디어를 통해 공유됩니다. URL을 공유하는 적극적인 방법도 있지만, '좋아요'나 댓글로 참여하는 소극적인 공유도 있습니다. 동영상을 시청하는 것도, 구독을 누르는 것도, '좋아요'나 댓글을 다는 것도 모두 공유의 행위입니다. 그리고 공유는 데이터로, 정보로, 나의 목소리로, 나의 글로 다른 사람들의 발견과 선택과 경험에 영향을 미칩니다.

발견, 선택, 경험, 공유라는 콘텍스트는 기획자, 개발자, 디자이너, 마케팅 담당자, 생산 담당자들이 모두 참여해야만 만들어갈 수 있는 영역입니다. 기획자와 마케팅 담당자가 뚝딱뚝딱 설계한다고 실행될 수 있는 게 아니라는 말입니다.

고객과 브랜드의 상호작용

고객경험 자체가 상품이고 마케팅인 시대입니다. 사람들은 제품과 서비스의 기능적 특징만 구매하는 게 아니라 브랜드에 포함된 경험을 구매합니다. 긍정적인 경험은 온라인을 통해 공유되고 확산되면서 뛰어난 마케팅 수단이 되기도 합니다. 고객은 이처럼 브랜드와 상호작용을 하죠. 이러한 상호작용이 브랜드 이미지와 연결되도록 하는 게 바로 브랜드 경험 디자인입니다.

기술은 중요한 차별화 요인이지만 기술 자체만으로는 한계가 분명합니다. 기술이 성공하려면 소비자에게 경험을 제공할 수 있어야 합니다. 비디오 대여점으로 출발한 넷플릭스가 대표적인 예입니다. 넷플릭스는 사용자가 동영상 콘텐츠를 구매하고 소비하는 매 순간의 데이터를 수집합니다. 사용자가 어느 순간 동영상을 정지하는지, 언제 되감기와 빨리 감기를 실행하는지, 체류시간은 어느 때가 가장 긴지 등을 분석해 이를 기반으로 사용자의 취향을 파악하고 콘텐츠를 제시합니다. 그리고 사용자가 이 서비스 경험을 소셜미디어에 올리는 순간 서비스 자체가 미디어 및 콘텐츠가 되는 것이죠.

고객이 판매자를 만나 구매를 진행하고, 구매 후 피드백을 하는 모든 과정을 '구매여정'이라고 합니다. 이 여정 중 고객과 판매자가 만나는 접점에서 고객이 제품에 대한 이미지를 느끼는 결정적 순간을 '진실의 순간(Moment of Truth)'이라고 표현하는데요. 진실의 순간은 고객이 처음 제품을 접하는 순간과 구매 후 사용하면서 느끼는 순간으로 구분됩니다. 애플스토어에서 맥북에어를 보고 '가볍고 좋다'라고 느끼는 순간이 있고, 맥북에어를 사용하면서 '이 노트북 정말 괜찮은데?'라고 느끼는 순간이 있다는 말이죠.

처음 제품을 접하는 순간 소비자들의 관심을 끌기 위해서는 프로세스 혁신이 필요합니다. 애플스토어에서 운영 중인 '지니어스 바(Genius Bar)'가 대표적입니다. 지니어스 바는 매장 내 바(Bar) 형태의 테이블에서 전문가(Genius)와 함께 기기를 다루며 상호 소통합니다. 단순 판매가 아니라 체험과 문제 해결에 초점을 맞춘 판매방식입니다.

판매 후의 고객경험 관리도 중요합니다. 과거에는 제품을 사용해 본 고객의 의견이 다른 사람들에게 영향을 미치기 어려운 구조였습니다. 기껏해야 가까운 지인들에게 이야기하는 정도였죠. 하지만 지금은 제품 사용 경험을 소셜미디어 등에 손쉽게 올릴 수 있어 한 고객의 경험이 모르는 사람에게 큰 영향을 미칠 수도 있습니다.

이처럼 진실의 순간에 대한 개념이 정립되면서 기업활동에도 큰 변화가 일어났습니다. 제품 디자인을 어떻게 할지, 전시는 또 어떻게 해야 하는지 등 고객의 구매여정에 영향을 끼치는 항목에 관심을 갖게 된 것이죠. 더불어 제품을 사용할 때 느끼는 편리함과 만족감, 내구성 등에도 전보다 더 깊이 집중하게 되었습니다. 즉, 고객들의 구매여정을 따라다니면서 그들과 만나는 접점마다 더 멋지고 훌륭한 경험을 제공해야 한다는 사실을 깨닫게 된 것입니다.

새로운 경험과
중요한 사회적 합의

새벽배송을 통해 알게 된 것들

인류는 번영의 역사라고 할 수 있습니다. 어느 시대를 막론하고 더 많은 자원과 나은 기술을 갖기 위해 노력했고, 필요하면 전쟁까지 동원되었습니다. 유발 하라리는 《사피엔스》에서 "인간은 농업혁명을 통해 정착 생활을 할 수 있었으나 그 정착을 위해 더 많은 밀을 생산해야 했고, 결국 인간은 밀에 종속되어 갔다"고 했습니다. 500년 전에는 과학혁명이 일어나면서 제국이 탄생했고, 제국이 된 국가는 힘의 논리를 밀어붙이며 다시 여러 지역을 침략해 자원을 빼앗고 대량학살을 자행했습니다. 또 250년 전 산업혁명이 일어나면서 지구 전체로 확산된 제국주의는 수많은 나라를 식민지의 나락과 고통 속에 빠뜨렸습니다.

끝없이 번영을 추구한 인류는 그 결과로 미지의 분야도 개척하고 이전에 없던 새로운 것들을 만들어내기도 했지만, 한편으로는 수많은 사람과 동물과 자원 등을 희생시키고 말았죠. 과학기술이 발전하면서 멀리 떨어진 사람들과 연락이 가능해지고, 의학의 발전으로 인간의 수명이 농경사회 시절보다 2배 이상 늘어났습니다만, 이처럼 지구에 미치는 인간의 영향력이 커질수록 인류뿐만 아니라 수많은 다른 종을 생존의 위협 속으로 몰아넣게 된 것도 부인할 수 없는 사실입니다.

물론, 사람들이 전부 성장만을 추구한 것은 아닙니다. 에너지나 자원을 덜 사용하고 폐기물이나 쓰레기를 적게 버리자는 환경운동에 앞장선 사람들도 있었으니까요. 아쉬운 부분은 필요성에 공감하는 것과는 달리 이를 실천하는 사람들은 많지 않았다는 점입니다. 환경보호는 꼭 필요한 일이지만 그것을 위해 당장의 편리함을 포기할 수는 없었기 때문이죠.

그런데 최근 몇 년 사이에 반전이 일어났습니다. 카페나 식당 등 오프라인 매장에서 플라스틱 빨대를 사용하지 않는 곳들이 증가했고, 에코백과 텀블러 등을 들고 다니면서 일상에서 배출하는 쓰레기를 최소화하는 '제로 웨이스트(zero waste)'를 실천하는 사람들이 크게 늘고 있는 상황입니다.

이런 변화는 기업활동에서도 쉽게 감지됩니다. 구글과 애플은 재생에너지만으로 100% 생산활동을 뜻하는 'RE100'을 실천하고 있다고 발표했습니다. SK, 아모

레퍼시픽, LG 에너지솔루션, 현대자동차그룹은 주요 사업장에 태양광 패널 등을 설치해 재생에너지를 직접 생산하면서 화석연료로 만든 전기 사용을 줄여나가고 있습니다.

그럼 수십 년 동안이나 꿈쩍하지 않던 소비자들이 바뀐 이유는 무엇일까요? 환경보호의 중요성에 대해 갑자기 공감능력이 커졌기 때문일까요? 의식수준이 높아져서일까요? 그럴 수도 있으나 설득력이 떨어집니다. 한 사람의 가치관이나 한 사회가 가진 문화는 어느 한순간 뚝딱 만들어지는 게 아닙니다. 사회적 이슈로 부상할 때 잠깐 참여는 할 수 있겠지만, 개인의 습관과 행동으로 자리 잡기까지는 오랜 시간이 필요합니다.

소비자들이 환경보호에 동참하게 된 결정적 계기는 구매를 통한 직접 경험에서 비롯되었는데, 여기에는 쿠팡과 마켓컬리의 역할이 매우 컸습니다. 코로나로 대형마트에 안 가게 된 사람들이 쿠팡과 마켓컬리를 통해 상품을 구매하기 시작했고, 스마트폰 터치 한 번이면 무엇이든 현관 앞에 도착하니 너무 편리했던 겁니다. 게다가 검수과정도 꼼꼼해 채소의 신선도와 과일 당도까지 보장되며, 상품에 문제가 있으면 무료반품까지 해주니 구매 실패에 대한 부담 또한 적었죠. 이들의 새벽배송을 경험해 본 사람들은 그 편리성에 놀란 나머지 다시는 과거로 돌아가지 못한다고 할 정도입니다.

그런데 채소와 과일, 생활용품 등을 이렇게 온라인으로 구매하다 보니 새로운 문제가 발생했습니다. 새벽배송으로 약간의 채소를 구매하거나 배달의민족 앱으로 저녁거리를 주문했을 뿐인데, 플라스틱과 박스 등 일회용품들이 너무 많이 나오는 것 아니겠습니까! 신선도를 지킨다는 명목으로, 파손을 줄인다는 이유로 과하다 싶을 정도로 포장된 상품들이 오히려 소비자들을 불편하게 만들었던 것이죠. 사람들은 그때 알았습니다. '편리한 것도 좋지만 이런 부분은 문제가 있구나!'라는 사실을 말입니다.

무분별한 일회용품 사용은 지구에 기후 위기를 불러오고 생물 다양성을 훼손시킨다고 입이 부르트도록 이야기할 때는 귀담아듣지 않던 사람들이 일상에서 직접 경험하게 되면서 환경문제를 의식하기 시작한 것입니다. 구매 형태와 관련된 나의 선택이 자연을 오염시키고, 전염병을 만들어내며, 인간뿐만 아니라 수많은 종의 생존을 위협할 수 있음을 인식했기 때문입니다. 환경보호를 실천하는 사람들이 증가하는 이유를 소비자들의 의식 수준 개선보다는 환경문제를 직접 경험한 데서 찾아야 하는 이유가 거기에 있습니다.

많은 사람이 동시에 비슷한 경험을 하게 되면 이렇게 사회적인 합의에 도달하게 됩니다. 온라인 쇼핑에 소극적이던 사람들이 코로나로 인해 쿠팡을 이용하게 된 현상이 대표적입니다. 코로나 이전 온라인 쇼핑은 중장년층에게는 익숙지 않은 방식이었습니다. 눈으로 직접 확인하지 않은 채 신선도가 중요한 채소와 당도가 중요한 과일을 구매하는 일은 매우 낯설었습니다. 그런데 새벽배송의 편리함을 경험하면서 처음에는 미심쩍어하던 사람들도 이제는 당연하게 생각할 만큼 채소와 과일의 온라인 구매는 더 이상 낯선 일이 아니게 되었습니다. 온라인 구매의 편리성에 대한 사회적 합의가 이루어진 것이죠.

새로운 경험은 새로운 합의를 만들기도 합니다. 마켓컬리나 쿠팡, 네이버 등 온라인에서 신선식품을 구매한 사람들이 배송되는 박스의 크기와 포장 부자재들에 깜짝 놀라는 경험을 한 후 버려지는 것들에 대한 문제를 인식하게 되고, 이는 결국 환경보호와 실천에 대한 새로운 사회적 합의를 이끌어낸 것처럼 말입니다.

이러한 '사회적 합의'는 기업이 사업을 하는 데 있어 더욱 중요하게 여겨야 할 키워드입니다. 기업은 높은 기술력만으로도 소비자들을 변화시킬 수 있으리라고 생각하지만, 기술은 사용자들의 합의가 없으면 폭발력을 가지기 어렵습니다. 토스와 카카오뱅크가 세상에 나오면서 여러 가지 문제가 대두되었지만, 법과 제도가 뒷받침되고 사용자들의 합의가 뒤따르자 무서운 속도로 확산되어 사람들의 생활 속으로 자리잡은 예가 대표적입니다. 기술발전이 문제가 아니라 사용자들의 합의가 필요하며, 이를 뒷받침할 수 있는 법과 제도가 만들어져야 많은 사람이 사용하는 환경이 형성된다는 뜻입니다.

'의미'를 소비하는 사람들

사회적 합의는 하나의 트렌드로 성장합니다. 최근 MZ세대 중심으로 자신의 가치관과 사회적 신념을 적극적으로 드러내는 '미닝아웃(meaning+coming out)'이 대표적인 예입니다. 배달음식 줄이기, 텀블러 사용하기, 분리수거 철저히 하기, 사용하지 않는 플러그 뽑기, 공공 자전거 타기 등 일상생활에서뿐만 아니라 소비활동에서도 자신의 가치관과 신념에 맞는 상품구매가 증가하고 있습니다.

소비자는 그동안 각광받지 못했던 친환경 의류와 식품을 소비하는 등 가치에 반응하고 기업은 이에 주목하면서 가치소비가 선순환하며 시장이 날로 커지고 있습니다. '착해야 산다(buy)'는 소비 트렌드는 소비자에게는 구매행동에 지나지 않지만 기업이 볼 때는 생존이 걸린 문제가 되었습니다. 구찌, 발렌시아가, 보테가 베네타, 알렉산더 맥퀸, 생로랑 등 명품 브랜드를 다수 보유하고 있는 케링 그룹이 모피 사용 중단을 선언한 이유도 바로 그 때문이죠.

그동안 가죽이나 모피 제품을 취급하는 기업은 동물학대라는 윤리 측면의 문제와 함께 환경파괴의 주범으로 지목당하면서도 필요에 의해 유지해 왔습니다. 하지만 소비자들의 비판과 요구가 커지면서 이 문제에 대해 더 이상 외면할 수 없게 되었습니다. 그리하여 많은 패션 브랜드들이 모피나 가죽 대신 대체 가능한 소재에 주목하는가 하면, 버려진 폐기물과 재활용한 플라스틱 소재를 원료로 가방과 옷을 만드는 방식으로 바뀌어 가고 있습니다.

식품 시장에서는 비건(Vegan)을 고객으로 한 제품의 판매가 큰 폭으로 성장하고 있습니다. 고기 등의 동물성 재료를 섭취하지 않는 채식주의자를 목표로 한 시장은 그동안 작은 틈새에 불과했습니다. 그런데 스마트폰과 소셜미디어 등을 통해 다양한 정보를 접하게 되면서 많은 사람이 동물권(Animal Rights)에 대해 관심을 가지게 되었고, 코로나 시기를 겪으면서 환경문제가 남의 일이 아닌 자신의 일임을 체감하게 되었습니다. 그 결과가 환경에 미치는 악영향을 줄이기 위한 제로 웨이스트, 녹색소비 등을 실천하거나 동물권에 공감하며 비건(Vegan)이 되기를 선택하는 사람들이 많아지는 현상으로 나타난 것이죠. 이들은 인스타그램 등의 소셜미디어에 자신의 가치관을 당당하게 드러냅니다.

착한 기업으로 칭송받던 '탐스슈즈'

기업의 사회적 책임은 그동안 마케팅 포인트로 활용되어 왔습니다. 착한 기업으로 손꼽히던 탐스슈즈(TOMS Shoes)를 예로 들 수 있습니다. 탐스슈즈는 '내일을 위한 신발'이라는 슬로건으로 소비자가 신발 한 켤레를 구입하면 다른 한 켤레를 제3세계 어린이들에게 기부한다는 캠페인으로 큰 인기를 누렸습니다.

그러나 자선이라는 명분을 이용한 마케팅이 판매전략으로 활용되었을 뿐 실제로 개도국 사람들에게는 거의 도움이 되지 않았다고 합니다. 비정부기구(NGO)들이 의료, 교육, 식량, 일자리와 같은 절실한 문제보다는 진정성 없는 상술로 어린이들을 이용했다며 비난을 할 정도였으니까요. 실제로 기부받은 신발을 재판매하는 사례가 증가하면서 지역 내 영세 신발업자가 피해를 보는 일이 벌어지기도 했습니다.

비난이 일자 탐스슈즈는 곤란한 상황을 모면하기 위해 같은 품목이 아닌 다른 제품을 기부하는 방법을 활용했습니다. 안경을 판매하면서는 교정용 안경 처방·의학적 처치·안과 수술 등의 방법으로 시력 회복 치료를 돕고, 가방을 판매하면서는 안전한 출산을 위한 소품과 출산보조원을 통한 교육 서비스를, 커피를 판매하면서는 깨끗한 물 일주일 분을 기부하기도 했죠.

자선을 통한 전략에서 짚어야 하는 문제의 핵심은 경쟁에서 이길 수 있는 혁신이 없다는 점입니다. 기부와 같은 자선은 기업의 핵심역량이 될 수 없습니다. 사람들의 선한 마음에 호소하는 방법은 잠시 잠깐의 효과를 가져올 수는 있으나 머지않아 그 프리미엄이 사라지게 되어 있습니다. 소비자들은 제품과 서비스의 본원적 요소인 기능, 품질, 디자인 같은 혁신에 기업의 사회적 책임이 더해졌을 때 지갑을 엽니다. 기업의 사회적 책임을 이야기하기 전에 제품과 운영방식에 대한 혁신을 말해야 합니다.

경영이 한계에 부딪히자 탐스슈즈의 창업자 블레이크 마이코스키(Blake Mycoskie)는 지분을 투자회사에 넘기면서 먹튀 논란을 일으켰고, 엄청난 액수의 강연료를 받고 외부 강의를 다니면서 회사보다는 자신의 이익을 중요시한다는 비난도 받았습니다. 기업이 지분을 처분하고 대표가 외부에 강의를 다니는 일은 하등 문제가 없습니다. 하지만 사회적 가치를 이야기하는 기업이라면 이야기가 달라집니다. 대표를 포함해 구성원 전체가 사회적책임경영(CSR)의 기본을 지키는 것은 물론이고 높은 신뢰성과 도덕성을 확보해야 합니다. 그렇지 않으면 그 기업은 소비자들로부터 외면받고 큰 위기에 빠지고 맙니다.

사회적 책임을 다하는 '파타고니아'

기업의 사회적 책임을 다하는 기업으로는 '파타고니아'가 유명합니다. 파타고니아의 사명(Mission Statement)은 "우리는 우리의 터전, 지구를 되살리기 위해 사업을 합니다"입니다. 이윤을 먼저 추구해야 하는 기업의 사명치고는 매우 거창하죠. 환경과 사회를 생각해서 '착한 기업'이 되겠다는 선언은 바람직하지만, 그동안 구호만 외치거나 일회성 캠페인으로 끝나는 경우를 많이 봐왔기 때문에 의구심이 들기도 합니다.

실제로도 많은 기업이 그럴싸한 구호나 일회성 캠페인에 머무른 사례가 많으나 파타고니아는 '환경보호'에 진심이었습니다. 원단 생산부터 제품 입고 단계까지 통틀어 발생하는 오염과 쓰레기뿐만 아니라 사용되는 에너지까지 기록된 보고서를 웹사이트를 통해 매년 공개하고 있습니다. 또 의류 생산과 가공, 유통 등 전 과정에 걸쳐 환경지수를 측정해 발표하는 '지속 가능한 의류 연합'과 매출의 1%를 환경단체에 기부하는 기업들의 모임인 '지구를 위한 1% 프로그램'을 주도적으로 만들기도 했습니다.

물론, 파타고니아가 처음부터 사회적 가치를 비즈니스의 중심에 놓지는 않았습니다. 1973년에 설립된 파타고니아는 설립 후 20년까지는 의류산업이 환경에 얼마나 큰 피해를 일으키는지 제대로 알지 못했습니다. 파타고니아가 '지속 가능성'

을 넘어 '되살림'으로 발전해 온 시간은 그러므로 30여 년이 됩니다.

파타고니아 창업자 이본 취나드(Yvon Chouinard)는 암벽등반 역사에 있어 매우 중요한 인물 중 한 명입니다. 세계에서 가장 어려운 코스로 정평이 나 있던 요세미티에 새로운 루트를 여러 개 개척했고, 암벽등반 시 바위 틈새에 박아 중간 확보물로 쓰는 금속 재질의 못인 강철 피톤을 보급하는 데 결정적인 역할을 하기도 했습니다. 《등산상식사전》에는 "1957년부터 10년 동안 장비 개발의 귀재라고 불리는 이본 취나드가 독창적인 아이디어로 피톤의 여러 모델들을 제작하여 유럽은 물론 전 세계 시장에 보급했다"고 언급하고 있습니다. 이본 취나드가 만든 강철 피톤은 연철 피톤과 달리 단단하고 강했으며 여러 번 반복해 사용할 수도 있었습니다. 암벽등반인의 생명을 좌우하는 데다 자신이 직접 사용할 물건이니 최고의 품질을 지향할 수밖에 없었던 것이죠.

그런데 어느 날, 그는 자신이 앞장서서 보급했던 강철 피톤이 요세미티 암벽을 훼손하는 것을 목격했습니다. 피톤은 암벽을 오를 때 많게는 수백 개가 사용되기도 합니다. 암벽등반 시에는 추락을 방지하기 위해 앞서 오르는 선등자가 피톤을 설치하면서 올라가고 후등자는 이를 회수하면서 뒤따릅니다. 이때 후등자는 피톤의 머리 부분을 좌우로 때려 느슨하게 만든 후 빼내야 하므로 암벽이 훼손될 수밖에 없었죠. 자연을 사랑하는 이본 취나드가 자신도 모르게 자연을 훼손시키는 장본인이 되고 말았습니다.

회사의 장비 매출 중 70%가 강철 피톤에서 나오는 상황에서 환경보호라는 사회적 가치와 비즈니스 가치가 정면충돌을 일으켰습니다. 그러자 이본 취나드는 강철 피톤을 대체할 장비를 찾았고, 당시 일부 등반가가 사용 중이던 알루미늄 쐐기를 눈여겨보았습니다. 알루미늄 쐐기는 해머가 필요 없고 간단하게 분리할 수 있어 환경파괴를 최소화하는 게 가능했지만, 재료의 성격상 암벽등반가의 안전을 보장하기에는 미흡했죠. 알루미늄 쐐기 개선에 몰두한 이본 취나드는 마침내 그것을 암벽의 다양한 틈에 맞는 튼튼하고 편리한 쐐기로 재탄생시켰습니다. 그 결과 이본 취나드와 톰 프로스트가 고안한 육각기둥 모양의 쐐기는 1976년 미국 특허로 등록되었으며, 지금도 헥센트릭스(Hesentrics)라는 제품명으로 팔리고 있습니다.

이본 취나드라는 이름에는 암벽등반가, 자연주의자, 환경운동가, 파타고니아 창업자 등 업적을 드러내는 여러 수식어가 붙지만, 그의 가장 큰 업적은 바로 그가 남긴 삶의 자세, 즉 '철학'입니다. 1972년 당시만 해도 어떠한 사람들도 강철 피톤 생산을 규탄하지 않았습니다. 그런데도 스스로 문제를 인식하고 진지하게 성찰한 후 비즈니스 모델을 과감히 혁신해 새로운 길을 찾아냈죠. 그 후부터 환경보호라는 사회적 가치와 비즈니스 가치가 충돌할 때 이를 극복하는 방법으로 취나드의 철학이 파타고니아의 철학으로 이어지게 되었으니까요.

파타고니아는 환경 분야에서의 사회공헌 강화, 제품 생산과정에서 발생하는 환경파괴의 최소화, 비즈니스를 통해 환경보호라는 사회적 가치 창출의 단계를 밟아왔습니다. 초기에는 자신들의 비즈니스가 환경을 얼마나 훼손하는지 모르는 상태에서 사회공헌을 강화해 왔으나, 철저한 자기반성을 바탕으로 비즈니스에 있어 환경 훼손을 최소화하는 방법을 실천해 온 것입니다. 그리고 파타고니아는 이제 환경 보호를 뛰어넘어 비즈니스 활동을 통해 새로운 사회적 가치를 창출하는 기업으로 발전해 나가고 있습니다.

대표적으로 파타고니아에서 운영하는 '파타고니아 프로비전(Patagonia Provisions)' 이라는 식품회사를 예로 들 수 있습니다. 파타고니아 프로비전에서는 컨자(Kernza)라는 다년생 밀을 재배하는데, 컨자는 뿌리를 통해 영양분과 물을 신속하게 흡수하는 실용적인 식물로 살충제 없이도 잘 자라며, 이산화탄소를 땅속에 격리시킬 뿐만 아니라 생육에 필요한 물의 양이 적게 들고, 밭갈이를 자주 할 필요가 없어 기후변화 문제를 해결할 수 있는 작물 중 하나로 평가받고 있습니다.

컨자 재배에 돌입한 파타고니아는 컨자를 활용해 만든 식품의 판매처 확보 차원에서 포틀랜드의 맥주 회사와 미국 유기농 마트 체인 홀푸드, 대형 시리얼 제조 기업과 파트너십을 맺었습니다. 근본적인 목적은 맥주 생산이 아닌 기후변화 방지였습니다. 비즈니스 활동으로 인해 소모한 양보다 더 유익한 많은 것들을 지구에 돌려주는 방식으로 농업과 식량 유통 문제에 적극적으로 대처해 나가고 있습니다.

소비자들은 이제 '의미'를 소비합니다. 화장품 업계가 플라스틱 대체품으로 포장을 바꾸고, 패션 업계가 가죽이나 모피를 사용하지 않으며, 식품 업계가 채식이나 대체육 개발에 열을 올리는 이유는 모두 소비자들의 요구가 달라졌기 때문입니다. 환경(Environment), 사회(Social), 지배구조(Governance)를 뜻하는 ESG는 어쩌면 고차원적인 목표에 의미를 담은 것이라고 읽힐 수도 있습니다. 하지만 파타고니아의 예로 알 수 있듯 기업이 사회적 책임을 다하면 소비자들은 그 기업의 제품 구매를 넘어 팬이 됩니다.

기업의 본질은 이윤창출입니다. 반면, 소비자들은 기업의 진정성을 늘 판단하면서 언제 어디에 자신의 지갑을 열까 고민합니다. 지금은 왼손이 한 일을 오른손이 모르게 하는 시대가 아닙니다. MZ세대는 자신의 '착한 소비', '가치소비'를 SNS에 자랑스럽게 공유합니다. '의미'를 소비하며 많은 사람에게 '좋아요'와 칭찬받기를 원하죠.

기업이 이윤창출을 위해 무엇을 해야 할지 고민할 지점이 바로 여기입니다.

쓰레기로 만든 가방 '프라이탁'

파타고니아와 함께 언급되는 기업 중에서 프라이탁(FREITAG)을 빼놓을 수 없습니다. 프라이탁 형제의 이름을 딴 브랜드 '프라이탁'은 자신의 분야에서 스위스를 넘어 전 세계 트렌드를 리드하고 있습니다. 쓰레기를 재활용해 만든 가방, 거칠고 낡은 질감을 자랑하는 프라이탁 가방은 '업사이클링'에 관심 있는 사람들의 시선을 끌고 있습니다. 모두가 프라이탁 가방을 좋아하지는 않지만, 한 번 본 사람은 결코 잊을 수 없을 만큼의 강력한 임팩트를 지닌 건 사실입니다.

프라이탁 가방의 제작공정은 복잡합니다. 주재료인 방수천을 트럭에서 떼어내는 일부터 색깔 별로 조각내고, 세척하고, 재단하는 과정 모두 사람의 손을 직접 거쳐야 합니다. 복잡한 과정이 모두 수작업으로 진행되다 보니 세상에 하나밖에 없는 가방으로 재탄생되고, 그런 이유로 가방 하나 가격이 수십만 원을 넘습니다. 소비자들은 프라이탁이 추구하는 이러한 가치에 기꺼이 비싼 돈을 지불하는 것입니다.

그렇다고 실용적이지 않은 것도 아닙니다. 가방 본연의 기능인 실용성도 뛰어납니다. 방수천 자체가 타폴린 소재이기 때문에 방수는 물론이고 견고성도 뛰어납니다. 10년 이상 사용해도 찢어지거나 물이 샐 염려가 적습니다. 홍보 영상도 미사여구나 과장된 촬영으로 제품을 그럴싸하게 포장하지 않습니다. 가방 이곳저

곳을 쓱 훑으면서 있는 그대로를 보여줄 뿐입니다.

5년 이상 쓰고 난 트럭의 방수천 스토리, 세상에서 단 하나뿐인 가방의 희소성에 소비자의 관심과 경험이 더해지면서 프라이탁은 밀레니얼 세대에게 가장 핫한 브랜드로 거듭났습니다.

일도 라이프 스타일입니다

강력한 개인의 시대

일과 직업에 대한 선호도가 변하고 있습니다. 대표적으로 1인 기업의 증가를 들 수 있는데요. '위워크'나 '패스트파이브' 같은 공유 오피스, '크몽'과 '숨고', '탈잉' 같은 재능 마켓, '네이버 스마트스토어'와 '아이디어스' 같은 판매채널은 1인 기업이나 소규모 기업을 위한 다양한 서비스 제공을 통해 매년 큰 폭으로 성장 중입니다.

피터 드러커, 톰 피터스, 제러미 리프킨, 공병호, 구본형 등 많은 사람이 1인 기업의 시대를 이야기해 왔습니다. 하지만 바람과는 달리 1인 기업으로 실제 시장에서 의미 있는 수익을 창출한 사람은 소수에 지나지 않은 게 사실입니다. 그나마 이름이 알려진 대부분도 KBS, MBC 같은 공중파 방송사나 조선일보, 동아일보 같은 레거시 미디어에 의한 경우가 많았습니다. 개념적으로는 1인 기업 시대가 도래했음에도 그들 대부분은 기업을 운영하는 데 있어 레거시 미디어 등 기존의 방식에 의존하거나 답습할 수밖에 없었죠.

그러다 애플, 구글, 아마존 같은 콘텐츠 유통 플랫폼과 블로그, 페이스북, 유튜브 같은 소셜미디어가 등장하면서 1인 기업 시장이 본격적으로 열리기 시작했습니다. 이제는 KBS, MBC가 아니어도 유튜브로 자신만의 방송을 할 수 있으며, 대형 출판사가 아니어도 e-book를 만들어 판매할 수 있고, 앱스토어에서 자신의 재능을 뽐낼 수도 있습니다.

1인 기업이 증가한다는 사실은 직업에 대한 라이프 스타일이 바뀌고 있음을 의미합니다. 1인 기업은 자신의 전문지식을 바탕으로 일정한 소속 없이 자유계약으로 서비스를 제공하는 소규모 기업으로 프리랜서와 유사해 보이지만 단순 하청이 아닌 온전히 자신의 이름으로 시장을 창출할 수 있다는 점에서 큰 차이가 있습니다. 수익성이 낮은 일을 대신해 주는 '아웃소싱 회사'보다는 동등한 입장에서 목표를 달성하기 위해 노력하는 '파트너'에 가깝죠.

1인 기업의 라이프 스타일

100년 전 사람들은 대부분 평생 농사를 지어야 했습니다. 가질 수 있는 직업이 많지 않았던 시대에 '땅은 정직하다'라는 믿음 아래 성실한 농부로 일생을 보낼 수밖에 없었습니다. 50년 전 사람들은 평생을 공장과 사무실에서 일해야 했습니다. 일이 적성에 맞지 않아도 가족의 생계를 위해 아침 일찍 일어나 출근했습니다.

농업사회나 산업사회로의 정착은 한편으론 안정된 노동 여건을 제공하지만, 다른 한편으로는 강요와 종속이라는 두 개의 얼굴을 갖고 있습니다. 농경사회에서의 농부들은 자신과 가족을 먹여 살리는 땅에 묶였고, 산업화 사회에서의 노동자들은 봉급을 받기 위해 공장과 사무실에 묶였습니다. 농부들은 자연의 순환으로부터 자유롭지 못했고, 노동자들은 대량생산의 쳇바퀴에서 벗어나지 못했습니다.

그런데 밀레니얼 세대는 다른 삶을 꿈꿉니다. 스마트폰과 노트북만 있으면 일을 할 수 있어서 물리적인 근무 장소는 크게 중요하지 않습니다. 재택근무를 하는 날들도 많고, 집 근처 가까운 공용 오피스를 이용하기도 합니다. 그들은 인터넷과 IT 기기를 자유롭게 사용하면서 흥미롭게도 옛날 사람들이 그랬던 것처럼 유목민의 삶을 선택하고 있습니다.

9시에 출근해서 6시에 퇴근하는 '나인 투 식스' 근무 시스템은 모두 함께 모여 한 곳에서 일해야만 시너지 효과를 낼 수 있던 시스템, 즉 산업화 시대의 산물입니다. 소품종 대량생산에 주력했던 산업화 시대는 경영자가 업무의 내용과 일정을 계획했고, 근로자는 경영자가 시키는 일을 수행했습니다. 사전계획과 분업화,

위계적 통제, 권위주의적 명령과 지시 등은 기업 및 조직의 성장과 발전을 보장하는 시스템이었습니다.

그러나 산업화 시대의 소품종 대량생산은 비슷한 가격대와 비슷한 품질을 벗어나기 어려운 데다 생산성 향상에서도 한계에 부딪혔습니다. 단순생산은 기계가 담당하고 사람은 새로운 제품의 개발과 생산활동 쪽으로 집중하게 되었지요. 신체를 이용한 노동보다는 정신(지적)에 기반한 일들의 비중이 점점 커져만 갔습니다. 그리고 이러한 변화는 매뉴얼로 정해진 노동보다 각각의 개성이나 감성, 인간성을 발휘할 수 있는 쪽으로 고객에게 접근해야 한다는 사실을 기업이 깨닫게 한 것이죠.

우리 사회는 수천 년 전부터 서서히 변해왔습니다. 수렵, 어로 등 채집에 의존했던 원시사회에서 토지가 부의 원천이었던 농경사회로, 농경사회는 다시 소품종 대량생산으로 대변되는 산업사회로 변화했으며, 산업사회는 유동성과 유연성이 강조되는 지식사회로 바뀌었습니다.

생각해 보면 우리도 인터넷을 일상생활에 활용하기 시작한 지 그리 오래된 건 아닙니다. 그럼에도 인터넷 없이는 아무것도 할 수 없을 만큼 변화의 속도는 점점 빨라지고 있습니다. "자본주의 사회에서 생산적인 곳에 자본을 배분할 줄 아는 자본가가 그랬던 것처럼 지식사회에서는 지식을 생산성 있는 곳에 배분할 줄 아는 지식

근로자가 경제 및 사회의 주역이 될 것"이라는 피터 드러커의 말이 실현되고 있죠.

변화는 이제 거부할 수 없는 현실입니다. 어느 조직도 더 이상 나를 평생 책임져 주지 않습니다. 땅도, 공장도 마찬가지입니다.

물리적인 장소가 중요하지 않은 시대

제품을 만드는 속도보다 구매하는 속도가 훨씬 빨랐던 시대에는 표준화된 제품을 대량으로 생산해 판매하는 구조가 가장 적합했습니다. 학교나 사회에서는 이같은 시스템에 녹아들도록 사실 위주의 주입식 교육을 했고, 기업은 개인의 시간과 능력을 가져가는 대신 월급과 승진이라는 형태로 보상했습니다. 그때는 근면, 성실, 노력 등의 가치가 높은 평가를 받았으며 개인보다는 집단이 우선시 되었습니다. 또 실속보다는 규모나 체면을 중요하게 생각했고, 희생과 양보를 미덕으로 여겼습니다.

그러나 지금은 다릅니다. 판매자는 고객이 원하는 것을 제공해야만 더 높은 수익을 낼 수 있습니다. 학교에서의 교육은 이야기와 재미 중심으로 변화 중이며, 획일화된 지식의 주입보다는 개인의 창의성과 개성을 강조하고, 집단보다는 개인의 성장에 우선하는 동시에 개인과 전체의 균형을 추구합니다. 휴식 또한 취미와 재충전의 개념으로 변화되고, 일과 취미의 조화가 아주 중요한 시대가 되었습니다.

1인 기업이 하나의 라이프 스타일이 될 수 있는 이유는 소비자의 아이디어나 정보, 기술이 제품의 일부로 포함되면서 상품이나 서비스 속에 차지하는 지식 콘텐츠의 비율이 현저히 늘어났기 때문입니다. 변화하는 경제 흐름 속에서 조직의 최대 자산은 지적 자산이 된 것이죠. 그리고 이 자산은 지식노동자가 가지고 있습니다. 최근 전 세계 기업이 지적 자본을 측정하고 관리하는 새로운 시스템과 방법을 개발하려 애쓰는 이유가 바로 여기에 있습니다.

게다가 생산수단 또한 물리적인 것에서 인간적인 것으로 변하고 있습니다. 노동력은 두말할 필요도 없고요. 생산의 핵심 요인은 제품 전략의 입안자, 개발자, 마케팅 담당자 등의 창조적 재능과 지식입니다. 지식노동자를 보유하고 영입해 그 능력을 지속적으로 계발시키며, 혁신과 창조력을 발휘할 수 있는 환경을 기업이 제공할 수 있는지 없는지가 관건이 된 것이죠. 지식이 세상을 이끌어가는 시대에 들어섰다는 뜻입니다.

우리는 산업화 시대를 선도했던 수많은 노동자가 일자리를 빼앗기는 뉴스를 거의 매일 듣고 목격합니다. 반면, 지식이나 문화 분야에서 비즈니스를 선도하는 엘리트들은 스스로 새로운 시대를 창출하며 앞으로 나아가고 있습니다.

조직 밖에서 나답게 살아가는 사람들

"직장생활이 나은가, 자기 사업을 하는 게 좋은가?" 질문한다면 쉽게 대답하기 어렵습니다. 각각 다 장단점이 있기 때문입니다. 하지만 현재의 직장이 평생 고용을 보장해 주지 않는다는 건 분명한 사실입니다. 공무원이나 교사 등 이른바 철밥통 같은 직업이라 하더라도 60세까지일 뿐입니다. 의료 기술의 발달로 죽으려야 죽을 수도 없는 시대, 100세를 사는 시대인데 말입니다. 퇴직 후에도 40년을 살아야 합니다.

우리는 어떻게 살아야 할까요?

사람은 대부분 본능적으로 위험을 피하려 합니다. 새로운 일을 시작하거나 새로운 곳에 정착할 때는 기존 직장이나 생활이 주는 '안정'을 담보할 수 없으니 불안이 앞서는 게 어쩌면 당연한지도 모르겠습니다. 하지만 이제 세상은 한자리에 계속 머무는 것이 거의 불가능해졌다는 사실을 간과해서는 안 됩니다. 특히, 모든 것이 빠르게 변화하는 요즘 같은 시기에는 말입니다. 새로운 일을 두려워하고 직장생활을 통해 안주하길 선호하는 사람에게 날카로운 변화의 바람은 더욱 차갑게 느껴질 수밖에 없을 겁니다.

제러미 리프킨은 자신의 저서 《노동의 종말》에서 "지금 인류가 쓰고 있는 모든 제품을 생산하는 데 필요한 인력은 현재 노동력의 10%만 있으면 된다"고 단언했습니다. 이 말은 이미 현실이 되었습니다. 과거에는 한 사람이 한두 개의 직종에 종사하며 살았으나 앞으로는 더 많은 직종을 거치며 살아갈 수밖에 없는 시대가 되었음을 인정해야 합니다.

그런데도 '창업'을 이야기하면 많은 사람이 거부감부터 드러냅니다. 실패하면 회복할 수 없다는 공포가 가장 먼저 다가오기 때문이죠. 하지만 자신의 경험이나 특별한 재능을 바탕으로 한 전문 서비스를 제공하는 사업이라면 생각이 달라질 수도 있습니다. 또 강사, 컨설턴트, 웹디자이너, 프로그래머, 작가 등 실패해도 상대적으로 데미지가 적은 업종도 많습니다.

1인 기업의 가장 큰 장점은 자신의 미래를 스스로 관리할 수 있다는 점입니다. 조직의 방향에 따라, 승진에 따라 삶의 방향이 같거나 달라지는 직장인들과 달리 1인 기업의 CEO는 자신이 일하고 싶은 시간, 장소, 업무영역 등을 자신이 결정할 수 있습니다. 러시아워에 출퇴근을 안 해도 되며, 일하는 장소가 굳이 사무실일 필요도 없습니다. 현재 하는 일과 미래에 하고 싶은 일을 스스로 결정할 수 있을 뿐만 아니라 꼭 정해진 기간에 휴가를 가지 않아도 됩니다.

1인 기업이 누릴 수 있는 또 다른 장점은 자신이 하고 싶은 일을 한다는 것입니다. 자신이 하고 싶은 일, 즉 좋아하는 일을 하게 되면 일이 즐거워지고, 일이 즐거워지면 자신감과 열정이 생깁니다. 자신이 좋아하는 일을 한다는 건 자기 분야를 더 깊이 있게 파헤칠 수 있다는 뜻입니다. 제너럴리스트(generalist)가 아니라 스페셜리스트(specialist)가 될 수 있음을 의미합니다. 그리고 궁극적으로 일을 통해 수익도 창출하게 됩니다.

또 자신만의 방식으로 사업을 전개할 수 있다는 장점도 있습니다. 최신 트렌드에 발맞춰 사업을 발전시킬 수도, 개성을 살려 뜻대로 사업을 운영할 수도 있습니다. 조직의 논리에 따라 바꾸지 않아도 됩니다. 그리고 그것은 더 창의적이고 열정적으로 일할 수 있는 바탕으로 작용합니다.

질적인 삶을 추구하는 사람들

규모의 경제가 가능했던 산업화 시대에는 대부분 더 큰 기업이나 대기업이 되기 위해 노력했습니다. 그런데 사업의 규모가 커지고 조직이 비대해지면 '비효율'이 발생하기 시작하죠. 사업 자체보다 조직 내의 커뮤니케이션에 훨씬 많은 시간을 사용할 뿐 아니라, 상품개발이나 고객에 신경을 쓰기보다 내부 정치에 열을 올리기도 합니다.

반면, 1인 기업은 사업의 규모가 일반기업에 비해 작을 뿐 지향하는 목표까지

작지는 않습니다. 사업 규모를 키우고 안 키우고는 개인의 선택입니다. 실력이 모자라 1인 기업을 하는 것도 아닙니다. 1인 기업이 일반기업과 가장 다른 점은 양적인 삶보다 질적인 삶을 중요시한다는 점입니다. 매출액이나 직원 수, 번듯한 외형의 회사와 사무실에 얽매이기보다는 더욱 중요한 가치에 집중합니다. 자유와 개성과 행복 등이 그것입니다. 사업의 규모를 확장하는 것도 중요하지만 그것이 전부는 아닙니다.

다음의 예를 볼까요?

한 증권가 애널리스트가 작은 섬에 휴가를 갔다. 그는 마을의 어부가 잡은 크고 싱싱한 물고기를 보고 감탄했다.

"이런 물고기를 잡는 데 시간이 얼마나 걸리나요?"

"그리 오래 걸리진 않아요."

"그렇다면 왜 더 많은 물고기를 잡지 않나요? 당신의 기술이라면 충분할 텐데요."

어부는 이만큼으로도 충분하다고 대답했다.

"그럼 남는 시간에는 무얼 하세요?"

"늦잠 자고 일어나 낚시질 잠깐 하고, 애들이랑 놀고, 오후에는 낮잠 자고, 밤에는 마을 친구들이랑 술도 한잔합니다. 기타 치고 노래도 부르고, 아주 바쁘지요."

"저는 증권 애널리스트입니다. 말씀을 들어보니 안타깝네요. 당신이 좀 더 일하면 더 많은 물고기를 잡을 수 있을 거예요. 그러면 더 많은 수입이 생기고 더 큰 배를 살 수 있겠지요, 그러면 더 많은 물고기를 잡을 거고 더 많은 수입과 더 많은 배를 가질 수 있을 겁니다. 그렇게 되면 이 작은 섬을 떠나 도시의 큰 빌딩과 멋진 집도 소유할 수 있을 거예요. 필요하다면 제가 도와드리겠습니다."

"그렇게 되려면 얼마나 걸리죠?"

"20년, 혹은 25년 정도면 가능합니다."

"그다음에는요?"

"아마, 당신은 백만장자가 되어 있을 겁니다. 생각만 해도 흥미진진하지 않습니까?"

"백만장자라… 그다음에는요?"

"은퇴해서 바닷가 작은 마을에서 살면서 늦잠도 자고, 손주들이랑 놀고, 밤에는 친구들과 술 마시며 놀면 되는 겁니다."

"저는 벌써 그렇게 하고 있는걸요."

사업 규모의 확장이 나쁘다는 말은 아닙니다. 기업을 점점 더 키우는 것도 멋지고 의미 있는 일입니다. 대기업들이 우리나라 전체 경제에서 차지하는 비중은 굳이 입을 열 필요도 없으니까요. 다만, 규모가 큰 것과 성공을 동일시해서는 안 된다는 뜻입니다. 사업 규모가 크다고 해서 돈을 많이 버는 것도 아니요, 무조건 행복해지는 것도 아니니까요.

1인 기업이 나아갈 길은 아주 다양하며 여러 갈래입니다. 1인 기업은 기존 경쟁자들이 형성해 놓은 시장에 들어가지 않을 때, 즉 대기업으로의 성장을 추구하지 않을 때 1인 기업다움을 간직할 수 있습니다. 그리고 규모의 확장보다는 1인 기업으로서 끊임없는 자기 계발과 혁신을 통해 경쟁력을 키우며 전문성을 넓혀 갈 때 더 큰 만족에 이를 수 있습니다. 다른 사람은 흉내 낼 수 없는 나만의 전문지식이나 고유의 서비스를 고객에게 제공할 때 더 큰 자유와 기쁨과 보람을 누릴 수 있지 않을까요? 내 삶의 질을 더 향상시키고 주변 사람들과도 더 행복하게 지낼 수 있는 길이라고 생각합니다.

그것이 성공 아닐까요!

내가 하고 싶은 일을 하는 사람들

사람들은 이제 아침 9시에 출근해서 오후 6시에 퇴근하는 삶보다는 자율적으로 업무를 보면서 내게 주어진 시간을 마음껏 적극 활용할 수 있기를 원합니다. 일에 대한 개념도 '어느 회사에 근무하는가?'보다는 '어떤 일을 하는가?'로 바뀌었습니다. 대부분 고등교육을 받은 데다 생산수단을 손쉽게 소유하게 되면서 1인이 기업처럼 움직이는 게 가능해졌기 때문입니다.

사람들은 이제 노트북 하나면 필요한 업무를 할 수 있는 건 물론이고 전 세계 사람들과도 연결이 됩니다. 알리바바닷컴을 활용하면 내 공장이 따로 없어도 기획한 제품을 만들어낼 수 있습니다. 영국의 경제학자 프리드리히 하이에크의 말처럼 "우리 모두가 기업가"가 된 것입니다.

1인 기업은 대기업, 중소기업, 소상공인 등에 비해 자금력, 인력, 기술력, 정보력 등 제반 경영자원 면에서 취약한 게 사실입니다. 하지만 경제적, 사회적 역할이나 범위에서 볼 때 그 가능성은 뒤지지 않습니다. 얼마든지 지속적인 성장이 가능하다는 의미입니다.

평생직장의 환상을 버리지 못해 누군가는 공무원이 되기 위해 노량진에서 오랜 시간을 보내고, 누군가는 대기업과 은행 등에 수십 통이 넘는 입사원서를 제출합니다. 평생직장의 개념이 붕괴되고, 직장인으로서의 '나'가 아니라 직업인으로서의 '나'를 찾는 사람들이 나날이 늘어가는 변화의 시기임에도 그렇습니다. 직업인으로서의 나를 원하는 사람들은 회사가 자신의 일자리를 끝까지 보장해 주지 않는다는 걸 잘 압니다. 그래서 자신이 가진 재능과 능력을 갈고닦아 그 분야의 전문가로 성장하기 위해 노력합니다. '누군가를 위해' 일하는 게 아니라 '나를 위해' 일하는 것이죠.

마음만 먹으면 큰 비용을 들이지 않아도 정보에 대한 접근이나 생산이 충분히 가능한 시대입니다. 핵심은 '누가' 정보를 갖고 있는가가 아니라 정보를 '어떻게' 가공해야 고객이 필요로 하는 지식으로 치환해 낼 수 있는가입니다. 정보를 취급하는 사람들을 우리는 '지식노동자'라고 합니다. 여기서 알아야 할 것은 이때의 '지식'은 '정보'만을 의미하지 않는다는 사실입니다. 사무직으로 일하는 사람들은 자신을 '지식노동자'라고 생각할지 모르나 어제 한 일, 오늘 한 일, 내일 할 일이 똑같다면 그는 지식노동자가 아닙니다. 공사 현장에서 반복적으로 벽돌을 짊어지고 나르는 육체노동자와 같습니다. 반면, 연구를 통해 좀 더 효과적으로 업무를 개선해 나간다면 매일 벽돌을 짊어지고 나르더라도 그는 지식노동자에 해당한다고 할 수 있습니다.

지식노동자와 육체노동자 구분의 기준은 책상 앞에 앉아 근무하는가, 먼지 날리는 현장에서 근무하는가가 아닙니다. 자신의 정보와 경험으로 새로운 것을 만들어 낼 수 있는가 없는가입니다. 정보란 '사정이나 정황에 관한 소식이나 자료'를, 지식이란 '배우거나 실천하여 알게 된 명확한 인식이나 이해'를 말합니다. 정보를 자신의 것으로 만들지 못하면 그것은 그냥 '정보'에 그칠 뿐 '지식'으로 발전하지 못합니다. 정보는 누구나 가질 수 있지만, 지식은 누구나 가질 수 없습니다.

지식사회의 핵심은 정보의 유통이 아니라 가치 있는 정보의 생산입니다. 블로그에 남의 글을 아무리 많이 모아 놓아도, 신문에서 관심 있는 기사를 아무리 많이 스크랩해 놓아도 그 자료를 바탕으로 자신만의 콘텐츠를 생산하지 않는다면 그것은 지식이 아니라 여기저기 널린 정보에 불과합니다. 지식이 되려면 그 정보를 재가공해 자신만의 새로운 정보로 만들어내야 합니다.

우리는 100년 전 사람들은 평생을 두고도 취하지 못했을 양의 정보를 하루에 얻을 수 있는 시대에 살고 있습니다. 게다가 지식이 만들어지고, 성장하고, 성숙하고, 쇠퇴하는 '지식의 라이프 사이클'은 더욱 빨라져 갑니다. 과거에는 특정 기술을 자기 것으로 만들고 나면 오랜 기간 계속해서 사용할 수 있었으나, 이제는 지식과 기술을 업데이트하지 않으면 곧 도태되고 맙니다.

자신이 보유하고 있는 지식이나 아이디어를 손쉽게 시장에 내다 팔 수 있다면 우리는 더 이상 조직의 보호를 받지 않아도 살아갈 수 있습니다. 지식노동자들은 이제 조직에 얽매일 필요 없이 보다 자유로운 방식의 경제활동을 선택할 수 있게 된 것입니다. 엄청난 변화가 아닐 수 없습니다.

지식이나 아이디어는 기계 속에 있는 게 아니라 사람들의 머릿속에 존재합니다. 차별화된 지식이나 아이디어를 가진 사람은 자신의 삶을 당당하게 꾸려나갈 수 있습니다.

과거의 노동자들에게 회사라는 울타리를 떠난다는 말은 경제활동의 종말을 의미했습니다. 하지만 인터넷이 등장하고 트위터, 페이스북, 유튜브, 인스타그램 등 SNS 활용이 일반화되면서 우리는 그 물리적인 장벽을 뛰어넘는 게 가능해졌습니다. 회사에 속하지 않아도 인터넷을 활용한 정보 수집에 문제가 없고, 스마트폰과 SNS를 통해 사람들과 손쉽게 연결되기 때문입니다.

인터넷과 SNS는 마케팅이나 세일즈 부문에서도 탁월한 효능을 발휘합니다. 예전에는 자신의 제품 또는 서비스를 홍보하거나 판매하려면 적지 않은 자본이 필요했지만, 이제는 인터넷을 매개로 생산자와 소비자의 직거래가 가능해지면서 비용 역시 매우 저렴해졌습니다.

관심과 명성의 획득

이렇게 '갑'과 '을'로 대변되는 수직적 방식에서 '파트너'로 대변되는 수평적 방식으로 경쟁 시스템이 바뀌면서 수익 창출에 대한 관점도 변하고 있습니다. 고객들의 소비 패턴도 제품 자체의 고유한 사용가치가 아닌 제품과 결부된 주관적인 경험, 감성, 창의적인 아이디어 및 디자인, 제품에 담긴 스토리 등 무형의 가치소비로 변했습니다. 스타벅스에서 기꺼이 5천 원을 지불하는 이유는 커피를 마시며 미국형 카페테리아의 분위기를 느끼고 경험하고 싶어서입니다. 이제 기업들은 이익을 실현하려면 상품에 경험이라는 가치를 디자인해서 고객에게 제공해야 합니다. 이때의 경험은 부가적인 서비스가 아니라 주된 서비스여야 하는데, 그러려면 단순 제품의 차원을 넘어 기업 전체 차원에서 바라보는 전략이 필요합니다.

그렇다면 1인 기업 관점에서는 경험이라는 가치를 어떻게 제공할 수 있을까요? 이에 대한 해결책 중 하나로 프리코노믹스(Freeconomics)를 들 수 있습니다. 프리코노믹스란 '무료' 서비스 제공을 통해 고객으로부터 관심(Attention)과 명성(Reputation)을 얻고, 이를 바탕으로 연관 산업에서 수익을 창출하는 걸 말합니다.

정보가 넘쳐나면 사람들은 모든 정보를 소비할 수 없으므로 '관심'이라는 자원이 더욱 중요해집니다. 따라서 1인 기업으로서 지속적인 성장을 원한다면 눈앞의 금전적 수익 추구에 앞서 사람들의 '관심'을 획득할 수 있어야 합니다. 가장 좋은 방법은 '콘텐츠'의 활용입니다. 블로그나 유튜브 등에서 무료로 양질의 콘텐츠를 제공하면 사람들은 그 콘텐츠에 기꺼이 자신의 '시간'을 투자할 것입니다. 그러면 콘텐츠를 무료로 제공한 1인 기업은 '관심'이라는 자원을 획득하게 되고, 쌓인 관심과 명성을 바탕으로 온·오프라인에서 더 다양한 비즈니스를 전개해 나갈 수 있습니다.

프리코노믹스는 이처럼 고객의 인식변화, 기술의 발전, 자본 집중, 혁신적 서비스, 경쟁 등으로 나타나는 시장의 상황에 중요한 변화를 이끌어낼 뿐 아니라 결국 기존 정보와 콘텐츠의 변화 흐름을 타고 산업의 구조까지 변화시킬 것입니다.

시간의 주인이 된 사람들

루틴을 기록해서 콘텐츠로

법에 의하면 기업은 노동자에게 1주일에 소정의 근로시간 40시간에 연장 근로시간 12시간을 합해 최대 52시간 이상 일을 시킬 수 없게 되어 있습니다. 장시간의 노동으로 인해 지치지 않도록 노동자의 건강권과 휴식권을 보장함으로써 삶의 질을 개선하고 나아가 기업의 경쟁력을 향상시키기 위한 제도입니다. 바로 '주52시간 근무제'인 거죠.

이 제도 시행 후 직장인들이 가장 크게 느끼는 변화는 회사에 머무는 시간이 짧아졌다는 사실입니다. 여기에 코로나로 인한 재택근무 등이 일반화되면서 출퇴근 시간까지 단축되는 효과가 나타났습니다. 직장인의 출근시간은 평균적으로 30여 분 늦춰진 데 반해, 저녁 7시 이전에 퇴근하는 직장인이 조사대상의 55%에 이르렀다는 신한카드 빅데이터 자료가 그 근거입니다. 회사라는 공간에서 일하는 시간이 줄어들었을 뿐만 아니라 유연근무제 등으로 출근은 늦게 하고 퇴근은 빨리 하는 직장인이 많아졌다는 뜻입니다.

이제 '주 52시간 근무제'는 시스템적으로 정착되고 있습니다. 대기업과 공공기관의 경우 퇴근시간에 맞춰 컴퓨터 전원이 자동으로 꺼지는 'PC오프제'를 시행하고 있어 미처 끝내지 못한 업무가 있어도 퇴근을 할 수밖에 없습니다. 물론 회사에 남아 일을 더 하게 되는 경우도 있겠지만 밤늦게까지 일하는 빈도는 현저히 줄어들었습니다. 야근을 당연시하던 분위기도 개선되고 있죠.

회식문화도 달라지고 있습니다. 유연근무제로 인해 일하는 시간이 서로 다른 데다 재택근무를 도입한 기업은 직원들이 사무실에서 얼굴을 볼 기회조차 귀해졌습니다. '저녁 회식'에 대한 횟수가 현저히 줄어들 수밖에요. 거기다 코로나로 인해 단체 회식 자체가 거의 불가능해졌죠. 그러다 보니 "우리가 남이가!"를 외치며 2차 3차로 길게 이어지던 회식은 옛날 일이 되었습니다. 연극이나 뮤지컬 등 공연 관람이나 영화 보기, 스크린 야구나 방탈출 카페 게임 등의 다양한 방식으로 회식문화가 바뀌어 가고 있습니다.

같이 일하는 사람들과 친해지면 업무의 효율성 면에서도 더 좋을 것 같지만 꼭 그렇지도 않습니다. 수직화된 과거의 조직사회에서는 단결이나 상사에게 잘 보이는 게 중요했지만, 수평화된 사회에서는 친분보다는 성과가 훨씬 중요합니다. 물론, 경험 많은 상사의 지도와 가르침은 꼭 필요한 소중한 자산입니다. 특정한 기술이나 노하우를 가진 사람이 여러 방면에서 조언하고 가르쳐주면 빈번히 발생하는 시행착오를 줄일 수 있으니까요. 하지만 그렇더라도 밤늦게까지 이어지는 회식 자리를 통해 더 친해지고 노하우를 주고받는 방식은 더 이상 선호되지 않습니다

사실 밀레니얼 세대라고 무조건 회식을 싫어하는 건 아닙니다. 그들 또한 사람 만나는 것을 좋아하고, 마음을 나누고 싶어 합니다. 다만, 통보하듯 갑자기 회식이 정해지고 메뉴 선택권은 물론 대화의 주도권까지 상사에게 양보해야 하는 분위기가 반가울 리 없는 거죠. 관심을 표현하는 건 고마우나 사생활을 자꾸 캐묻고 듣고 싶지 않은 훈계를 들어야 하니 회식 자체를 피하고 싶을 수밖에요.

트렌드는 사람들이 원하는 방향으로 나아갑니다. 세대의 차이와 코로나라는 특수한 상황, 개성을 중시하는 라이프 스타일의 변화 등에도 원인이 있지만, 그럼에도 사람들이 원하는 뭔가는 계속될 것이며 원치 않는 뭔가는 더 멀어질 것입니다.

그렇다면 앞으로 퇴근 후 저녁 회식은 어떻게 될까요? 더 멀어질 거라는 건 불보듯 뻔하지 않을까요?

'주 52시간 근무제'가 가져온 것

정책적으로 더 다듬어져야 할 부분은 있으나 '주 52시간 근무제'는 사람들의 라이프 스타일에 큰 변화를 가져온 요인 중 하나입니다. 회사에서 일하는 시간이 줄다 보니 그 시간을 어떻게 쓰는 게 좋을지 고민이 시작됐고, 그 시간을 좀 더 의미 있게 보내려는 사람들이 증가한 것입니다.

불과 몇 년 전까지 큰 인기를 끌었던 '원데이 클래스'가 그 변화를 보여줍니다. 취미를 새롭게 배우거나 심화시키고 싶었는데 시간이 없어 실행하지 못했던 사람들은 단 하루에 그 모든 걸 경험해볼 수 있는 '원데이 클래스'에 환호했습니다. 그런데 '주 52시간 근무제'로 인해 시간을 보다 안정적이고 반복적으로 확보하게 되면서 '원데이 클래스'보다는 더 꾸준히 오래 할 수 있는 것들을 찾기 시작했습니다.

꾸준히 오래 할 수 있는 자신만의 취미나 일에 관심이 커지면서 반복적인 생활규칙을 세우고 실행하는 사람들이 늘어나기 시작했습니다. 대표적인 것으로 자신의 일상을 기록하고 인증하는 '루틴'을 들 수 있습니다. 반복적인 생활규칙을 루틴이라고 하는데, SNS를 들여다보면 실현 가능한 목표를 세우고 실행하고 반복하는 사람들의 기록이 공유되고 있습니다. '루틴'과 연관된 키워드를 살펴보면 #운동, #새벽, #습관, #시간, #공부, #일상, #홈트 등이 대표적입니다. "스타벅스에서 커피 한 잔으로 하루를 시작합니다" 하는 식의 루틴은 노하우가 아니라 시간을 보내는 방법에 해당합니다. 지극히 개인적인 매일매일의 일상을 기록하고 공유함으로써 자신의 정체성을 드러내는 것이죠.

페이스북과 인스타그램에 매일 올라오는 내용을 보면 그 사람이 무엇을 좋아하는지, 어떤 브랜드를 선호하는지, 어떤 일상을 소중하게 생각하는지 여실히 드러납니다. 과거의 루틴은 규칙적이고 반복된 일상을 의미했지만, 요즘 루틴은 나에게 주어진 시간을 어떻게 보내고 있는지에 대한 선언적 의미가 더 강합니다.

그렇게 자신의 생활화된 루틴을 보여주던 사람들이 조금씩 다른 생각을 하기 시작했습니다. 처음에는 '뭐라도 해볼까?'라는 마음 정도였는데 꾸준히 하다 보니 '잘하면 돈벌이도 되겠는데?'라는 생각으로 바뀐 거죠. 그래서 자신의 일상을 텍스트로 정리해 브런치에 글을 쓰고, 영상으로 만들어 유튜브에 올리며, 자신과 관심사가 비슷한 사람들을 카카오 단체 채팅방에 모아서 이야기를 나누고 서로를 응원합니다.

사실, 혼자만의 힘으로는 루틴을 계속 유지하기 어렵습니다. 사람들이 선언하듯 SNS에 자신의 루틴을 올리는 이유가 그 때문입니다. 매일매일 하는 달리기나 걷기, 그림 그리는 모습을 올리죠. 나를 '아는 사람'들에게 그 일상을 매일 인증받게 되면 생각보다 큰 동기부여가 됩니다. 기록되고 공유되면서 그 자체로 콘텐츠가 되고, '아는 사람'들에게 인정받으면서 지속 가능한 힘을 얻는 것이죠.

또 루틴이 작심삼일이 아님을 보여주려는 듯 챌린지 수행으로 이어갑니다. 독서, 운동, 물 많이 마시기처럼 간단하나 습관으로 만들기 어려운 미션을 매일매일 인증하는 것인데요. 코로나로 실내활동이 어려워지면서 늘어난 '등산' 챌린지가 대표적입니다. 등산은 단순한 운동을 넘어 '오늘 하루 운동'이라는 '#오하운' 인증으로 자존감 회복과 성취감을 확인하는 트렌드의 하나가 되었습니다. 실제로 등산을 가면 산 정상에서 사진을 찍어 '#오하운' 챌린지를 인증하는 사람들을 어렵지 않게 볼 수 있습니다.

고객의 루틴을 돕고 기록을 이끄는 기업들

개개인의 루틴을 돕고 기록을 이끌어 자기만의 스크랩북을 완성시켜 주는 대표적인 기업 나이키는 다양한 프로그램을 통해 즐거운 경험을 선사하며 러닝 트렌드를 주도하고 있습니다. 국내에서는 '휴먼 레이스(Human Race)'를 비롯해 '위 런 서울(We Run Seoul)', '우먼스 하프 마라톤' 등 해마다 최고 수준의 러닝 이벤트를 개최합니다.

나이키의 노력은 단발성의 스포츠 이벤트에만 그치지 않습니다. 전문 트레이너 및 참가자들과 함께 훈련할 수 있는 '나이키플러스 런 클럽(Nike+Run Club)'이 있습니다. 이 서비스는 다양한 수준의 러너들에게 거리와 속도, 레벨 등 실력에 따른 맞춤형 러닝 프로그램을 제공합니다. 달리기를 원하는 사람이라면 누구나 웹사이트를 통해 예약한 후 서울 주요 매장에 모여 그룹별 달리기가 가능합니다. 소셜 미디어에는 그렇게 매일매일 달리기의 즐거움을 경험한 소비자들이 본인의 러닝 기록을 인증하는 사진들을 올립니다. 단지 운동화를 판매하는 데 그치지 않고 '운동을 통한 잊을 수 없는 경험'에 주목한 나이키의 전략은 주효했습니다. 많은 소비자가 브랜드를 경험하고 기록하는 새로운 방식을 기꺼이 선택했으니까요.

국내기업 중에서는 아웃도어 브랜드인 '블랙야크'가 나이키와 비슷한 시도를 하고 있습니다. 즐거운 아웃도어 문화를 조성하고자 기획된 인증 플랫폼으로 '로드 마스터(Road Master)'와 '트래블 마스터(Travel Master)'를 만들었습니다. 앱에 해당 코스의 특정 지점에 다녀왔다는 사진을 올리면서 둘레길과 여행지의 인증 기록을 남기면 나만의 스크랩북으로 완성됩니다. 여기에 그치지 않습니다. 사람들의 그 기록을 바탕으로 블랙야크 전국 매장에서 사용 가능한 포인트를 혜택으로 지급합니다.

또 카카오 플랫폼을 통해 누구나 쉽게 일상 속의 변화를 시작할 수 있도록 돕는 서비스가 있습니다. 카카오임팩트 프로모션 '카카오 프로젝트100'입니다. '날마다 한 줄 쓰기', '하루 만 보 걷기', '매일매일 영어 듣기' 같은 개인의 다짐들이 꾸준히 실천으로 이어질 수 있도록 다양한 솔루션을 제시합니다. 개인의 도전을 기록하고 모니터링할 수 있는 기능을 갖춘 인증 시스템인데요. 도전 기간이 끝나면 환급받을 수 있는 실천 보증금을 걸고 결심을 다집니다. 다양한 이벤트와 리워드로 행동을 지속할 수 있는 동기부여 기능은 물론이고, 같이 도전하는 멤버들과 함께 응원하고 격려하는 커뮤니티 기능도 제공합니다. 아쉬운 점은 행동변화 플랫폼을 표방했던 '카카오 프로젝트100'이 2022년 4월 10일부로 종료되었습니다. 의미있는 서비스였음에도 지속 가능한 수익모델을 찾지 못했기 때문 아닌가 생각됩니다.

경쟁이 고도화되고 기술이 상향 평준화될수록 기능적·물리적 특징 같은 하드웨어만으로는 관심을 끌기 어렵고 차별화가 쉽지 않습니다.

사람들이 시간을 의미 있게 보낼 수 있도록 만들고 이를 통해 자존감을 높일 수 있다면 소비자들은 기꺼이 그 브랜드의 팬이 될 것입니다. 그러려면 기업이 제공하는 상품이나 서비스를 소비자가 원하는 특정한 경험과 연결시키는 노력이 필요합니다.

2장

고객경험을 제공하는 방식들

브랜드는 경험을
어떻게 만들어 가는가?

트렌디한 브랜드로 거듭난 구찌

명품 브랜드 중에서도 구찌(GUCCI)의 변신이 제일 놀랍습니다. 밀레니얼 세대를 적극 공략하면서 그 명성을 높여가고 있기 때문입니다. 실제로 총매출의 60% 정도가 35세 이하의 소비자들에게서 나오고 있습니다. 더 이상 엄마 아빠들만이 좋아하는 브랜드가 아니라는 의미입니다.

구찌의 이 같은 성공은 2015년에 최고경영자 자리에 오른 '마르코 비자리'와 당시에는 무명에 가까웠던 수석 디자이너 '알레산드로 미켈레'의 주도하에 가능했습니다. 마르코 비자리는 별로 알려지지 않았던 알레산드로 미켈레를 수석 디자이너로 발탁하면서 브랜드의 주 고객을 밀레니얼 세대로 재정의합니다. 그리고 미켈레는 절제되고 우아한, 하지만 지루했던 구찌의 기존 디자인을 파격적이고도 화려하게 바꿉니다. 빈티지한 느낌에 뭔가 괴짜스러운 새로운 구찌가 탄생하자 관심이 1도 없었던 젊은 세대가 열광하면서 힙한 브랜드로 완벽하게 부활한 거죠.

온라인을 적극 활용했다는 점도 기존 명품과는 다른 행보였습니다. 디자인의 혁신과 함께 온라인 전용 상품을 강화하고, 인플루언서들을 활용한 마케팅 전략을 공격적으로 펼쳐나갔는데요. 이 또한 구찌가 밀레니얼 세대에게 힙한 브랜드로 자리매김하는 데 일조를 합니다. 소셜미디어 속에서의 자유분방하고도 괴짜스러운 구찌의 이미지 메이킹이 큰 역할을 했다는 평가입니다.

많은 브랜드가 온라인 쇼핑과 명품과는 맞지 않다며 희소성을 무기로 내세우며 무시했지만, 그들의 판단이 잘못됐음을 구찌가 증명했습니다. 고가의 브랜드라고 무게만 잡는 게 아니라 이용할 수 있는 모든 기술을 활용해 고객들에게 가까이 다가간 거죠. 디지털 환경에 익숙한 밀레니얼 세대는 기업의 의도와는 상관없이 다양한 소셜미디어를 활용합니다. 구찌가 명품의 가치를 잃지 않으면서도 온라인 전용 상품을 강화하고, 젊은층에 영향력이 큰 인플루언서들을 섭외해 친근한 이미지로 다가간 전략은 엄청난 성공을 거두었습니다.

소비자들은 자신의 일상을 글이나 사진, 동영상 등으로 공유하는 과정에서 자신만의 라이프 스타일을 소개하고 보여주기를 원합니다. 이 심리를 정확하게 파고든 구찌는 고객의 취향에 맞추기 위해 다양한 전시 활동과 예술 관련 행사들을 선보이고 있는데요. 예술은 제품이나 브랜드에 '유구한 역사', '장인 정신', '트렌드 리더'라는 이미지를 담을 수 있다는 점에서 유용한 마케팅 소재입니다. 구찌는 르네상스 미술 및 컨템퍼러리 미술을 다양한 형식으로 의상과 핸드백에 적용시켰을 뿐만 아니라 컨템퍼러리 행위예술 형식의 비디오 콘텐츠를 제작, 페이스북이나 인스타그램 등 각종 소셜미디어에 소개해 청년들의 열광적인 반응을 이끌어냈습니다.

또 오프라인 활동과 함께 '구찌 플레이스' 애플리케이션을 통해 구찌 브랜드에 관한 특별한 스토리를 제공하고, 사람들이 직접 그 장소에 방문할 경우 체크인 배지를 제공해 개인의 소셜미디어에 공유할 수 있도록 하고 있습니다. 재미 요소를 활용해 공유 심리를 자극하는 것이죠.

구찌의 이러한 전략은 전체적인 관점에서 접근해야 합니다. 다른 기업들 또한 트렌디한 디자인을 적용하면서 다양한 마케팅 활동을 진행합니다. 그런데도 구찌처럼 성공을 못 이루는 이유는 뭘까요?

밀레니얼 세대는 언제 어디서나 스마트폰을 통해 객관적으로 품질을 평가할 수 있으며, 이전 세대보다 특정 브랜드에 대한 충성도가 낮습니다. 이들은 브랜드보다는 자신의 가치에 부합한다고 생각하는 상품을 구매하는 특징을 보입니다. 그들에겐 '명확한 가치'의 전달이 그만큼 중요하다는 뜻입니다.

핵심은 '가치'입니다. 가치란 단순히 비싼 게 아니라 값진 것을 의미합니다. 물욕과 과시욕을 채우기 위한 소비보다는 좋은 삶의 방식과 더 밀착된 것들의 소비를 말합니다. 구찌의 사례를 단순하게 벤치마킹하기보다는 고객이 느끼는 '가치'라는 부분에서 다시 한번 깊이 생각해봐야 합니다.

고객에게서 해답을 찾은 펜더

"어쩌면 기타의 시대는 끝났을지도 모른다."

역사상 가장 영향력 있는 기타 연주자 중 한 사람인 에릭 클랩튼(Eric Clapton)이 오래 전 기자회견에서 한 말입니다. 실제로 기타 판매량이 계속 하락하면서 관련 산업이 침체기에 접어든 상태였죠. 미국의 〈워싱턴포스트〉는 "일렉트릭 기타는 은밀하고 천천히 죽어 가고 있다"라고 표현하기도 했습니다. 팝과 랩으로 음악의 장르가 바뀌면서 기타 판매량이 줄고, 세계 최고의 기타 브랜드로 유명한 깁슨(Gibson)이 2018년 파산신청을 한 사건은 관련 산업의 몰락과 관계가 깊습니다.

그런데 깊은 수렁에서 영영 빠져나오지 못할 것만 같았던 이 상황에서 한 기업이 희망을 얘기했습니다. 파산 신청한 깁슨과 함께 기타 시장을 양분했던 펜더

(Fender)인데요. 펜더의 최고경영자 앤디 무니는 코로나 대유행과 상관없이 2021년을 기타 판매의 기록적인 한 해가 될 것이라고 공공연하게 자신감을 드러냈습니다. 펜더에 무슨 일이 일어난 것일까요?

펜더는 고객에게서 해답을 찾아냈습니다. 펜더는 스마트폰에서 눈을 떼지 못하는 사람들에게 기타를 왜 안 배우는지, 무엇이 불편한지, 무엇을 해주면 좋을지 등을 물어보기 시작했습니다. 그리고 이 조사를 바탕으로 비즈니스를 새롭게 정의하고 그에 맞춰 세 가지 전략으로 고객에게 접근했죠.

첫 번째는 온라인 비디오 플랫폼인 '펜더 플레이'를 통해 청년과 여성을 공략한 전략입니다. 펜더 플레이는 유튜브와 유사한 구독형 악기 레슨 서비스입니다. 한 달에 9.99달러만 결제하면 최고의 음악가들에게 기타와 베이스, 우쿨렐레 등을 배울 수 있습니다. 악기를 배우는 데 최적화되어 있을 뿐만 아니라 시간이나 공간에 구애받지 않고 배울 수 있다는 점에서 이 서비스는 소비자들로부터 큰 호응을 얻게 됩니다.

코로나가 무섭게 확산되던 시기에 펜더는 기타, 베이스, 우쿨렐레 학습 동영상을 90일간 무료로 제공하는 프로모션을 진행합니다. 이는 첫 주에만 50만 명의 가입자를 유치할 정도의 큰 성공으로 이어졌는데요. 놀라운 건 신규 가입자의 20%

가 24세 미만, 70%가 45세 미만이라는 사실이었죠. 가입자의 45%는 여성이었습니다. 기타에 별로 관심이 없을 것이라 생각했던 여성을 새로운 고객으로 창출해 낸 것입니다.

두 번째는 유통채널의 확대 및 소비자 중심의 마케팅 활동 전략입니다.

펜더는 코로나 이전부터 기타 제조업체라는 단순한 프레임에서 벗어나려는 시도를 해오고 있었습니다. 온라인 판매 비중을 높여가면서 악기 판매업체인 스위트워터, 아마존, 월마트, 독일의 악기 판매 회사 토만 등으로 유통채널을 확대했죠. 결과적으로 그동안 유지 수준에 머물렀던 오프라인 판매를 통한 매출이, 코로나로 인해 90%가 문을 닫게 되었음에도 사상 최고치를 달성하게 됩니다.

소비자 중심의 마케팅 활동도 빼놓을 수 없습니다. 과거의 '기타를 파는 것'에서 소비자가 '기타를 가지고 노는 것'으로 관심을 옮긴 것인데요. 펜더는 기타를 처음 배우는 사람들이 오랫동안 흥미를 잃지 않고 꾸준히 연주를 즐길 수 있도록 다양한 디지털 기술을 도입했습니다. 펜더 플레이에서는 20분만 배워도 서툴지만 노래 한 곡을 연주할 수 있으며, 배우는 사람이 좋아할 만한 곡을 추천하거나 레슨 받는 과정을 모니터링해 도전과제를 제시하기도 합니다.

이처럼 펜더는 악기를 통해 사람들의 일상에 활력을 불어넣고 재미있게 놀 수 있는 환경을 만들어주는 방식으로 전환, 새로운 도약의 기회를 얻을 수 있었습니다.

세 번째는 초보와 고수를 모두 잡는 'U'자형 판매전략이었습니다.

초보 연주자 확보에는 외부환경의 변화가 도움이 되기도 했습니다. 애플뮤직, 스포티파이 등의 스트리밍 서비스로 음악을 듣는 사람들이 증가하면서 악기를 배우고자 하는 사람들도 증가하기 시작했고 코로나로 인해 사람들이 집 밖으로 나가지 못하게 된 것도 주효했습니다. 요리나 악기 연주처럼 평소 관심이 있었던 분야의 취미생활을 시도하는 사람들이 늘기 시작한 것인데요, 코로나 이전에 출시한 펜더 플레이가 큰 역할을 했습니다.

펜더는 새로운 소비자층에 대한 주목은 물론, 펜더의 기존 고객에 대한 관심도 잊지 않았습니다. 기타를 구매한 사람들의 90%는 12개월 이전에 포기하지만, 기타 연주를 자신의 취미로 만드는 데 성공한 10%는 실력이 늘어나면서 새로운 제품에 관심을 가집니다. 이들은 평생에 걸쳐 기타를 5~7개 정도 추가 구매하며, 그것과 관련해 1만 달러를 쓰는 것으로 조사되었습니다. 펜더 브랜드에 충성하는 고객만 잘 관리해도 기본 매출구조가 가능했던 것이죠. 충성고객이란 '특정 회사의 상품이나 브랜드, 서비스 등을 반복적으로 재구매하거나 이탈하지 않고 지속적으로 이용하는 고객'을 뜻합니다. 또 주변 사람들에게 소개하거나 적극적으로 추천

할 의향이 있는 고객을 포함하는데, 매출액과 매출 기여도 및 비용절감, 입소문, 재구매 측면에서도 절대 놓쳐서는 안 되는 고객입니다.

노력과 성공의 아이콘이 된 도미노피자

디지털 전환(Digital Transformation)에 성공한 기업으로 '도미노피자'를 예로 들 수 있습니다.

도미노피자는 2010년도에 턴어라운드(Turn around) 캠페인을 펼치며 여러 가지 혁신을 시도했습니다. 피자 맛을 비롯한 고객경험 혁신, 어디서든 가능한 애니웨어(AnyWare) 주문 시스템, 매장을 촘촘하게 배치해 배달 시간을 단축하는 요새(Fortress) 전략 등이 대표적인데요. 결과적으로 도미노피자 주가는 10년 만에 30배가 뛰었고, 온라인 주문율이 70% 수준에 달할 만큼 성장했습니다. 이처럼 다른 기업들에 비해 디지털 시대에 선제적으로 대응한 도미노피자는 그 덕분에 매장당 매출과 수익이 10%씩 늘었을 뿐만 아니라, 온라인 주문 시대에도 매장 수를 대폭 늘릴 수 있었습니다.

도미노피자는 또 고객경험을 높이는 데 신기술을 적극적으로 도입했습니다. 작업 중인 관리자와 직원 수, 주문 수, 현재 교통상황 등과 같은 변수들을 충분히 고려해 배달 소요시간을 예측하는 AI 모델을 만들어 배달이 완성되기까지 정확도를 95% 수준으로 높인 것이죠.

고객의 입장에 서서 주문 방법의 효율화도 꾀했습니다. 전화와 앱 외에 구글, 페이스북, 애플워치, 자동차 터치스크린, 스마트 TV, 알렉사를 비롯한 음성인식 서비스 등을 통해서도 주문이 가능합니다. 그리고 스마트폰 문자 서비스인 SMS로 원하는 피자 이모티콘을 보내기만 해도 주문이 가능하도록 했고, 클릭 없이 앱을 열기만 해도 자동으로 주문되는 '제로 클릭'도 선보였습니다.

미국 본사에 로열티를 지불하고 운영하는 한국 도미노피자 또한 몇 가지 특이점이 있습니다. 예를 들면, 카카오톡 선물하기로 받은 쿠폰을 사용하려면 도미노피자 앱을 설치하거나 홈페이지에서 주문하도록 해놓은 거죠. 선물 쿠폰을 카카오톡 안에서 바로 사용할 수 있는 스타벅스나 파리바게트와는 달리 도미노피자는 자사의 앱에서 회원가입을 한 후 쿠폰을 쓸 수 있도록 한 것입니다. 회원가입 후에 주문하면 다양한 할인쿠폰 혜택을 주므로 고객들은 좀 번거롭더라도 주문을 계속합니다. 도미노피자는 고객들의 정보를 얻고, 고객은 쿠폰을 얻음으로써 서로 윈윈하는 시스템을 채용한 것이죠.

국내에서는 제너시스 BBQ가 도미노피자와 비슷한 시도를 하고 있습니다. 예능인 황광희 씨가 운영하는 유튜브 웹 예능 '네고왕'을 통해 한 달 동안 BBQ 앱에서 메뉴 중 황금올리브를 주문하면 7,000원 할인을 제공하는 프로모션을 진행했는데, 할인은 BBQ 앱과 홈페이지에서만 받을 수 있도록 했습니다. 18,000원짜리 치킨을 11,000원에 판매한 건데요. 이를 통해 BBQ는 행사 한 달 만에 회사 앱 가입자가 30만 명에서 200만 명으로 일곱 배 가까이 급증했습니다. 이후 배달료와 수제맥주 할인 캠페인을 이어가면서 자사 채널의 영향력을 확대했습니다. BBQ 앱을 통한 매출은 꾸준히 상승하고 있는데요. BBQ 자사 앱이 활성화되면서 배달의민족, 요기요 같은 외부 배달앱에 지불해야 하는 수수료 절약 효과 또한 큰 것으로 나타나고 있습니다.

국내 프랜차이즈 본사를 보면 대부분의 조직이 오프라인 현장 중심으로 구성된 걸 알 수 있습니다. 상대적으로 온라인 마케팅 역량이 미흡합니다.

이러한 점에 비추어볼 때 BBQ의 디지털 전환은 관심을 가지고 지켜보아야 할 전략입니다. 1회성 캠페인이 아닌 온·오프라인을 유기적으로 연결하는 옴니채널(Omni Channel) 관점에서, 여러 개의 채널을 통합적으로 운영하는 트리플 미디어(Triple Media) 관점에서, 무엇보다 고객경험 관점에서 접근한다면 도미노피자의 성장과 BBQ(제너시스)의 성장은 크게 다르지 않습니다.

인간의 욕망과 맞닿은
소비활동

왜 명품을 소비하는가?

유교문화권인 우리나라에서는 예로부터 자기를 내세우거나 자랑하지 않는 겸손한 태도를 중요하게 생각하기 때문에 명품 소비에 대한 부정적 인식이 큽니다. 그럼에도 국내 명품시장은 15조 원 수준으로 세계에서 일곱 번째입니다. 여성들은 주로 지갑이나 핸드백에서 시작해 구두·의류·보석 등으로, 남자들은 옷과 액세서리로 시작해 자동차와 시계 등의 순으로 명품을 소비합니다.

명품에 대한 사람들의 관심과 욕망은 갑자기 생긴 것이 아닙니다. 지금으로부터 시간을 몇백 년 전으로 되돌려 옛날 양반집 사랑채를 들여다보면 신분과 부를 과시하기 위한 물건들이 보입니다. 당시의 사치품은 중국에서 들여온 서화와 골동품,

벼루와 연적 같은 문방구가 대표적인데요. 이를 통해 우리는 소비를 통한 과시의 욕망은 양반과 중인을 가릴 것 없이 과거에도 이미 존재했음을 알 수 있습니다.

물론, 현대사회의 명품 소비 열기와는 비교할 수 없습니다. 명품 소비는 과거 상류층의 전유물이다시피 했으나 최근에는 국민 전 층으로 확대되고 있는데, 통계를 보면 이 중에서도 소비의 주역으로 떠오른 MZ세대가 명품 구매에 가장 적극적입니다. 신세계백화점의 명품 매출을 살펴보면 30대 구매 비중이 39.8%, 20대가 10.9%로 20~30대 비중이 절반을 넘습니다.

MZ세대는 명품을 사치품이 아닌 취향의 문제로 봅니다. 게다가 중고품으로 되파는 '리셀(re-sell) 시장'이 활성화되다 보니 1년 정도 사용하다 적절한 가격으로 다시 판매하면 실제 구매에 들어간 비용은 충분히 감당할 수 있다고 여기죠. 무리해서 사치품을 사는 게 아니라 취향에 맞는 제품을 적정한 가격에 구매한다고 생각하는 것입니다. 샤넬은 실제로 가격이 꾸준히 오르다 보니 중고로 되팔아도 남는 장사라는 뜻으로 '샤테크(샤넬과 재테크의 합성어)'라는 말이 유행할 정도인데요. 특히 클래식 제품들이 인기 모델인 샤넬은 물량이 부족해서 중고거래 시장에서도 고가로 인기가 높습니다.

남성들이 선호하는 시계도 마찬가지입니다. 한 명품 중고 사이트에서 2020년 12월 날짜가 찍힌 롤렉스 신형 '서브마리너 126610' 가격이 1,800만 원을 넘는 바람에 화제가 되었는데요. 신제품 가격인 1,130만 원보다 무려 59% 비싼 가격이었습니다. 그 이유는 소비자가 신형 롤렉스 서브마리너를 사려면 그 정도의 추가 금액을 부담해야 하기 때문입니다.

명품 열광의 이면

우리나라뿐만 아니라 이웃한 일본과 중국에서도 명품 사랑은 대단합니다. 명품 시장을 이끄는 주요 브랜드는 루이비통, 샤넬, 에르메스, 구찌, 크리스찬 디올, 프라다, 롤렉스, 불가리, 보테가베네타, 몽클레르, 생로랑, 발렌시아가, 페라가모, 토즈 등으로 이들은 아시아 국가를 상대로 특별히 맞춤 마케팅을 진행할 정도입니다.

라다 차다와 폴 허즈번드가 함께 쓴 《럭스플로전LUXPLOSION》에서 아시아인의 명품 열광의 이면을 분석한 바 있습니다. 두 저자는 한국, 중국, 일본의 미묘한 소비심리 차이를 분석했는데요. 중국은 소비자의 경제 수준을 드러내는 상징물이 된다는 이유로, 일본은 왕따를 당하지 않기 위한 동조의식으로, 우리나라는 다른 사람들보다 앞서야 한다는 경쟁심으로 명품을 구매한다고 진단하고 있습니다.

프랑스의 사회학자 피에르 부르디외(Pierre Bourdieu)는 명품의 소비심리를 '구별 짓기'로 설명합니다. 신분제가 사라진 현대사회에서 명품은 계층 상승감을 안겨주는 '경제적 신분증명서'로 작용한다는 말입니다. 에르메스 스카프, 샤넬 백, 페라가모 구두, 롤렉스 시계, 몽블랑 만년필 등이 나를 다른 사람들과 차별화시켜 주는 시각적 심벌이 되는 셈이죠.

미국의 사회학자 소스타인 베블런(Thorstein Veblen)이 그의 저서 《유한계급론》에서 "과시적 소비는 스스로 노동하지 않아도 되는 유한계급임을 보여주는 가장 효과적인 증명 수단"이라고 주장한 것과 맥락을 같이하는 분석입니다. 우월한 사회적 지위를 드러내고 싶은 인간의 욕망이 그 바탕입니다.

자본주의는 개인의 욕망과 타인의 욕망이 결합되면서 만들어진 거대한 욕망 덩어리라 할 수 있습니다. 욕망은 한 번 작동하기 시작하면 멈추지 않고 생명처럼 진화해 마침내 어마어마한 덩어리가 되어버리고 말죠. 애덤 스미스(Adam Smith)가 말한 '보이지 않는 손(invisible hand)'은 더 많은 것을 끝없이 탐하는 욕망 덩어리를 의미하는지도 모릅니다. '보이지 않는 손'은 시장경제의 핵심을 짚은 표현인데요. 각자가 개인의 이기심에 따라 자유로운 선택을 하면 '시장'이라는 보이지 않는 원리에 의해 사회적 이익이 극대화되며 경제발전에도 기여한다는 이론입니다.

인간의 문명은 욕망 위에 건설되었습니다

사치란 인간의 욕망을 작동시키는 스위치와 같습니다. 커피를 예로 들어보겠습니다. 믹스커피와 원두커피에 이어서 스페셜티 시장이 큰 폭으로 성장 중인데요. 이제는 단순히 커피를 마신다는 행위를 넘어 원두의 산지와 로스팅 정도를 꼼꼼하게 따져가며 자신의 취향에 맞는 커피를 즐기는 사람들이 큰 폭으로 증가하고 있습니다. 믹스커피 산업에서 바라보면 스페셜티 산업의 성장은 인간의 욕망으로 인한 결과입니다. 맛있는 커피를 경험한 인간의 혀는 또 다른 환상을 찾아 줄기를 뻗어가기 마련입니다. 대부분의 사람들이 한두 잔 매일 마시는 커피를 예로 들었지만, 명품 구매 또한 다르지 않습니다. 둘 다 본질은 다른 곳에 쓸 돈을 아껴서라도 가지고 싶은 걸 향유하고 싶은 마음에 있으니까요.

사실, 상품이 가진 기능적 특징만 본다면 명품의 사용가치가 월등히 높다고는 볼 수 없습니다. 관리에 들어가는 비용 등을 감안하면 보통의 제품보다 오히려 더 낮습니다. 그런데도 명품이 인기를 얻는 이유는 스토리텔링 안에 빠지지 않는 '장인정신'과 '희소성' 때문입니다. 명품 브랜드 속에는 '오랜 시간', '성실하게', '한 땀 한 땀 정성스럽게', '흔치 않음'이 압축되어 있거든요.

에르메스, 샤넬, 루이비통, 구찌, 롤렉스 등 대표적인 명품 브랜드들도 처음부터 명품은 아니었습니다. 조선시대 사농공상(士農工商)처럼 회화나 조각은 건축물의 일부분을 장식하는 사람들이었고, 건축가는 석공으로 불리웠던 시대처럼 유럽에서도 예술이 하나의 '기술'에 지나지 않았던 시대가 있었습니다. 조선시대에 선비인 사(士)를 가장 존귀하게 여겼고 농(農), 공(工), 상(商) 순으로 신분의 높고 낮음이 결정되었듯 유럽에서 옷과 가방을 만드는 사람들의 신분도 마찬가지였습니다.

예술가와 장인이 인정받기 시작한 때는 15세기 전후 르네상스 시대부터입니다. 르네상스는 14세기에서 16세기까지 유럽에서 일어난 문예부흥운동을 일컫습니다. 이 시기 동안 유럽에서는 미술, 음악, 문학, 철학, 과학 분야뿐만 아니라 경제생활, 사회구조, 정치체제에 걸쳐 커다란 변화가 일어났죠.

르네상스를 거치면서 레오나르도 다빈치, 미켈란젤로, 라파엘로 같은 화가나 조각가가 유명세를 타고, 보석을 세공하던 첼리니 같은 수공업자 및 아름다운 섬유와 옷을 만드는 직조공과 봉제공, 구두를 만드는 제화공도 인기를 얻기 시작했습니다. 그러면서 칠장이는 화가로, 석공은 조각가로, 금은 세공업자는 보석 장인으로, 재봉사는 의상 디자이너로 불리게 되었습니다. 스타 장인이 탄생하기 시작한 것이죠.

스토리를 판매하는 명품 브랜드

"명품 중 명품"으로 불리는 대표적인 브랜드가 있습니다. '에르메스(Hermes)'입니다. 에르메스는 처음에 마구용품과 안장을 판매하는 회사였습니다. 이후 자동차 산업이 발전하자 가방이나 지갑 같은 피혁 제품 생산으로 사업을 전환하면서 오늘날의 명품 에르메스가 되었습니다.

에르메스 제품은 외부에 아웃소싱을 맡기지 않고 장인 한 사람이 모든 공정을 수작업으로 진행합니다. 한 명의 장인이 전 공정을 맡기 때문에 수선 의뢰가 들어오면 당연히 그 가방을 만든 장인에게 보냅니다. 장인이 한 땀 한 땀 정성스럽게 만들고 평생 A/S를 책임집니다. 에르메스가 엄청난 값을 치르고도 오래 기다려야 겨우 손에 넣을 수 있는 브랜드가 된 이유입니다.

이처럼 제품 생산에 있어 분업을 하지 않고 상인 한 사람이 처음부터 끝까지 수작업으로 만든다는 에르메스는 가방 하나 제작에 18시간쯤 걸린다고 하는데요. 파리 근교의 작업장에서 500여 명의 장인이 스페셜 오더만을 받아 만들기 때문에 고유번호와 사인을 새겨넣습니다. 그리고 이를 위해 프랑스 전역 14곳의 가죽학교에서 숙련공을 양성합니다. 에르메스에서 일하는 것이 꿈인 사람이라면 에르메스의 가죽학교에서 3년간 가죽의 처리부터 수작업까지 모든 공정을 공부한 후 2년간의 수련과정을 거쳐야 비로소 자신의 가방을 만들 수 있죠. 중세 장인의 전통을 그대로 이어온 방식입니다.

창업자의 히스토리가 매력적인 명품 브랜드 '루이 비통(Louis Vuitton)'은 목수에서 이삿짐센터 인부를 거쳐 세계 최고의 럭셔리 가방 브랜드를 만든 특별한 사례라 할 수 있습니다.

루이 비통은 1821년 프랑스 동부에 소재한 안쉐라는 마을의 목공소를 하는 집에서 태어났습니다. 어릴 적부터 나무를 가지고 놀며 목수 일을 배웠던 루이 비통은 열네 살이 되던 해 아버지가 재혼하자 집을 나옵니다. 빈털터리로 떠돌다 집을 나온 지 2년(1837년) 만에 걸어서 파리에 도착합니다.

열여섯 살의 소년 루이 비통은 생 제르맹 부근에서 가장 유명한 가방 제조 전문가 무슈 마레샬에게 일을 배웁니다. 섬세한 패킹 기술로 귀족들 사이에서 최고의 패커로 소문이 나기 시작한 그는 오랜 세월 피나는 노력으로 나폴레옹 3세의 부인 외제니 황후의 전담 패커가 됩니다. 그리고 루이 비통의 재능을 높이 산 황후의 후원으로 1854년에 '뤼 뇌브 데 까푸신느 4번가'에 자신의 이름을 건 첫 매장이자 포장 전문 가게를 열게 되죠. 그때 이 매장에는 '손상되기 쉬운 섬세한 물건들을 안전하게 포장하며, 의류 포장에 전문적임'이라고 쓴 간판을 걸었는데, 이것이 바로 루이 비통 브랜드의 시작이었습니다.

이렇게 태어난 브랜드 루이 비통은 "자본주의의 승리자이자 희생양"이라는 평가를 받기도 합니다. 제2차 세계대전 이후 루이 비통은 변화하는 소비자의 취향을 맞추지 못하고 올드하다는 이미지를 얻게 되었으니까요.

3대째 가업을 이어온 아버지 가스통 비통으로부터 회사를 물려받은 딸 오딜은 힘겹게 회사를 운영하다가 1977년에 남편인 앙리 라카미에에게 경영권을 넘깁니다. 그러자 리테일숍을 모두 정리한 라카미에는 뉴욕과 아시아의 주요 도시에 직영점을 열고 새로운 라인을 출시하며 루이 비통의 이미지 혁신에 박차를 가합니다. 결국 그는 루이 비통을 현재와 같은 다국적기업으로 성장시키는 데 성공하지요. 그리고 1987년에 샴페인과 코냑 회사인 모에 헤네시(Moët Hennessy)를 합병해 LVMH(Louis Vuitton Moët Hennessy)라는 그룹으로 몸집을 키웠습니다. 하지만 1990년 그룹 지배권을 두고 분쟁을 벌이던 크리스챤 디올 경영자 베르나르 아르노에게 경영권을 빼앗기면서 루이 비통은 현재 창업자의 자손과는 아무 관련이 없는 브랜드가 되었습니다만 여전히 최고의 명품으로 사랑받고 있습니다.

명품 소비도
라이프 스타일입니다

개인의 취향을 존중하는 라이프 스타일

사람들은 각양각색 다양한 모습으로 살아갑니다. 이제는 옳고 그름이라는 잣대나 정해진 기준은 없습니다. 방향과 정도가 다른 거죠.

어떤 사람은 자신이 남보다 많은 일을 하고 있다는 점을 자랑스러워하고, 어떤 사람은 속도나 양보다는 조금은 천천히 가는 삶에서 행복을 느낍니다. 일보다는 가족과 함께 하는 시간에 가치를 두는 사람들도 있고, 돈보다는 건강이 더 중요하다고 생각하는 사람들도 있습니다. 그리고 대부분은 극단으로 치닫지 않으려 노력하며 균형 잡힌 삶을 살아갑니다.

사람들은 이처럼 어떻게 살지, 무엇을 위해 살지 각자 고민합니다. 그 고민이 살아온 환경과 합쳐져 한 사람의 가치관이 만들어지죠.

자기 나름의 주관적인 가치관이 생기면 사람들은 그에 맞춰 살아가게 되는데요. 창업을 통해 성공을 꿈꾸는 사람들은 아이디어 궁리와 실행에 많은 시간을 보내고, 심플하고 여유로운 삶을 선호하는 사람은 자신을 위한 시간을 더 많이 갖기 위해 노력합니다. 성공을 꿈꾸는 사람에게는 게으름이 스트레스가 되지만, 여유로운 삶을 꿈꾸는 사람에게는 너무 바쁜 일상이 스트레스입니다.

개인의 가치관은 소비과정에서도 여실히 드러납니다. 건강을 중요시하는 사람은 몸에 좋은 식재료로 만든 음식을 먹으며 절제하는 삶을 원합니다. 가족을 소중히 여기는 사람들은 맥도날드에서 햄버거를 먹더라도 가족과 함께하기를 원합니다. 가장 중요하게 여기는 가치관이 만들어내는 삶의 패턴이 라이프 스타일이 되는 것이죠. 라이프 스타일은 삶의 목적과도 긴밀하게 연결됩니다. 누군가가 어떤 행동을 할 때 왜 그러는지 알고 싶다면 그 사람의 라이프 스타일을 들여다봐야 합니다.

몇 달 동안 아르바이트를 해서 번 돈으로 명품 가방을 산 젊은 여성이 있습니다. 그녀의 행동을 어떻게 평가해야 할까요? 사람들은 철이 없는 여성, 또는 허영심이 가득한 사람으로 쉽게 폄하할지 모릅니다.

이 여성 입장에서는 억울할 수도 있습니다. 하나쯤은 꼭 갖고 싶었던 명품 가방입니다. 경제적인 상황이 계속 좋지 않아 갖지 못했습니다. 어렸을 때부터의 꿈이었고 인생의 작은 목표이기도 했습니다. 대학교에 입학할 때만 해도 좋은 직장에 취업해 명품 가방을 들고 다니는 상상을 했죠. 그런데 불경기로 대학을 졸업하고도 제대로 된 직장을 잡을 수 없었습니다.

그녀는 아르바이트를 해서 번 돈으로 어릴 적 자신의 꿈을 이루기로 결심했습니다. 힘들게 번 돈으로 명품 가방을 산 행위는 충동구매가 아니라 자아실현의 하나인 것이죠. 겉으로 보이는 모습이나 현상으로만 한 사람의 행위를 분석하고 평가해서는 안 된다는 사실을 알 수 있습니다.

명품의 조건

그동안은 소비자를 하나의 동일집단으로 묶어 쉽게 해석하곤 했습니다. '20대 전반(혹은 후반)의 여성은 이렇다' 하고 일반화시켰죠. 같은 20대 전반(후반)의 여성이라도 살고 있는 지역이 다르고, 직업이 다르고, 선호하는 것이 다를 텐데 동일집단으로 해석한 겁니다.

물론, 인스타그램 등을 통해 타인의 삶을 들여다볼 수 있으며 온라인을 통한 쇼핑이 늘면서 소비가 동질화되어 가는 것도 사실입니다. 그럼에도 연령이나 직업 등에 따라 사람을 하나의 집단으로 묶어버리는 일반화의 오류는 경계해야 합니다.

현대인의 삶에서 특히 관심을 끄는 소비 중 하나가 '명품 소비'입니다. "인생 브랜드"로 불리는 '에르메스(Hermès)'는 가방 하나에 수백만 원이 훌쩍 넘지만 세계 여성의 욕망을 자극하고 있습니다. 장인정신의 표본으로 상징되는 '루이 비통(Louis Vuitton)'에서부터 밀레니얼 세대를 적극 공략하면서 하이엔드 브랜드로 명성을 높여가는 '구찌(GUCCI)'까지 명품의 인기는 갈수록 높아져만 갑니다. 명품 브랜드 하면 따라다니는 '장인정신'이라는 수식어나 스토리텔링도 여전히 한몫하고 있습니다. 오랜 시간 성실하게 한 땀 한 땀 손으로 만든 숙련된 기술에 대한 사람들의 존경과 사랑은 시대를 초월하는 것 같습니다.

대중화된 명품 소비를 뜻하는 매스티지(Masstige) 시장의 성장세도 뚜렷합니다. 매스티지는 '대중(Mass)'과 '명품(Prestige Product)'이 조합된 단어로 마이클 실버스테인과 닐 피스케가 지은 책인 《트레이딩 업》과 미국의 경제잡지 〈하버드 비즈니스 리뷰〉에서 '대중을 위한 명품'이라는 기사를 통해 처음 소개되었습니다. 상반된 개념인 '명품'과 '대중'을 하나의 단어로 조화시킨 것이죠.

대표적인 매스티지 브랜드로는 스타벅스를 들 수 있습니다. 스타벅스에서 판매하는 음료의 가격 수준은 대부분의 사람에게는 비싸게 느껴질 정도입니다. 커피와 함께 디저트 메뉴라도 하나 추가하면 한 끼 밥값을 훌쩍 넘깁니다. 사람에 따라 이런저런 이유로 명품 쇼핑에 거부감을 느끼거나 럭셔리 소비가 한심하게 보일 수도 있습니다. 그런데도 스타벅스 매장에 가보면 사람들이 항상 넘쳐납니다. 왜 그럴까요? 럭셔리 라이프 스타일을 경험할 수 있기 때문입니다. 그리고 아이에서 어른까지 빈도와 금액이 다를 뿐 나름의 럭셔리 소비는 점점 늘어나는 중입니다.

인스타그램에서 #스타벅스와 연관된 태그는 1,000만 개가 넘습니다. 반면, 스타벅스보다 매장이 많은 #이디야 해시태그는 50만 개도 안 됩니다. 스타벅스와 비슷한 규모로 추정되는 투썸플레이스도 이디야와 별 차이가 없습니다. 그런데 성수점부터 광화문점까지 서울에 여섯 개의 매장밖에 없는 블루보틀의 #블루보틀 해시태그는 40만 개나 됩니다. 스타벅스와 블루보틀은 자랑하고 싶은 장소라고 생각하며, 이디야와 투썸플레이스는 이용은 하지만 상대적으로 자랑할 만큼은 아니라고 생각하는 것일까요? 선을 넘는 비현실적인 가격의 명품은 좀처럼 구매로 이어지기 어렵지만, 조금만 욕심내면 살 수 있는 명품은 시도해 봅니다.

스타벅스에서 맥북을 도구 삼아 일하는 모습을 올리고, 나이키 운동화를 신고 뛴 나이키 런 클럽(NRC) 앱의 운동기록을 자랑합니다. 스마트폰으로 인해 종이 노트나 수첩은 끝났다고 하지만 몰스킨 노트와 다이어리는 여전히 1,000만 권 이상 판매됩니다. 스타벅스, 애플, 나이키, 몰스킨 등의 제품을 구매하는 행위가 누군가의 눈에는 허세 가득한 모습으로 비칠 수도 있습니다. 외적인 면보다 내면의 채움이 더 중요하다고 오래전부터 배워 왔기 때문입니다.

그러나 앞에서 예를 들었듯 명품백 구입이 개인의 자아실현이라면 어떨까요? 그래도 허세며 허영이라고 매도할 수 있을까요? 열심히 일해서 번 돈으로 어렸을 적부터 갖고 싶었던 가방 하나를 구매한 게 그렇게 비난받을 일일까요?

개인의 다양성으로 받아들여야 합니다. 정도의 차이는 있으나 아이부터 노인까지 모두 다 자기 나름의 가치 소비를 합니다. 가치를 느끼지 못하는 분야에서는 철저히 아끼지만, 의미와 가치를 느낀다면 가격은 크게 중요하지 않습니다. 그리고 동시에 지나친 과시형의 보여주기식 삶은 개인의 삶을 피폐하게 만든다는 사실도 알아야 합니다.

기업은 '욕망'과 '허세' 등 사람들의 심리에 대해 연구하고 고민할 필요가 있습니다. 현대사회의 소비는 물리적 기능의 우수함보다 감성적 특징의 브랜드를 구매하는 식으로 나타납니다. 스타벅스 커피가 빽다방 커피보다 더 맛있다고 단언할 수는 없습니다. 다만, 스타벅스 매장에서 커피를 마시는 행위에서 의미와 가치를 느낀다면 그곳에서 커피를 마시는 것이고, 커피를 마시는 행위에서 별다른 가치를 느끼지 못한다면 1,500원짜리 커피도 아까운 법이죠. 결국, 기업은 자신의 상품이 얼마나 뛰어난지를 주장하기보다는 어떠한 철학이 담겼고 어떻게 사용되어야 하는지를 알려야 합니다.

우리나라 정서상 돈을 어떻게 벌었다거나 명품을 구입한 이야기를 대놓고 하기는 어렵습니다. 겸손은 소중한 덕목이며, 자랑은 대놓고 하면 안 된다고 배웠기 때문이죠. 그러면 언론에서 다루는 부동산과 주식, 서점에 깔려 있는 경영과 경제학 서적, 성공을 위한 독서 등 수많은 자기계발서는 어떨까요? 엄밀히 말하면 이 또한 모두 럭셔리 라이프 스타일을 위한 도구에 해당합니다. 부자가 되거나 성공으로 이끄는 방법을 가르쳐주는 콘텐츠들은 매우 다양하며, 여러 매체를 통해 사람들에게 끊임없이 전달되고 있습니다. 부자가 되고 싶고 권력자가 되고 싶은 인간의 본성을 자극하죠.

싸게 판매하는 것만큼 강력한 마케팅 포인트는 없는 것 같지만, 브랜드가 자신의 정체성을 명쾌하게 표현한다면 더 많은 수익창출이 가능하다는 걸 우리는 현실에서 목도하고 있습니다.

우리의 제품과 서비스, 브랜드가 누군가의 마음을 흔들어 놓을 수 있어야 합니다. 아끼는 사람에게 선물하고 싶고, 혼자만의 소중한 시간에 혹은 친구들과 함께 가보고 싶은 장소가 되어야 합니다. 사람들 마음속에 차별화된 브랜드, 대중을 위한 명품 브랜드로 자리잡게 되는 것이 중요합니다. '가성비'에 너무 얽매일 필요도 없습니다. 돈을 마음껏 쓸 수 있는 사람들도 충분히 많으니까요.

기업은 자사의 제품과 서비스를 이용해 소비자가 무엇인가를 얻고 성취할 수 있도록 연구를 멈추지 말아야 합니다.

'프라이탁(FREITAG)'의 제로 웨이스트(Zero Waste)에 대한 목표 제시는 얼마나 멋집니까! 앞에서도 소개했지만 프라이탁 가방은 버려지는 쓰레기, 즉 낡은 트럭에서 나오는 방수천으로 만듭니다. 환경에 관심이 많은 사람들은 바로 그 사실과 독특한 작업방식에 열광하고 있습니다. 자전거 폐타이어로 라인을 잡은 후 자동차 안전벨트를 단 가방을 만들죠. 쓰레기를 재활용해 만든 가방, 거칠고 낡은 질감을 자랑하는 프라이탁 가방은 '업사이클링'에 관심 있는 사람들의 시선을 한눈에 사로잡았습니다. 처음부터 끝까지 철저한 수작업은 '세상에서 하나뿐인 디자인'이라는 셀링포인트로 작용했습니다. 프라이탁 가방의 구매는 제로 웨이스트를 목표로 하는 사람들의 실천 행동 중의 하나가 되었습니다.

소비자의 니즈와 성취욕구를 파악하고 철저하게 연구해 성공한 가장 멋진 사례 중 하나가 아닐까요?

고객에게 경험을 제공하는
플래그십 스토어

브랜드의 전략매장

신논현역에서 강남역 방향의 대로를 걷다 보면 CJ올리브영, 카카오프렌즈, 이니스프리, 더바디샵, 라인프렌즈, 러쉬, 무인양품 등의 매장을 만나게 됩니다. 대부분 젊은 층을 대상으로 하는 '플래그십 스토어(Flagship Store)'들이죠. 플래그십 스토어는 브랜드의 성격을 가장 잘 표현해내는 단독매장을 일컫는데요. 단순히 상품을 파는 데 그치지 않고 해당 브랜드가 가진 문화와 가치를 체험할 수 있도록 꾸며 놓았습니다. 기업이 볼 때 플래그십 스토어는 일종의 '전략매장'인 셈입니다.

우리나라에는 유동인구가 몰리는 명동, 강남, 가로수길에 플래그십 스토어가 많습니다. 명품 브랜드들은 주로 청담동에, 화장품 브랜드들은 명동에, 옷과 가방 브랜드는 홍대에 다수가 자리하고 있는데요. 명동에는 외국인 관광객들이, 홍대에는 젊은 층과 패션피플들이 많습니다. 요즘은 한남동을 중심으로 이태원에 플래그십 스토어를 오픈하는 곳도 늘고 있습니다. 예전의 그 한남동이 아닙니다. 대로변에 하나둘씩 들어선 패션 브랜드 플래그십 스토어를 시작으로 감각적으로 둘째가라면 서러울 정도의 브랜드들이 자리를 잡고 있습니다.

플래그십 스토어는 1990년대 후반 들어 마케팅 활동이 제품에서 브랜드로 초점이 맞춰지면서 전 세계로 확산되었습니다. 해외 명품 브랜드들이 매장 오픈 전에 소비자들의 반응을 살피기 위해 열었던 '안테나숍'이 플래그십 스토어로 진화해 나간 것이죠. 지금은 플래그십 스토어가 다양한 종류로 세분화되어 한마디로 정의하기 어렵습니다. 한 가지 공통된 특징이라면 대도시의 쇼핑 중심구역에서 매장 디자인과 인테리어에 중점을 둔 점포들이 다양한 이벤트를 통해 고객경험을 제공한다는 점입니다.

온라인의 배송이 아무리 빨라도 오프라인을 따라잡을 수는 없습니다. 오프라인에서는 당장 필요한 물건을 바로 구매할 수 있습니다. 구매한 물건이 마음에 들지 않아 반품하는 과정을 거치지 않아도 됩니다. 매장을 둘러보다 깜빡 잊고 있던 제품을 보게 되거나 새로운 상품을 발견하는 재미도 쏠쏠합니다. 온라인에서는 제공이 어려운 이런 경험들 때문에 오프라인 채널은 여전히 매력적입니다. 유통업체가 다양한 브랜드를 혼합한 '편집숍'으로 고객을 유인한다면 제조업체는 '플래그십 스토어'로 고객을 끌어들입니다. 플래그십 스토어는 브랜드의 인지도와 호감도를 높이는 가장 효과적인 방법 중 하나로 자리 잡았습니다.

우리 브랜드를 소개합니다

그렇다면 플래그십 스토어가 왜 이리 많이 늘어날까요?

첫 번째는 브랜드만의 정체성 전달 때문입니다. 셀 수 없이 많은 제품들이 매일매일 출시됩니다. '우리는 다르다'라고 아무리 이야기해도 소비자들의 관심을 끌기 어렵고, 광고나 1+1 프로모션 등만으로는 브랜드 이미지 향상에 한계가 분명합니다. 그러자 기업들은 플래그십 스토어에 주목했습니다. 한 공간에서 브랜드의 탄생 스토리와 변천사를 보여주면서 다양한 경험과 한정판 제품 등을 통해 포괄적 경험을 제공하기 시작한 거죠. 하나의 공간 전체를 활용해 브랜드의 정체성을 보여줌으로써 고객에게 자연스럽게 브랜드를 인지시키려는 의도인데요. 이를 통해 브랜드 홍보는 물론 긍정적 이미지 향상을 꾀하는 겁니다.

이처럼 플래그십 스토어는 브랜드가 고객에게 전달코자 하는 최대의 가치를 보여주는 공간입니다. 과거 오프라인 매장이 제품과 서비스를 판매하는 공간에 지나지 않았다면 플래그십 스토어는 브랜드 경험을 한눈에 종합적으로 전달하는 장소인 거죠.

두 번째는 체험 마케팅의 중요성 때문입니다. 체험 마케팅이란 다양한 채널을 통해 브랜드를 경험하도록 하는 방식입니다. 체험을 해본 소비자들에게는 그때의 경험이 미래의 소비에까지 영향을 미칩니다. 플래그십 스토어는 소비자의 브랜드 경험을 디자인하는 이 같은 체험에 있어 공간을 제공하는 역할을 담당합니다.

플래그십 스토어에서는 다양한 제품이 제공됩니다. 패션브랜드 MCM 매장에서는 나만의 여행가방이나 보석상자 등의 제작이 가능한데, 주문 책자를 보고 어떤 가죽을 쓸지 또 어떻게 디자인할지 스스로 정할 수도 있습니다. 또 화장품 브랜드인 프리메라 플래그십 스토어에서는 구입한 제품 뚜껑에 원하는 이미지와 문구를 넣어 '나만의 화장품'을 만드는 체험도 가능합니다.

체험을 하는 와중에도 편하게 머무를 수 있도록 휴식공간을 제공하거나 전시회 등을 진행하기도 합니다. 매장에 오래 머물게 함으로써 자연스럽게 구매를 유도하는 동시에 브랜드를 알아가게끔 하려는 것인데요. 마몽드 플래그십 스토어에서는 앉아서 화장을 해보거나 고칠 수 있는 '파우더룸'를 운영 중이며, 뉴발란스에서는 상품 판매공간 한쪽에 음료자판기와 여러 개의 테이블을 배치해 편히 쉴 수 있도록 했습니다.

　세 번째는 온라인으로 성장한 브랜드들의 시장확대 때문입니다. 무신사, W컨셉, 29CM뿐만 아니라 요가복 업체 안다르, 친환경 패션 브랜드 비비와이비 등도 오프라인 매장을 두고 있습니다. 온라인에서 마니아층을 확보한 브랜드라는 공통점을 가진 이 브랜드들은 이제 오프라인을 통해 소비자들과의 접점을 늘리면서 채널을 다변화시키고 있습니다. 온라인에서 성공을 맛본 브랜드들이 충성도 높은 고객층을 발굴하고 이들과 지속적인 관계를 형성하기 위해 오프라인으로 영역을 확대하는 것이죠. 온라인몰은 이미 오프라인과 견줄 만한 힘을 갖추었으니까요. 사실, 유통채널로만 보면 온라인몰이 백화점, 대형마트, 편의점, 전통시장을 넘어선 지 오래인 지금 온라인에만 머무르지 않고 오프라인을 본격적으로 공략하기 시작했다고 보아도 무방합니다.

　네 번째는 광고에 대한 불신 때문입니다. 소비자들은 하루에도 셀 수 없는 광고와 메시지에 노출됩니다. 그러니 광고 자체에 대한 거부감이 드는 것도 당연합니다. 반면, 구체적인 경험이나 '아는 사람'의 추천에는 관심이 갑니다. 여기서 '아는 사람'은 나와 알고 지내는 사람만을 뜻하지 않습니다. 페이스북 친구도, 인스타그램에서 팔로워하는 사람도 포함됩니다. '아는 사람'이 주는 정보의 효과성은 큽니다. 실제 만난 적은 없으나 페이스북, 인스타그램, 블로그, 유튜브 등을 통해 알게 된 사람들의 이야기에 시선을 주고 귀를 기울이게 되죠. 그래서 기업들은 플래그십 스토어를 필요로 합니다. 플래그십 스토어를 화려하게 만들어놓고 유행에 민감한 블로거와 인플루언서들을 끌어들여 브랜드에 관련된 다양한 입소문을 내려 하죠.

다섯 번째는 MZ세대(밀레니얼+Z세대) 때문입니다. 새로운 소비 권력이 된 MZ세대는 자신에게 '가치'가 있다고 생각되면 기꺼이 지갑을 엽니다. 전세대보다는 경제적으로 풍요롭게 자란 MZ세대는 어렸을 때부터 다양한 것들을 접하면서 안목이 높아지고 취향이 확고해진 세대입니다. 광고나 브랜드 이미지에 크게 휘둘리지 않는 이들은 본인의 가치관에 따라 제품을 판단하고 구매합니다. 편의점에서는 아주 적은 금액도 따져가며 쿠폰과 적립금으로 해결하는 반면, 마음에 들면 고가의 상품도 척척 구매합니다. 자신의 신념을 소비에 반영하며, 남을 의식하기보다는 자신의 만족도에 더 큰 가치를 부여하기 때문이죠.

대안적 소비, 환경, 신념, 명분, 스토리 등이 소비에 영향을 미치기 시작하면서 기업들은 자신만의 이야기를 들려주기 위해 이렇게 플래그십 스토어에 정성을 들이고 있습니다.

콘택트와 언택트의 최적 조합

앞에서 오프라인 중심의 플래그십 스토어에 대해 말했으나 사실 오프라인 기업이 온라인으로 전환하기는 어렵고, 온라인 기업이 오프라인으로 전환하기도 어려운 게 현실입니다. 내부 역량에 의해 돌아가는 기업에서 특정 직무 중심으로 설계된 조직을 전면적으로 바꾸는 일은 쉽지 않습니다.

디지털 전환의 어려움은 글로벌 컨설팅 기업 맥킨지가 조사한 실제 수치에도 나타납니다. 그에 따르면 기술, 미디어, 통신 같은 디지털 기반의 산업에서조차 성공률이 26%를 넘지 못한다고 하니까요. 석유, 자동차, 제약 같은 전통적인 산업에서의 성공률은 4~11%에 불과하다고 합니다. 디지털 전환을 시도한 기업의 70% 이상이 실패한 것이 현실입니다.

그렇다고 어느 한쪽만 강조한다고 해서 미래를 담보할 수 있을까요? 그렇지 않습니다. 많은 기업이 대면(contact)과 비대면(untact)의 최적 조합을 찾아 고객과 접점을 넓히는 '딥택트(deeptact)' 전략에도 시선을 돌리고 있습니다.

오프라인과 온라인 기업 중 딥택트에 더 적합한 기업을 선택하라면 현재까지는 오프라인이 유리해 보입니다. 무신사, W컨셉, 29CM 등 온라인 중심 기업이 플래그십 스토어 등 여러 측면으로 딥택트를 시도해 좋은 평가를 얻고는 있으나 아직 온라인 산업 전체에 영향을 미칠 정도는 아닙니다. 반면, 해외의 사례를 보더라도 월마트, 도미노피자, 펜더(플레이) 등 딥택트를 성공적으로 도입한 건 대부분 오프라인 기업입니다. 우리나라의 정관장, CJ, 동원, 대상, 풀무원 등 전통적 오프라인 기업의 디지털 전환(D2C) 또한 나름의 성과를 거두고 있습니다. 오프라인 기업도 혁신을 통해서 온라인 기술을 배우는 한편, 기존의 오프라인 고유의 강점을 살린다면 충분히 승산이 있음을 보여줍니다.

그러나 온라인 중심이라거나 오프라인 중심이라는 기업의 태생적 본질은 고객의 취향을 존중하고 경험을 제공하는 데 있어 그리 중요하지 않습니다. 그것이 어느 쪽이든 플래그십 스토어 등과 같은 장치를 통해 소비자들에게 브랜드 경험을 제공하면서 온라인과 오프라인을 동시에 아우르는 접점을 확보하는 게 최우선 과제이니까요.

삶의 방식을 제안하는
편집숍

각 브랜드별 스토리와 분위기

편집숍은 소비자들의 라이프 스타일에 맞는 상품을 여러 종류 구비해 놓고 판매하는 매장을 의미합니다. 콘셉트 스토어(Concept Store), 멀티 브랜드숍(Multi-brand Shop), 셀렉트 숍(Select Shop)이라고 불리는 매장도 같은 개념입니다. 이들은 대개 한 공간에 2개 이상의 브랜드 제품을 모아 판매하는 형태지만 신발, 액세서리, 향수처럼 특정 카테고리에 집중하기도 합니다.

편집숍은 대부분 운영자가 원하는 형태로 진행되므로 브랜드는 위탁판매나 대리판매 등의 형식으로 편집숍 대표와 협력을 합니다. 이처럼 한 매장에서 여러 개의 브랜드가 취급되다 보니 자칫 잘못하면 정체성이 모호해지기 쉽습니다. 따라서 편집숍에서는 브랜드별 스토리와 상품의 분위기를 자연스럽게 융화시켜 고객에게 취향을 제안해야 합니다. 요즘 소비자들은 무조건 유명 브랜드만을 좇기보다는 자신의 정체성을 표현할 수 있는 개성과 희소성을 선호하기 때문입니다.

편집숍은 패션잡지 〈엘르(Elle)〉와 〈보그(Vouge)〉에서 오랫동안 에디터로 일해 온 까를라 소짜니(Carla Sozzani)가 1990년에 이탈리아 밀라노에 오픈한 '10 꼬르소 꼬모(10 Corso Como)'가 시작이라고 볼 수 있습니다. 그리고 '10 꼬르소 꼬모'의 출발은 까를라 소짜니가 뉴욕과 런던에서 사 모은 사진들을 전시하기 위해 오픈한 '까를라 소싸니 갤러리(Galleria Carla Sozzani)'입니다. 이때만 해도 이탈리아에서는 사진이 예술로 존중되지 않던 시기였고 오프라인 전시장도 쇼핑센터와는 먼 거리에 위치해서 많은 어려움을 겪었다고 합니다.

까를라 소짜니는 애초에 거창한 목표를 갖고 시작한 게 아니었습니다. 자신이 수집한 사진들을 전시하고, 잡지를 만들면서 경험한 일들을 공유하는 방식을 통해 오프라인에서 살아 숨 쉬는 매거진을 만들고 싶다는 게 동기였습니다. 이렇게 처음에는 사진을 전시하는 갤러리로 출발한 까를라 소짜니는 1991년부터 디자인 및 패션 관련 제품들을 판매하기 시작했고, 1998년에는 카페를, 2003년에는 작은 호텔로 증축을, 2009년에는 옥상 정원을 만들었죠. 그리고 지금은 전 세계 각국에서 매장을 운영하는 글로벌 브랜드로 성장했습니다.

'10 꼬르소 꼬모'는 동네의 작은 편집숍이 어떻게 글로벌 브랜드로 성장할 수 있었는지 한눈에 보여줍니다. 처음에는 창업자 개인의 관심사를 중심으로 매장이 운영되다가 오프라인 매장에 많은 콘텐츠가 형성되고 채워지면서 창업자 개인의 팬덤 중심 비즈니스에서 소비자들에게 다양한 라이프 스타일을 제안하는 형태로 확장된 것이죠.

개성 넘치는 매장들

편집숍은 기존에 없던 카테고리가 아닙니다. '10 꼬르소 꼬모'가 이미 30여 년 전에 이탈리아에서 편집숍을 만들었고, 당시 국내에서도 한남동, 이태원, 신사동을 중심으로 다양한 편집숍이 운영되고 있었습니다. 그렇다면 오래전부터 우리 곁에 있었던 편집숍이 왜 갑자기 많은 주목을 받게 되었을까요?

가장 큰 이유는 라이프 스타일의 변화입니다. 소득수준이 높아지면 개성 있게 자신만의 삶을 살아가려는 사람들이 증가하기 마련입니다. 남들에게 보이는 모습보다는 자기만족과 취향을 더 중요시하는데, 이게 바로 '라이프 스타일'입니다. 그리고 한 사람의 라이프 스타일에는 그의 생각과 취향과 행동하고 살아가는 모습이 모두 담겨 있습니다.

또 다른 이유는 인스타그램과 페이스북 같은 SNS(Social Network Service)에 기인합니다. 사람들은 자신의 일상을 찍어 인스타그램과 페이스북 등에 올립니다. 그 사진들을 통해 나를 표현하고, 나의 라이프 스타일을 이야기합니다. 여기서 아이러니한 현상이 보이는데요. 남들과 같아지기는 싫어하면서도 다른 사람들이 올리는 사진들에 영향을 받는다는 점입니다. 페이스북 친구가 가로수길에 있는 편집숍 매장에 대한 정보를 올렸는데 관심이 갈 경우 위치를 물어보고 인스타그램, 네이버 등을 통해 빠르게 추가 정보를 확인한 후 그 매장을 방문하는 거죠.

결국, 소비가 동질화되는 현상이 나타납니다.

편집숍의 개념 자체가 취향을 제안하는 형태이다 보니 '힙'하다는 느낌이 듭니다. 실제 편집숍에 가보면 백화점이나 온라인 쇼핑몰에서는 볼 수 없는 개성 넘치는 상품들이 가득합니다. 운영자의 취향과 시선으로 큐레이션 되어 있어 각 매장의 개성을 들여다보는 재미가 아주 쏠쏠합니다.

그래서인지 최근에는 백화점을 비롯한 유통기업들이 앞다투어 해외의 편집숍을 들여오거나 자체 브랜드 편집숍을 운영하기도 합니다.

갤러리아 백화점은 압구정로 명품관에 '프레드 시갈 서울'을 오픈했습니다. '프레드 시갈'은 디자이너 프레드 시갈이 1961년 미국 로스앤젤레스에서 설립한 전통 라이프 스타일 편집숍입니다. 오픈 초기에는 주로 청바지를 비롯한 의류를 팔다가 뷰티, 생활용품, 팝아트 작품 등으로 상품을 확장해 왔습니다. 가수 밥 딜런과 엘비스 프레슬리가 프레드 시갈의 옷을 사랑했고, 1964년 미국에 상륙한 비틀스가 프레드 시갈 매장을 찾으면서 전 세계적으로 유명해졌죠.

롯데 백화점 강남점에는 '더 콘란 숍'이라는 편집숍이 있습니다. "디자인의 지존"이라 불리며 영국에서 명예기사 작위까지 받은 '테런스 오비 콘란(Terence Orby Conran)'경이 1974년 설립했습니다. '더 콘란 숍'은 영국, 프랑스, 일본 3개국에 11개의 매장이 있으며 해외 진출로는 한국이 네 번째 국가이자 열두 번째 매장이라고 합니다. '더 콘란 숍'의 철학은 '일상생활의 평범한 것들'로 실제 생활에 필요한 다채로운 라이프 스타일 상품들을 제안하는 것인데요. 한국에 첫선을 보인 더 콘란 숍에서는 제각각 독특한 디자인을 뽐내는 가구, 홈데코, 주방용품, 식기, 침구 등의 해외 프리미엄 리빙 브랜드를 만날 수 있습니다.

신세계 백화점은 패션 편집숍 브랜드인 '분더숍(BOONTHESHOP)'을 운영하고 있습니다. 국내 백화점 입점 편집숍 중에 2000년 처음으로 선보인 '분더숍'은 알렉산더 맥퀸, 마르니 등 장르별 최고의 브랜드를 국내에 소개해왔는데요. 최근에는 라이프 스타일 장르까지 영역을 확장해 가구 등 다양한 상품을 판매 중입니다.

신세계 백화점은 '분더숍' 외에도 소품 위주의 '피숀', 스니커즈 위주의 '케이스 스터디' 등 다양한 편집숍 브랜드를 운영하고 있습니다.

대기업만 편집숍을 운영하는 건 아닙니다. 최근의 소비 트렌드를 보면 돈을 많이 들인 큰 규모의 매장이 작은 가게를 꼭 이기는 건 아니거든요. 접근성이 좋지 않거나 인테리어가 허름해도 매장의 특색이 명확하면 소비자들은 멀리서도 찾아옵니다. 최근 뜨고 있는 성수동 골목길 안 매장들이 자신만의 색깔로 대자본과 경쟁하는 모습을 어렵지 않게 볼 수 있습니다. 서초구 서래마을의 '루밍', 가로수길의 '챕터원', 용산구 이태원로의 '에이치픽스' 등은 일반 소비자들 사이에서도 유명한 편집숍들입니다. 물론, 오프라인에서 공간을 중심으로 취향을 제시하는 형태라 온라인에 비해 투입되는 비용의 절대치는 클 수밖에 없습니다.

편집숍의 성패는 매장 운영자의 경쟁력에 달려 있다고 해도 과언이 아닙니다. 편집숍 성공의 가장 중요한 요인은 그에게 형성된 팬덤이기 때문입니다. 상품의 개성과 품질로만 승부하기에는 한계가 있습니다. 많은 매장이 '우리는 다르다'며 차별화를 이야기하지만, 디자인이며 품질이며 이미 대부분 상향 평준화되어 있거든요.

백화점에 있는 대규모의 편집숍과는 결이 다른 운영자의 큐레이션 안목, 인간적인 교감을 통한 커뮤니케이션 등이 잘 드러난다면 작은 매장도 대규모 자본과 충분히 경쟁할 수 있습니다. 스마트폰에 담을 만큼 예쁜 가게에 고객들의 라이프 스타일에 맞는 다양한 상품들, 거기에 운영자의 서비스 경쟁력이 뒷받침된다면 동네 상권을 넘어서 전국으로, 더 나아가 세계로 확장되는 것도 얼마든지 가능합니다.

온라인도 편집숍이 대세

편집숍은 온라인으로도 확장 중입니다. 무신사, W컨셉, 29CM 등이 대표적인 온라인 편집숍이죠. 공간의 제약을 받지 않는 온라인 편집숍은 오프라인보다 더 다양한 브랜드의 제품 판매가 가능하다는 장점이 있습니다. 물론, 다양한 물건을 판매하면서도 각각의 명확한 콘셉트는 잘 유지하고 있습니다. 신세계에서 인수한 'W컨셉'의 경우 2030 여성이 주 타깃인데 개성 넘치고 트렌드를 선도하는 디자이너 브랜드를 판매합니다.

무신사, W컨셉, 29CM 등은 디지털 환경에 익숙하고 유행에 관심이 많은 MZ 세대(밀레니얼+Z세대, 1981~2010년생)를 중심으로 성장한 기업들입니다. 그중 W컨셉의 평균 상품 단가는 83,000원을 넘어선다고 합니다. 백화점은 부담스럽고 그렇다고 남들과 똑같은 것은 싫어하는, 합리적인 가격을 원하는 사람들이 주 고객으로 2년 주기로 계산하면 재구매율이 60%가 넘는다고 합니다.

진정한 라이프 스타일 비즈니스란 나의 취향을 다른 사람들과 함께 즐기고, 새로운 삶의 방식을 제안해 고객으로 만들어가는 것입니다. 그 대표주자라 할 수 있는 편집숍의 비즈니스 모델은 '평생 고객'을 선점해 지속적으로 관계를 형성해 가는 데서 탄생합니다.

고객경험 강화로 변신 중인
백화점들

글로벌 브랜드의 대이동

백화점은 부동산 임대로 돈을 벌어왔습니다. 좋은 위치에 대규모 건물을 짓고 유명 브랜드들을 입점시킨 후 판매수수료를 받는 형태였습니다.

그런데 이 과정에 힘의 논리가 작동합니다. 예를 들면 이렇습니다. 백화점은 브랜드로부터 상품을 외상으로 매입합니다. 그리고 일정 기간 동안 판매된 제품에는 수수료를 받고, 판매되지 않은 제품은 반품하는 방식으로 재고 위험을 헤지 (hedge)해 왔죠. 또 명품 브랜드에는 낮은 수수료를 받고, 그 외 새롭게 입점을 원하는 브랜드에게는 높은 수수료를 받는 식으로 차등을 두었습니다. 시장에 새로 진입하고자 하는 브랜드들로서는 불공평한 방식이었으나 이를 받아들일 수밖에 없었습니다. 표면적으로는 유통업으로 분류되는 백화점의 업(業)의 본질은 부동산 임대업인 것이죠.

소비자 입장에서 백화점은 고가 상품을 판매하는 곳으로 포지셔닝된 데다 백화점에 가야 명품 브랜드들을 만날 수 있었기 때문에 그들의 이러한 전략은 오랫동안 유지가 가능했습니다. 온라인은 저가 상품을 주로 판매하는 곳으로 인식되었고, 해외직구로 명품을 구매하기에는 여러 가지 측면에서 번거로움과 리스크가 존재했습니다. 아웃렛(outlet)이나 온라인몰, 해외직구, 병행수입 등의 방식으로 명품 브랜드 상품이 판매되었으나 백화점을 흔들 정도는 아니었습니다.

그러나 천천히 진행되는 듯싶던 변화가 코로나19를 기점으로 격변하고 있습니다. 슈퍼 갑(甲)의 위치를 굳건히 지키던 백화점을 위협하는 가장 큰 요인인 D2C(Direct to Consumer)와 플래그십 스토어가 나타난 것이죠. D2C는 제조사가 백화점 같은 유통업체를 거치지 않고 온라인으로 직접 판매하는 방식을 말합니다. 안경 기업 와비 파커, 면도기 기업 달러 쉐이브, 화장품 기업 글로시에, 매트리스 기업 캐스퍼 등 신규 브랜드뿐만 아니라 나이키, 로레알, 구찌, 루이 비통 같은 오프라인 채널 의존도가 높았던 기업들도 D2C 판매에 뛰어들고 있으니까요.

나이키는 "아마존에서 안 팝니다"라며 탈(脫) 아마존을 선언하기도 했습니다. 상품을 제조하는 큰 기업이 매출이 보장된 거대 유통망과 반목하는 결정을 내리기는 쉽지 않습니다. 그럼에도 나이키가 D2C에 뛰어든 건 수익 개선 및 고객경험 최적화 때문입니다. 유통채널에서 판매하지 않으면 지급하는 수수료를 아낌으로써 수익률이 높아집니다. 게다가 유통업체의 프로모션 등에도 휘둘리지 않으며, 자체적으로 브랜드 경험을 만들어 갈 수 있습니다.

바로 이 브랜드 경험 확보를 위한 방법이 플래그십 스토어의 활용으로, 나이키가 명동에 선보인 '나이키 서울'이 대표적입니다. 3층 규모로 구성된 나이키 서울은 디지털을 기반으로 스포츠와 소비자를 더욱 가까이 연결하는 나이키 라이즈(Nike Rise) 콘셉트가 반영된 장소입니다. 이곳에서는 실시간으로 즐길 수 있는 스포츠 정보는 물론 나이키의 운동 프로그램인 NTC, 러닝 프로그램인 NRC 앱을 활용한 활동 통계를 제공합니다. 스포츠에 필요한 아이디어와 정보 등 데이터 기반의 스토리텔링을 3층 높이의 디지털 아트리움 스크린을 통해 보여줍니다. 혁신적인 디지털 경험을 기반으로 스포츠, 도시 그리고 소비자를 하나로 연결할 계획이라고 공언하는 나이키는 고객에게 맞춤형 서비스를 제공함으로써 온·오프라인의 경계를 허물고, 리테일의 새로운 미래를 제시한다는 비전을 가지고 있습니다.

이처럼 글로벌 브랜드들이 백화점 중심의 판매전략에서 소비자에게 직접 다가가는 전략을 취하면서 서울의 한남동과 청담동은 명품 브랜드 플래그십 스토어의 둥지로 거듭났습니다. 이태원과 한남동 일대는 유명 글로벌 브랜드들의 플래그십 스토어 성지로, '감각'의 표현으로는 둘째가라면 서러울 지역이 되었습니다. 이국적인 분위기를 즐기는 젊은 층이 유입되면서 그들의 입맛에 맞는 프랜차이즈와 레스토랑이 들어오기 시작하더니 내로라하는 브랜드들이 플래그십 스토어를 오픈하고 있기 때문입니다.

그중 이태원에 문을 연 '구찌 가옥'이 유명합니다. 구찌는 구찌 가옥이 자기표현과 개성을 중시하는 구찌의 정신과 잘 맞닿아 있다고 설명합니다. 이태원의 문화적 전통과 자유로움, 한국 전통의 집이 주는 멋스러움에 구찌만의 우아하고 폭넓은 컨템퍼러리 감각이 디해졌다는 깃이죠.

강북에 이태원과 한남동이 있다면 강남에는 청담동이 있습니다. 백화점과 면세점에만 입점하던 이탈리아 주얼리 브랜드 반 클리프 앤 아펠, 이탈리아 패션 브랜드 펜디, 프랑스 패션 브랜드 생 로랑, 스웨덴 가전 브랜드 일렉트로룩스 등이 청담동에 새롭게 플래그십 스토어를 열었습니다. 공실률이 높았던 청담동 명품거리 또한 2019년 샤넬이 플래그십 스토어를 오픈한 후 루이 비통과 디올 등의 매장이 들어오기 시작했죠.

물론, 임차료와 운영비 등의 측면에서 청담동 명품거리에서의 플래그십 스토어 운영은 백화점 입점보다 수익성이 떨어집니다. 그럼에도 불구하고 업체들이 앞다퉈 청담동에 매장을 개점하는 이유는 '명품거리'라는 상징성 때문입니다. 청담동에 대표 매장을 두면 그 자체로 '명품 브랜드'라는 입지를 공고히 할 수 있으니까요.

백화점의 비즈니스 모델 전환

백화점만 고집하던 명품 브랜드들이 D2C와 플래그십 스토어 도입으로 생각이 바뀌었고, 온라인을 활용해 정보의 비대칭성이 해결되면서 백화점 업태는 과도기에 들어섰습니다. 확실한 건 과거처럼 특정 매입 시스템을 통해 임대 수수료로 안정적인 이익을 내던 시대는 저물고 있다는 점입니다.

그렇다면 백화점은 어떤 미래로 나아가야 할까요? 과연 어떤 선택지가 있을까요?

신세계 스타필드같이 부동산 임대업의 특징을 강화하거나, '더 현대 서울'처럼 고객경험을 강화하거나, 직매입과 자체 브랜드(PB) 비중을 높여 유통 본연의 역할에 매진하는 등의 예를 구체적으로 들어보겠습니다.

먼저 부동산 전략으로 성장을 추구하는 대표적인 곳은 신세계입니다. 신세계는 하남, 코엑스, 고양 등에 복합쇼핑몰인 스타필드를 오픈했습니다. '스타필드 하남'은 이마트의 부동산 개발 계열사인 신세계 프라퍼티와 미국 쇼핑몰 개발사 터브먼이 합작해 만든 부동산 임대업체입니다. 1조 원을 들여 쇼핑몰을 짓고 입점한 300여 개 브랜드로부터 임대료를 받습니다. 쇼핑몰 운영사업자가 아니라 부동산 임대사업자인 거죠. 신세계 프라퍼티는 쇼핑몰의 총괄 관리와 마케팅만을 담당하며, 쇼핑몰 내 매장 운영에는 별다른 관여 없이 임차인으로부터 임대료를 받는 형태로 운영합니다.

백화점 업종은 규모나 운영방식에 상관없이 법적으로 본사 직원을 30% 이상 고용해야 합니다. 반면, 복합쇼핑몰은 매입점 업체가 매장 인테리어나 세부적인 판촉행사 등을 직접 하며 직원들 또한 각 매장에서 직접 고용하므로 운영 인력 및 자본 투입을 최소화할 수 있습니다. 유통산업에서 백화점 시대는 저물고 복합쇼핑몰의 시대가 올 전망이 높아지는 이유입니다.

고객경험 강화로 접근하는 곳은 현대 백화점입니다. '더 현대 서울'은 공간의 절반 정도를 실내 조경과 고객 휴식 공간으로 꾸몄습니다. 쇼핑 기반의 경험을 제공하겠다는 뜻입니다. 1층 입구에서부터 6층까지 건물 천창을 통해 비치는 자연 채광을 온몸으로 맞으며 느낄 수 있게 설계했는데요. 건물 전체를 오픈시키는 건축 기법인 보이드(Void)를 적용해 한 곳에서 전체 층을 모두 볼 수 있도록 한 개방감이 특징입니다. 고객은 눈앞의 광경에 매료될 수밖에 없겠지요.

개인의 라이프 스타일을 중심으로 비즈니스가 전환되면서 시장 점유율보다는 고객의 관심과 시간을 확보하는 일이 더욱 중요해지고 있습니다. 쇼핑 자체로 보면 온라인이 더 편리하고 가격도 저렴합니다. 그런데도 사람들이 오프라인에서 쇼핑을 하는 이유는 '의미 있는 시간'을 보낼 수 있기 때문입니다. '더 현대 서울'도 상품을 판매하는 장소가 아니라 소중한 사람들과 의미 있는 시간을 보내는 장소로 정체성을 가져갔습니다. 온라인과는 비교할 수 없는 경험이 아니겠습니까! 백화점 비즈니스를 시간 점유율의 확보라는 방식으로 새롭게 정의한 것이죠.

'앨리웨이 광교'가 가능성을 보여줬듯 시간을 가치 있게 쓰도록 해주는 오프라인은 매력적입니다. 멀리 나가지 않고 한 곳에서 각자가 추구하는 방식대로 라이프 스타일을 즐기며 시간을 보내고 생활을 즐길 수 있다면 사람들은 당연히 온라인이 아닌 오프라인을 찾을 것입니다. 가격이나 프로모션을 중심으로 상품을 판매하는 곳이 아니라 소소한 문화를 즐기고 일상을 살아가는 공간으로서 온라인은 오프라인을 대체할 수 없습니다.

한편 백화점 자체적으로 직매입과 PB상품을 강화하기도 합니다. 직매입이란 유명 브랜드의 재고 상품을 백화점 등이 직접 매입해 아웃렛 제품보다 할인율을 높여 판매하는 방식입니다. 이를 '오프 프라이스 스토어'라고 합니다. 롯데 백화점의 '탑스', 신세계 백화점의 '팩토리 스토어', 현대 백화점의 '오프 웍스'가 대표적입니다. '오프 프라이스 스토어'의 통상적인 할인율은 최초 판매가 대비 40~70%로 아웃렛에서의 할인율인 30~50%보다 10~20% 포인트 정도 높습니다.

오프 프라이스 스토어는 이처럼 온라인에 맞서는 가격 경쟁력을 갖춘 데다 다양한 브랜드들을 한데 모음으로써 차별화가 가능합니다. 유행에 민감한 젊은 세대 중심으로, 럭셔리 브랜드들이 모여 있을 뿐만 아니라 싸게 구매할 수 있다는 입소문이 나면서 '오프 프라이스 스토어'는 백화점의 새로운 수익모델이 되고 있습니다.

백화점은 또 자체 브랜드를 키우는 일에도 심혈을 기울입니다. 명품 브랜드들의 백화점 이탈 전략과 온라인 판매 비중 확대는 큰 위협이 되고 있습니다. 고객들이 백화점을 찾아오게 해야 하는데, 그러려면 결국 자사 브랜드를 기획해 내놓아야 한다는 판단을 한 거죠. 그렇게 자체 브랜드인 PB 상품 비중을 높여 가면 중간 유통단계도 줄어서 수익 측면에서도 유리합니다.

거칠 것 없는 신세계의 행보

정부는 전통시장과 소상공인 보호를 위해 그리고 심야 노동자의 수면장애 보호권을 위해 오전 0시부터 8시까지 대형마트를 포함한 대규모 점포의 영업시간을 제한하고, 매월 두 번째 일요일과 네 번째 일요일 이틀을 의무휴업일로 지정하는 유통산업발전법을 제정했습니다. 이처럼 대형 유통기업의 시장 장악이나 유통환경의 급격한 변화가 부담스럽고 두려운 소상공인들도 우리의 이웃이고 가족이므로 보호받아야 합니다.

그러나 그런 식의 규제로 기대하는 효과를 모두 거두기는 어렵습니다. 소비자는 늘 더 편리한 삶을 원하기 때문인데요. 쿠팡, 마켓컬리, 하나로마트 등이 그 틈을 비집고 들어왔습니다. 유통산업발전법이 대형마트의 발목을 잡고 있는 동안 시장에 진입했고 큰 성공을 이루었습니다.

쿠팡과 마켓컬리는 새벽배송을 시작했고, 새벽배송은 이제 유통의 큰 흐름으로 자리잡았습니다. 결국 기업은 규제로 진입장벽을 만들기보다는 고객의 편의성 측면에서 연구하고 접근해야 함을 보여주는 사례가 아닐까요?

혁신을 추구하는 기업일수록 기존 시스템 내에서 문제 해결방안을 고민합니다. 그래야 진정한 혁신이 됩니다. 기존의 것은 낡은 것이라는 무조건적 접근법은 문제와 갈등을 초래하기 마련입니다. 기업의 시장 진입은 규제로 장벽을 만들어 막기보다 고객의 편의성 측면에서 접근해야 지속적 성장이 가능합니다

매년 엄청난 적자를 감수하면서 성장 중심의 전략을 취했던 쿠팡과 마켓컬리는 코로나로 인해 천우일회(天佑一回)의 기회를 얻습니다. 코로나로 인해 온라인 쇼

핑 비중이 전체의 30%를 넘어서면서 쿠팡은 '규모의 경제'와 '운영의 효율화' 달성이 가능해졌습니다. 기존 온라인 쇼핑몰들이 크게 집중하지 않았던 '배송'에 집중하기 위해 오프라인 물류창고를 확대해 나갔던 전략이 코로나 시대에 들어서 딱 맞아떨어진 겁니다. 위력을 발휘하게 된 것이죠.

쿠팡은 커머스 부문에서는 적자가 나는 반면 물류 부문에서는 흑자를 내고 있습니다. 실제로 나스닥 상장 전부터 수익성 개선을 위해 다방면으로 노력해 왔고, 자체 브랜드인 PB상품 판매 및 최근 드라이아이스 생산 등 수직적 통합 강화로 흑자 전환은 그리 어렵지 않아 보입니다. 다만, 아직은 적자를 감당할 수 있는 수준인 데다 고객 점유율 향상 등 성장에 무게를 두고 있기 때문에 흑자로 돌아서지 않고 있을 뿐입니다.

쿠팡과 마켓컬리 같은 신흥 업체들의 시장 진입에 당황한 곳은 기존의 유통기업들입니다. 롯데나 신세계 등은 새벽배송을 하고 싶어도 '유통산업발전법'이 발목을 잡고 있어 그야말로 지켜볼 수밖에 없었습니다. 다행히 신세계는 SSG.COM을 별도 법인으로 분리해 대응하면서 신선식품 분야에서 쿠팡과 마켓컬리에 대응이 가능했습니다. 반면, 롯데는 지난 10여 년 동안 다양한 방식으로 온라인으로의 전환을 노력했으나 별 성과를 내지 못했는데요. 중고나라를 인수하고 몇 건의

M&A를 시도하는 중이니 조금 더 지켜볼 필요가 있습니다. 또 롯데는 재무비율이 건전한 데다 오프라인에서 강점을 발휘하고 있기 때문에 하루아침에 위기에 빠질 일은 없을 것입니다.

변화의 흐름에 적극 대처하고 있는 곳은 백화점과 대형마트를 보유한 오프라인 최강자인 신세계입니다. 스타벅스를 국내에 들여오기도 했는데요. 증권업계에서는 2022년 스타벅스 매출 추정치를 3조 원에 육박할 것이라 전망하고 있습니다. 유심히 지켜볼 부분은 스타벅스는 신세계 이마트의 유통망을 적극 활용한다는 점입니다. 이마트, 스타필드, 신세계 백화점을 중심으로 매장을 입점시켜 사업을 확장했고, 신세계 푸드는 이곳들에 베이커리와 푸드를 공급해 수익을 올리고 있죠.

최근에는 스타벅스에서 활용했던 전략을 가성비를 앞세운 '노브랜드 버거'에 적용해 큰 폭으로 성장 중인데요. 이마트, 이마트24 등의 물류망을 활용하고, 신세계푸드 등에서 관련 부자재를 납품하는 형태로 노브랜드 버거는 이미 가격 부분에서 경쟁력을 확보한 상태입니다. 2024년에 1,000개 매장(매출 6,000억 원) 개점이 목표라고 합니다.

신세계는 SSG닷컴, 스타벅스코리아, 이마트, 신세계 백화점, 스타필드, 트레이더스, 이마트24, 신세계푸드 등 오프라인과 온라인의 두 축이 고르게 성장하고 있습니다. 야구단(SSG 랜더스)을 인수해 오프라인에서 다양한 접점을 만들어내고 있기도 하죠. 인력과 기술과 자본을 모두 가진 대기업이 어떻게 시장을 선도해 가는지 잘 보여주는 대표적인 예가 바로 신세계입니다.

또한, 신세계는 오픈마켓 강자인 이베이코리아도 인수했습니다. 다른 플랫폼들이 과다 출혈경쟁을 하는 동안에도 옥션과 지마켓은 흑자기업이고 SSG닷컴은 식품 부분이 강점이기 때문에 두 곳과 함께 충분한 시너지가 가능합니다. SSG닷컴의 본사 인력 중 개발자 비율이 40% 내외일 정도로 높다는 점에서 옥션과 지마켓 그리고 SSG닷컴은 단순한 물리적 통합을 넘어서고 있습니다.

일은 사람이 합니다. 조직구조와 문화, 구성원이 어떤 역량이 있는지에 따라 비즈니스의 가능성이 달라지죠. SSG닷컴은 AI(인공지능), 머신러닝 등을 빠르게 도입하고 학습하면서 온라인과 오프라인을 통합하는 기업으로 변화하고 있습니다.

펜트업 효과가 기대되는 백화점들

백화점 쪽에서 꾸준히 투자하는 기업은 현대 백화점(더 현대)입니다. 현대 백화점은 백화점과 면세점 매출이 중심인데요. 전체적인 매출은 조금씩 상승 중이나 영업이익은 계속 감소하고 있습니다. 이는 여의도 '더 현대 서울'처럼 오프라인 매장을 꾸준히 오픈하는 반면, 온라인으로 구매하는 소비자들이 증가하는 데 기인합니다.

현대 백화점은 여의도 '더 현대 서울' 오픈 및 면세점 수익성 개선 등이 이루어지면 실적이 개선되겠지만, 이러한 요인들은 외부효과로 인한 결과일 뿐입니다. 현대 백화점의 혁신으로 만들어낸 결과물은 아니라는 뜻입니다.

과거의 백화점은 존재 자체가 프리미엄이었습니다. 소비재를 만드는 기업들은 백화점에 입점했다는 사실 자체가 홍보의 포인트였습니다. 하지만 지금은 프리미엄의 이미지는 사라지고 온라인보다 비싸다는 이미지만 남았죠. 백화점에 입점해도 노출효과는 한정적인 데 반해 온라인 대비 수수료가 높아 실용을 추구하는 브랜드들은 점점 백화점 채널을 줄여나가는 중입니다.

백화점은 이전 접근 측면에서의 한계를 벗어나고자 통로를 넓혀 고객에게 이동 편의를 부여하고 애완동물과 동반 입장이 가능하도록 하는 등 여러 가지 시도를 하고 있습니다.

그런데 두세 번만 가보면 기존 매장의 한계가 발견됩니다. 입구나 통로 등 물리적인 구조를 변경하면서 사람들을 끌어모으곤 있지만, 그것이 방문자들의 적극적인 소비로 이어지지는 않는 것 같습니다. 가족과 나들이 겸해서 백화점을 방문하기는 하는데 정작 구매는 하지 않는 것입니다. 이는 온라인과의 경쟁 측면에서 보더라도 상품을 전시하고 부분적인 체험만 제공하는 데서 나타나는 어쩔 수 없는 결과입니다. 유통방식 자체의 변화라기보다는 일시적인 프로모션 정도에 불과하니까요.

백화점이 경험의 공간으로서 온라인을 넘어서려면 단순히 물품을 구매하는 장소에서 벗어나 서비스 관점으로 프로세스를 전환해야 합니다. 유통에 있어 중요한 활동 중 하나인 '상품 제안력'을 갖추는 일인데요. 단순히 유사한 브랜드를 모아 놓는 식으로 매장을 구성하는 게 아니라 브랜드 간의 컬래버를 기획하고, 고객에게 새로운 라이프 스타일을 적극적으로 제안해야 합니다. 백화점이 가진 본연의 기능은 상품 판매만이 아닙니다. 매장 방문을 통해서만 체험할 수 있는 상품과 서비스의 확장이 필요합니다.

그런 면에서 백화점은 곰표 밀맥주 2+1 같은 컬래버레이션 상품으로 고객이 계속 방문해야 하는 이유를 만들어내는 편의점을 벤치마킹해야 합니다. 1층에는 잡화, 2층에는 여성의류 매장처럼 오랫동안 유지해왔던 관성에서 벗어나 때로는 트렌드 중심으로, 때로는 재미 중심으로 빠르게 변화하는 모습을 보여야 합니다.

수세에 몰리긴 했지만, 백화점 같은 오프라인 유통채널이 사라지는 일은 아마 없을 것입니다. 가상세계인 메타버스를 이야기하나 사람들은 현실세계를 살아갑니다. 나의 아바타가 가상세계에서 쇼핑하고, 친구들과 만나 이야기한다고 행복 감이 커지지는 않습니다. 결국 사람이 직접 경험하고 체험하는 오프라인은 여전 히 중요하며, 앞으로도 그 자리를 지킬 것입니다.

억눌렸던 수요가 급속도로 살아나는 현상을 '펜트업 효과(Pent-up Effect)'라고 합 니다. 코로나19의 영향력이 떨어지고 감염 공포에서 벗어나면서 소비시장을 중 심으로 펜트업 효과가 일어날 텐데요. 코로나로 소득불균형이 더 심해진 상황에 서는 저가 중심의 가성비 시장보다 고가 중심의 가치소비 시장에서 펜트업 효과 가 극대화될 가능성이 큽니다. 그렇게 되면 배달 중심의 온라인 시장은 한동안 침 체기를 겪게 되는 반면, 무엇인가를 경험할 수 있는 오프라인 시장은 한동안 활황 을 띠겠죠. 따라서 온라인과 배달 중심으로 설계된 비즈니스는 펜트업 효과에 대 비한 준비를 더욱 철저히 해야 합니다.

스마트폰을 통해 언제 어디서나 제품과 서비스에 대한 객관적 품질 확인이 가 능하므로 소비자들은 더욱 현명한 소비를 합니다. 검색 몇 번이면 동일 제품 최저 가는 물론 다른 사람들의 후기까지 볼 수 있으니까요.

펜트업 효과가 나타나면 소비자들은 아낄 수 있는 부분은 최대한 아끼면서도 가치를 느끼는 것은 가격에 크게 개의치 않고 사는 형태로 구매가 이루어질 것입니다. 이는 경험을 제공하는 오프라인의 가치가 상승할 것이라는 의미입니다. 배달의민족이나 쿠팡보다 신세계나 현대 백화점 등 오프라인 중심 비즈니스가 한동안 주목받게 될 것입니다.

최고의 무기는 상품 제안력

제조와 유통은 각기 다른 역량과 전문성을 요구합니다. 제조업체가 아무리 D2C를 잘한다 해도 유통이 전문인 기업만큼 잘할 수는 없습니다. 유통 기업도 마찬가지입니다. 지매입과 자체 브랜드(PB)를 넓혀 간다고 해도 전문 제조기업보다 제조를 더 잘할 수는 없죠. 하나의 비즈니스 모델에 모든 역량을 집중하다 보면 다른 면에서는 아무래도 뒤처지게 됩니다. 다양한 방식의 활용이 중요하겠지요, 유연성과 속도가 중요한 시대입니다.

명품 브랜드들은 온라인 전용상품으로 D2C를 강화하는 한편 자체 매장인 플래그십 스토어로 백화점을 이탈하고 있습니다. 백화점은 더 이상 과거와 같은 안정적인 임대 수수료를 기대하기 어렵습니다. 게다가 머스트잇, 트렌비, 캐치패션, 발란 등 온라인 명품 구매 플랫폼들의 공세가 만만치 않습니다. 거기에 면세점에서의 내국인 구매 한도마저 폐지되면서 백화점은 여러 곳으로부터의 도전에 직면한 상황입니다.

　그렇다고 해서 백화점이 없어지지는 않을 것입니다. 오프라인에서는 디테일한 감성을 제공할 수 있고, 다양한 IT 기술을 도입해 고객경험을 높일 수 있기 때문입니다. 백화점을 단순하고 전통적인 '유통업'에 한정하지 말고 '시간을 즐겁게 보낼 수 있는 공간'으로 정의한다면 다양한 시도가 가능해집니다.

　이처럼 시간을 즐겁게 보낼 수 있는 장소가 되려면 공간으로서의 매력과 함께 상품의 차별성도 갖춰야 하는데요. '더 현대 서울'이나 '스타필드 하남' 같은 백화점은 공간의 매력성이 어필되고 있습니다만, 여기에 브랜드 헌터들을 강화해 백화점에서만 만날 수 있는 상품과 브랜드를 더 많이 확보해야 합니다.

　해외명품 수입상으로 시작한 브랜드 헌터들은 백화점 편집숍 시대를 거쳐 이미 온라인 명품 플랫폼 시장에까지 진출했습니다. 백화점이 오프라인에서 만족스러운 고객경험을 제공하면서 온라인으로도 구매가 가능하게 되면 다른 어떤 채널보다 큰 경쟁력을 갖게 될 것입니다.

　이렇게 '상품을 제안'하는 일이 유통업 본연의 역할입니다.

슬세권을 잡은
편의점의 고객경험

편의점의 성장 비결

코로나19가 장기화되면서 백화점, 대형마트, 전통시장 같은 오프라인 업종은 큰 어려움을 겪었습니다. 그런데 편의점은 매출액이 상대적으로 소폭 하락에 그치거나 일부 매장은 매출이 상승했습니다. 여러 이유가 있을 수 있는데요. 동네 상권에서 1인 가구를 대상으로 한 상품을 구성하고, 다양한 부가 서비스를 제공하면서, 한마디로 말해 고객에게 꼭 필요한 상품 제안을 잘했기 때문입니다.

편의점의 특징 중 하나는 사람들이 사는 동네 안에 있다는 겁니다. 코로나 시대에 배달과 온라인 쇼핑몰이 소화하지 못하는 부분을 해결해 주는 것이 강점입니다. 집에서 슬리퍼를 끌고 갈 만한 거리에 있고, 컬래버레이션 상품인 '곰표 밀맥

주 2+1' 이벤트 같은 다양한 재미 요소를 더하면서 다른 유통채널에 비해 비교적 선방이 가능했던 것이죠.

코로나로 인해 집에서 보내는 시간이 많아지자 집 근처의 상권이 중요해졌습니다. 상권의 중심축이 유흥가나 도심에서 주택 밀집지역으로 이동하는 현상은 전국 편의점의 매출 증가로 실제 확인할 수 있습니다. 하지만 편의점 매출 향상은 코로나 때문에 발생한 일시적 현상이 아닙니다. 코로나 이전부터 주 52시간 근무제, 유연 근무 확대, 회식문화의 축소 등 외부환경적 변화가 영향을 끼치고 있었습니다. 코로나로 속도가 빨라졌을 뿐 방향이 바뀐 건 아닙니다.

삼각김밥이나 팔던 편의점은 잊어라!

편의점이 슬세권으로 주목받게 된 이유는 도시개발 방식과 맞닿아 있습니다. 아파트 단지 중심의 도시개발은 효율성과 경제성을 고려할 수밖에 없지요. 도시는 보통 업무단지, 상업단지, 주거단지, 행정단지, 공원같이 유사한 것들끼리 묶어서 개발하는데요. 문제는 이처럼 블록으로 나누어진 도시는 흐름의 단절을 가져온다는 사실입니다. 그래서 직장인들이 모두 퇴근한 후의 오피스 상권은 어둠만이 존재하고, 아파트 단지와 떨어진 공원에는 사람들이 없습니다. 주거단지 또한 예전처럼 골목에서 골목으로 이어지면서 다른 단지로 넘어갈 수 없으니 도보 이동도 쉽지 않습니다. 그러니 단절된 거주지역 안 곳곳에 위치한 편의점이 슬세권 상권의 대표주자가 될 수밖에 없었던 거죠.

게다가 1인 가구를 메인 타깃으로 하는 현재의 편의점은 예전과는 많이 다릅니다. 코로나 이전에는 삼각김밥 같은 냉장식품과 일상생활에 필요한 여러 가지 간단한 용품 판매가 주였던 반면, 코로나 이후에는 일상에서의 장보기 수요가 점차 편의점으로 옮겨오는 양상을 띠고 있습니다. 온라인에서 주문한 후 배송을 기다리거나 대형마트처럼 멀리까지 이동할 필요가 없는 건 편의점의 대표적인 장점입니다.

편의점의 성장은 '1인 가구'와도 밀접한 연관성을 가집니다. 대형마트는 엄마, 아빠, 자녀가 함께 살면서 나들이 겸해서 찾는 3인이나 4인 가족을 대상으로 한 비즈니스 모델입니다. 보통 일주일 정도 먹을 만큼의 장을 보면 충분히 소진이 가능한 데다 한꺼번에 많은 양을 구매하다 보니 가격 할인 효과도 큰 편이죠.

그러나 도심에 사는 1인 가구가 먹고 싶은 수박을 사기 위해 대형마트에 가기는 쉽지 않습니다. 어찌어찌 한 통 산다고 해도 한번에 먹어 치울 수도 없고, 냉장고 크기가 작으면 보관도 힘들어 부담이 큽니다. 다 먹지도 못하고 상해서 버리는 건 또 어떻습니까!

바쁜 현대인들에게 편의점은 이런 불편을 해결해 주는 집 밖 냉장고 같은 존재입니다. 대형마트에서는 양파를 살 때도 한 망을 사야 하지만, 편의점에서는 양파 반쪽과 달걀 한 알 구매도 가능합니다. 마트에 비하면 비싸게 사지만 먹지 못해서 버리는 것까지 계산하면 1인 가구는 편의점이 오히려 편하고 저렴합니다. 집 근처에 편의점이 있으면 냉장고를 가득 채우지 않아도 필요할 때마다 가서 사면 되니까요.

편의점의 새로운 도전들

편의점은 1927년 미국 텍사스주 댈러스 지역에서 얼음을 판매하던 '사우스랜드 아이스 컴퍼니'라는 한 제빙업체에서 시작되었습니다. 처음에는 시원한 창고에서 얼음을 판매하다가 상하기 쉬운 달걀이나 우유, 식빵 등을 얼음통에 넣어서 팔았습니다.

사우스랜드 아이스 컴퍼니는 이후 세계 최고의 편의점 기업이 되는데, 바로 지금의 세븐일레븐입니다. 세븐일레븐은 이름 그대로 아침 7시에 문을 열어서 밤 11시에 닫는다는 뜻입니다. 지금이야 24시간이 익숙하지만, 당시만 해도 세븐일레븐의 영업시간은 전례가 없는 새로운 형태의 소매점이었습니다.

이렇게 탄생한 세븐일레븐은 1973년에 일본에 진출하게 됩니다. 당시 아메리카 드림을 꿈꾸던 세 명의 일본 청년이 세븐일레븐의 라이선스를 사서 일본에 들여온 건데요. 1974년에 일본에서 1호 편의점을 오픈한 후 5년 뒤 1979년 업계 1위에 올라섭니다. 이후 2005년에 일본의 세븐 & 아이 홀딩스가 '세븐일레븐-재팬'을 통해 미국 세븐일레븐 본사의 지분을 전량 매입함으로써 세븐일레븐 재팬이 본사가 되고 미국 세븐일레븐은 자회사가 됩니다. 그리고 세븐일레븐은 2007년에 맥도널드를 제치고 세계 최대 점포 수를 보유한 유통 체인으로 발전합니다.

우리나라에서는 잊을 수 없는 경험을 제공하는 새로운 형태의 편의점이 증가하고 있습니다. 예를 들면, 이마트24의 '동작 구름×노을 카페'는 기존 편의점의 고정관념을 깨고 카페 형태로 구성되어 있습니다. '동작 구름×노을 카페' 1~2층에는 카페 존과 바리스타가 싱글 오리진 원두로 만든 아메리카노 및 카페라테를 즐길 수 있는 매장이 있습니다. 3~4층에는 별마루 라운지와 출판사 문학동네 북 큐레이션 서점이 있어 주제별로 추천도서를 만날 수 있습니다. 또 5층 루프탑에서는 한강 다리 위 가장 높은 곳에서 한강을 내려다볼 수 있으며, 전망대에서는 반포대교 달빛 무지개 분수를, 노을 카페 루프탑에서는 남산타워 감상이 가능합니다.
위치상 멋진 자연 풍광을 볼 수 없는 곳은 고객을 위한 편의시설에 집중합니다.

세븐일레븐 세종대로 카페점이 대표적입니다. 밖에서 볼 때는 여느 편의점과 다를 게 없으나 2층으로 올라가면 1인석, 2인석, 4인석과 함께 발을 뻗고 누울 수 있는 침대형 좌석이 있고, 교보문고 추천 베스트셀러와 만화책을 읽을 수 있도록 구성되어 있습니다.

요즘 편의점은 배송도 해줄 뿐만 아니라 가전제품, 의류, 화장품, 명품까지 판매합니다. GS25는 중고 물품을 사고파는 당근마켓과 제휴해 당근마켓에서 마감 할인판매를 하며, 모바일 세탁 서비스인 세탁특공대와 손잡고 편의점 세탁 서비스를 제공하기도 합니다. 향후 청소 서비스, 가사도우미 서비스, 동네 구인·구직 서비스까지 계획하며 끝없는 확장을 시도하고 있죠.

편의점은 이처럼 일상 플랫폼으로 진화하고 있습니다.

GS25는 신한은행과의 업무협약을 통해 편의점에서 금융업무가 가능하도록 했습니다. 매장에 별도로 마련된 공간에서 전자기기를 통해 신한은행 직원과 비대면으로 은행 업무를 볼 수 있는데요. 일정 금액 이상의 적금을 들면 GS25에서 사용 가능한 포인트도 제공합니다.

또 이마트24 스마트 코엑스점은 무인매장입니다. 미국의 '아마존 고'와 일본의 '터치앤 고'처럼 매장에 들어가 상품을 가지고 나오면 자동으로 결제가 되죠. 여기에는 인공지능(AI), 컴퓨터 비전, 센서 퓨전, 음성 인식, 클라우드 POS 등의 기술이 적용되었습니다. 편의점이 완전한 무인매장으로 전환되기 전까지 다양한 시도를 통해 역량을 쌓아가는 것이죠. 이 같은 무인 편의점은 개인 점주들 점포로까지 확대하기에는 한계가 있으나 본사 직영매장이나 서브 매장, 소형 매장 운영에서는 상품의 로스율을 감안하더라도 꽤나 효율적일 것이라고 예상됩니다.

사람들이 편의점에 갈 수밖에 없는 이유

편의점의 확장이 순기능만 있는 건 아닙니다. 소상공인 등 기존 산업과 충돌하기도 합니다. 동네 작은 슈퍼는 옆에 편의점이 들어서면 경쟁력이 떨어집니다. 물론, 편의점을 신규 오픈한 점주도 소상공인이긴 하나 대규모 프랜차이즈가 가진 힘의 논리로 기존의 작은 슈퍼를 위협한다는 점에서 충분히 문제가 발생할 수 있죠.

편의점은 편의점 입장에서 최선을 다하는 것입니다. 편의점은 이미 10년 전부터도 포화상태라는 지적을 받아 왔습니다. 그러나 소비자들에게 다양한 편의성을 제공하고, 힙한 브랜드들과 컬래버레이션 상품을 출시하고, 자체 PB상품으로 가격경쟁력을 확보하는 등 꾸준히 성장 가능한 방법을 찾아 혁신을 추구해 온 것도 사실입니다.

사람들이 편의점에 갈 수밖에 없는 가장 큰 이유로 경쟁력을 갖춘 상품을 들 수 있습니다. 편의점은 1인 가구에게 꼭 필요한 상품을 판매하면서 이용률을 끌어올렸습니다. 코로나로 인해 고객 선호도가 높아진 가정간편식(HMR), 패스트푸드, 레토르트, 커피, 제과 등의 제품을 잇달아 내놓아 좋은 반응을 얻었는데요. 여기에 '곰표 밀맥주'처럼 다른 브랜드와의 컬래버레이션 상품을 출시하면서 편의점에 꼭 가야만 하는 이유를 만들어낸 거죠. 또 구두약으로 유명한 말표산업과 제휴해 '말표 흑맥주'를 출시하는 등 소비자들에게 끊임없이 새로운 상품을 제공하고 있습니다. 이미 포화상태라는 지적을 받는 편의점의 반응이 이렇게 좋은 이유는 접근이 쉬운 공간에 재미와 경험을 중시하는 젊은 층의 소비성향을 치밀하게 공략하고 있기 때문입니다.

또한, 편의점 하면 빼놓을 수 없는 게 소포장입니다. 1인 가구가 대형마트에서 장을 보면 싸게 사서 좋으나 재료를 다 먹지 못하고 버리게 되어 손해일 때가 많습니다. 그런데 편의점에서 판매하는 소포장 상품을 구매하면 요리도 쉽고 버릴 일도 없으니 간편합니다. 편리하면서도 뒤처리가 깔끔한 데다 결과적으로는 더 경제적이니까요.

기업들이 합리적 트렌드를 겨냥한 소포장 제품의 라인업을 지속적으로 확대해나가는 이유가 바로 여기에 있습니다.

열등한 게 아니라 다를 뿐인 B급의 부상

2012년도 베니스 국제영화제에서 황금사자상을 받은 김기덕 감독의 영화 〈피에타〉, 2020년 한국관광공사가 홍보영상으로 선보인 이날치 밴드와 앰비규어스 댄스컴퍼니의 국악팝 스타일 노래 〈범 내려온다〉, 편의점 CU에서 2021년 컬래버레이션 상품으로 출시한 '곰표 밀맥주'까지 가수 싸이의 〈강남 스타일〉로부터 시작된 'B급 감성' 콘텐츠에 대한 사람들의 사랑은 지금도 꾸준합니다. B급 감성은 이미 디지털 환경에 익숙한 MZ세대에게 또 다른 문화가 된 거죠.

광고는 물론이고 TV 예능과 미디어 쪽은 소비자들의 적극적인 참여로 흥미를 유발하는 콘텐츠가 대세로 자리잡았습니다. MZ세대를 중심으로 수면 아래 잠재된 욕구가 분출되면서 B급으로 분류되던 마이너한 감성이 주류로 부상한 건데요. 진지하고 어려운 것보다 유머스럽고 가벼운 내용으로 피식 웃음을 자아내는 'B급 감성'이 하나의 트렌드가 된 것이죠. 얼굴과 몸매가 멋지지 않은 가수도, 뒤틀리고 꼬인 인생을 직설적으로 드러내는 불편한 영화도, 우리 것임에도 계속 외면받았던 국악이나 스트리트 댄스도 스토리가 좋고 콘텐츠가 기발하면 주목을 받습니다.

'B급'이라는 표현은 우등과 열등의 인식을 바탕으로 합니다. 일반적으로 꼴등은 아니나 상위 그룹에 속하지 못하는 수준, 최선책이 아닌 차선책 또는 후보군 정도로 비교적 하위의 그룹으로 이해되는 표현이었죠. 그런데 최근에 유통되는 'B급

문화'는 예전과는 또 달라서 그 자체의 문화와 예술로 널리 인정받고 있습니다. 상업적인 측면에서 보면 B급이 가진 기본 속성이 오히려 A급을 압도합니다.

기득권 계층의 허위의식과 저들만의 문화를 비꼬고 풍자하는 과정에서 나온 것이 'B급 감성' 아닙니까! 의도적으로 싼티와 촌티, 날티를 풍기며 주류문화를 조롱하고 저항합니다. 예전에는 A가 아닌 B급으로 열등하다는 취급을 당했습니다만, 열등한 게 아니라 다를 뿐이었던 거죠.

작은 것이 큰 것이다

'B급 감성'이 트렌드로 자리잡은 배경에는 미디어 채널의 변화가 한몫했습니다. 대중을 대상으로 한 미디어는 시간과 지면의 한계로 주류의 이야기를 다룰 수밖에 없습니다. 대형 방송사들은 잘 포장된 메이저 기획사의 가수들과 대기업이 투자한 콘텐츠를 소개하느라 바쁘죠. 물론, 체계적인 시스템에 의해 잘 다듬어진 콘텐츠와 프로그램들은 사람들의 시선을 끌 만합니다.

하지만 그렇게 획일화된 콘텐츠가 아닌, 자신만의 콘텐츠를 찾으려는 사람들은 뭔가 허전하고 공허했습니다. 이런 상황에서 다소 투박하면서도 소박한, 그렇지만 강한 울림을 주는 마이너 문화가 인터넷과 SNS를 등에 업고 돌풍을 일으키기 시작한 것이죠. 제작이 비교적 간단하고 자유로운 인터넷과 SNS에서는 하고 싶은 이야기와 나만의 표현이 얼마든지 가능합니다. 주류와 비주류로 나누는 것도 의미 없는 일이고, 인생에는 영원한 승자가 없듯 영원한 주류도 없습니다.

"이제는 작은 것이 큰 것이다"고 선언한 베스트셀러 작가이자 변종들의 리더인 세스 고딘은 《이상한 놈들이 온다》에서 이렇게 말했습니다. "대중이라는 군집이 점점 없어지고 각자의 개성을 추구하는 시대로 접어들었다"고.

인터넷의 발달로 인한 무한대의 정보생성은 유연성을 잃어버린 기존 대형 미디어를 외면하게 만듦과 동시에 개인이 문화에 미치는 영향력을 증가시켰습니다. 여기에 사람들 간의 소통과 대화를 촉진하는 유튜브, 인스타그램, 페이스북 등 소셜 미디어가 일반화되면서 작은 것이 큰 것이 되고 주류와 다르다는 이유로 비주류가 무조건 소외당하지는 않게 되었죠.

사람들은 이제 보고 싶지 않고 듣고 싶지 않은 정보는 과감히 무시하고 관심 가는 정보만 취사선택해서 보고 듣습니다. 정보를 얻는 방법도 대중 미디어가 아닌 인터넷과 SNS가 주가 됩니다. 만화가가 되고 싶으면 네이버 웹툰이나 카카오페이지 등을 활용하고, 라디오에 출연하고 싶으면 자신만의 팟캐스트를 만듭니다. 촬영이나 그래픽 장비는 간편하고 손쉬워진 데다, 유튜브처럼 직접 만든 동영상을 올릴 수 있는 공간은 넓어졌습니다. 글이나 그림, 춤과 노래, 요리 등 개인이 작업한 영상들의 공유가 너무나 쉬운 세상으로 바뀐 것입니다. 마음만 먹는다면 말이죠.

'곰표 밀맥주'와 '말표 흑맥주'

콘텐츠가 아닌 상품으로서 'B급 감성'도 인기가 높습니다. 편의점 CU가 밀가루 상표인 대한제분과 협업해 내놓은 '곰표 밀맥주'가 대표적입니다. 수제맥주 회사 세븐 브로이가 제조하고 CU에서 판매하면서 2021년 최고의 컬래버레이션 상품으로 인정받은 '곰표 밀맥주'는 카스와 테라를 제치고 편의점 맥주 매출 1위에 오르는 파란을 일으켰습니다. 이전에 SNS에서 '곰표 패딩'이 화제가 되기는 했지만, 이처럼 시장을 뒤집을 정도는 아니었습니다. 소비자들의 특정 브랜드에 대한 팬심이라기보다는 재미로 경험해 보는 정도에 불과했으니까요.

곰표 밀맥주의 인기에 힘입은 CU는 구두약 제조사 말표산업과 수제맥주 제조사 스퀴즈 브루어리와 협업해 '말표 흑맥주'를 출시합니다. 출시 3일 만에 25만 개가 팔리면서 수제맥주 가운데 최단기간 최대 판매량을 기록했습니다. '삼육두유콘 아이스크림'도 SNS에서 이색 상품으로 주목받으며 콘아이스크림의 절대 강자인 월드콘에 이어 매출 2위를 기록했죠.

장수 브랜드는 오래된 구닥다리라는 인식을 주는 한편으로 상품에 대한 신뢰도를 높이고 관심을 이끕니다. 소비 트렌드가 가격대비 재미를 추구하는 '가잼비'로 바뀌면서 느닷없이 나타난 협업상품이 SNS를 타고 유명해지고, 그 결과 기존 상품의 아성을 무너뜨리기도 합니다.

여기에서 의미 있게 짚어볼 부분은 편의점입니다. 편의점은 쿠팡, 네이버쇼핑, 대형마트 등의 틈바구니에서도 꾸준히 성장하고 있는데요. '곰표 밀맥주'에서 보듯 소비자들의 라이프 스타일 속에서 '상품을 제안하는 역량'에 주목해야 합니다. 10년 전부터 이미 포화상태라는 말을 듣는 편의점도 유통이 가지는 본연의 기능 중 하나인 '상품 제안력'을 발휘해서 소비자들의 사랑을 꾸준히 받고 있으니까요.

그렇다면 브랜드 '곰표'를 소유한 대한제분은 어떨까요? 대한제분의 자산총계는 1조 원(1조 800억 원) 수준에다 부채비율이 24% 수준으로 매우 낮습니다. 현금흐름도 양호해 기말현금 및 현금성 자산이 1천억 원 정도입니다. 수치로만 보면 매우 양호한 기업입니다. 반면에 매출은 늘지 않는 데다 영업이익률은 지속적으로 하락해 3% 후반까지 떨어졌습니다. 한마디로 정의하면 자금은 풍부하나 기존 사업은 정체 상태이고, 내부적으로 가능한 원가절감과 판매관리비 절약은 한계에 부딪혀 새로운 비즈니스 모델을 찾지 않으면 안 되는 상황이었죠. 그런 와중에 처음에는 작은 시도에 불과했던 컬래버레이션 상품이 큰 사랑을 받게 된 것입니다.

이번에는 판매방식에 따른 매출을 살펴보겠습니다. 대한제분의 밀가루 매출액은 3,000억 원 수준으로 대부분이 B2B 방식입니다. 일반 소비자들이 마트에서 곰표 밀가루를 구매하는 B2C 방식의 매출은 매우 낮은 수준이죠. 결국, '곰표 밀맥주' 등으로 '곰표'라는 브랜드 인지도가 높아지긴 했지만, 그로 인해 실제 밀가루 매출액을 높이는 데는 제한적이었던 겁니다.

이를 통해 우리는 일시적인 관심이나 '재미'가 아닌, 꼭 사고 싶어지는 브랜드로 자리매김하기 위한 장기적인 전략과 노력이 꼭 필요하다는 사실을 다시 한 번 확인할 수 있습니다.

3장

오프라인의 취향과 경험

카페가 사라졌습니다

소중하게 다가오는 동네 카페들

카페에 자주 가시나요? 저는 누군가를 만나거나 업무 도중 잠시 비는 시간에 카페를 찾곤 합니다. 커피 한 잔을 시켜놓고 간단한 일을 처리하기에 카페는 제일 만만한 곳이죠. 그런데 코로나로 인해 몇 년째 마음 편히 이용할 수 없게 되면서 카페라는 공간에 대해 다시 생각하게 되었습니다. 자주 갔던 카페를 잘 이용하지 못하게 되니 더 애틋하고 소중하게 느껴졌습니다.

현대인들에게 카페는 오아시스 같은 장소입니다. 세상은 정신없이 빠르게 돌아가고, 우리는 커뮤니케이션을 끝없이 강요받는 시대에 살고 있습니다. 그렇게 빠르게 달리고 적응하려 애쓰는 세상 속에서 카페는 조금은 사치스러운 휴식과 여유를 갖게 해줍니다. 시간에 쫓기는 현대인들에게 카페는 잠시나마 쉬면서 마음을 가다듬는 공간이죠.

그런 카페들이 요즘은 매장마다 콘셉트를 달리하며 차별화를 꾀하고 있습니다. 머무는 동안 기분 좋게 쉴 수 있도록 인테리어에도 신경을 많이 쓰는 게 보입니다. 맛있는 커피와 음료, 편안한 의자와 테이블은 기본이요, 그 카페만의 독특한 분위기를 위해 소품 하나에도 공을 들입니다. 고객은 그런 노력을 알아보는 눈을 가지고 있습니다.

카페는 사람들을 만나는 구체적인 장소입니다. 학생부터 연인, 직장인 등 가릴 것 없이 약속장소로 카페를 이용합니다. 그뿐 아닙니다. 요즘은 혼자 공부하거나 작업을 하기에도 카페만큼 편한 곳이 없어서 사람들이 카페를 많이 찾습니다. 조용히 대화할 수 있는 곳, 통유리창으로 멋진 풍경을 감상할 수 있는 곳, 스터디에 최적화된 곳, 북카페 등 다양한 형태로 카페는 우리 곁에 있습니다.

집과 사무실 외 제3의 장소를 표방하면서 나타난 곳이 바로 스타벅스입니다. 저는 "집과 사무실 이외의 제3의 장소"라는 표현이 멋지다고 생각했습니다만, 그 말을 실제로 체감한 건 코로나19 이후였습니다.

외부에서 업무를 마치고 사무실이나 집에 들어가기 싫은 날, 누구의 간섭도 없는 상태에서 머릿속 복잡한 생각을 정리하거나 혹은 그냥 멍하니 앉아 잊고 싶을 때 좋아하는 카페나 스타벅스를 찾곤 했는데요. 언제든 갈 수 있었을 때는 그 소중함을 미처 몰랐습니다.

오스트리아의 수필가 알프레드 폴가르의 말처럼 "혼자이고 싶은 사람들이 머무는 곳, 동시에 옆자리에 벗이 있어야 하는 곳"이 카페입니다. 그런데 코로나로 인해 카페라는 친숙한 공간이 멀어졌습니다. 커피향 속에 조용히 앉아 휴식을 취하는 일, 지인과의 대화가 얼마나 소중한 것이었는지 깨닫게 되었습니다.

대한민국에서 카페는 집과 사무실 사이의 중립지대입니다. 육아와 살림에 바쁜 주부에게 잠깐 주어진 자유시간에도, 업무에 지친 직장인에게도, 공부하는 학생들에게도 키페는 꼭 필요한 공간입니다. 서서럼 카페에서 노트북으로 업무를 처리하거나 글을 쓰는 사람에게는 카페에서의 작업이 너무나 생산적이고 효율적입니다. 그것은 널리 검증된 사실입니다. 일본의 교육심리학자 사이토 다카시가 자신의 높은 생산성 비결을 "카페에서 일하기"라고 말했을 정도니까요. 그는 카페를 30년이 넘게 집필 장소로 이용했다고 밝히고 있습니다. 개방된 공간에서 의식하지 않아도 되는 타인의 시선, 자유로운 분위기 때문이 아닐까 싶습니다.

미국 시카고대학의 소비자 연구저널은 50~70 데시벨(dB)의 소음이 존재할 때가 완벽하게 조용한 상태보다 집중력과 창의력이 더 향상된다는 연구결과를 발표한 적이 있습니다. 2014년도에 발표된 뇌과학 분야 연구에서는 정적 상태보다 약간의 소음이 있을 때 집중력은 47.7%가 올라가고, 기억력은 9.6%가 좋아지며, 스트레스는 27.1% 감소한다는 결과를 내놓았습니다. 중요한 것을 외우거나 고도의 몰입이 필요할 때는 하품조차 조심스러운 도서관이 좋겠지만, 자유로운 분위기에서 창의력이 요구되는 작업을 하기에는 카페가 더 편하다는 뜻이죠. 속삭임에 가까운 사람들의 대화, 실내에 흐르는 조용한 음악 같은 백색소음이 심리적인 안정감을 준다고 합니다.

자유로운 분위기는 카페의 또 다른 장점입니다. 카페에서는 노트북을 켜놓은 채 다른 사람들과 통화해도 되고, 옆 사람과 대화를 나눠도 됩니다. 이처럼 자유로운 분위기에서 인간의 창의성도 꽃을 피웁니다. 역사적으로도 카페는 예술가들에게 없어서는 안 되는 장소였습니다. 뉴욕이나 런던, 파리 등의 오래된 카페에는 그곳을 제집처럼 드나들었던 예술가들의 자취로 가득합니다.

코로나가 끝나면 어떻게 될까요? 우리는 코로나 이전으로 돌아갈 수 있을까요?

아마 그렇지는 않을 겁니다. 재택근무나 비대면 화상회의 등 편리함을 많이 경험한 인간은 이미 예전과는 다릅니다. 무언가 변한 것이죠. 그러니 더 이상 예전과 똑같이 지낼 수는 없을 것입니다. 사무실에 모여 단체회의를 할 수는 있겠지만 그 속에서도 뭔가 변화는 있을 것입니다.

비즈니스의 많은 영역이 디지털 중심으로 전환되는 건 불문가지의 사실입니다.

그렇다면 우리가 사는 집과 사무실이라는 공간과 집과 사무실 이외의 공간 구분은 어떨까요? 집과 사무실로 쪼개어 일하는 공간을 나누는 이분법적 구분은 이미 많이 퇴색했습니다. 앞으로도 그럴 겁니다.

공간의 구분으로 일의 효율성을 말하기보다는 주어진 시간 동안 어떻게 더 업무에 몰입해 성과를 만들어내는가를 중요하게 볼 것입니다. 일과 관련해서 사무실 또는 집이라는 물리적인 공간보다는 얼마나 거기에 몰입할 수 있는가가 관건이 된다는 얘기입니다.

집과 사무실뿐만이 아닙니다. 이른바 '제3의 공간'에도 관심이 더욱 높아지지 않을까요? 여기서 말하는 제3의 공간은 스타벅스 등의 카페만을 이야기하는 게 아닙니다. 편안하면서도 창의력을 높일 수 있도록 설계된 공간 모두를 뜻합니다. 그곳은 카페일 수도, 공원일 수도, 학교일 수도 있습니다.

독창적인 카페와 책방과 가게들

사람은 어디까지나 가상이 아닌 현실세계를 살아갑니다. 온라인이 아무리 편하고 좋아도 오프라인이 없어질 수 없는 이유입니다. 온라인으로 더 많은 일들이 가능해지더라도 오프라인에서의 경험 욕구는 사그러들지 않을 것입니다.

이를 뒷받침이라도 하듯 동네에는 작은 책방들이 하나둘 생겨나고, 아기자기한 소품이 눈길을 끄는 카페들이 늘고 있습니다. 이와 같은 오프라인 가게는 책이나 커피를 팔기보다 공간을 파는 개념으로 바뀌어 갑니다. 변화의 선두주자라 할 수 있는 스타벅스는 이제 식물원이나 캠핑장 등 새로운 곳들과 적극적으로 협업을 시도하고 있습니다.

커피 한 잔도 배달시켜 먹는 세상입니다. '접촉에서 접속으로' 기본 틀이 진화하면서 언택트(Untact) 시대라고 해도 과언이 아닐 정도가 되었습니다. 하지만 그렇다고 오프라인이 없어지는 일은 없을 것입니다. 오프라인의 가치는 경험이기 때문입니다. 온라인이 편하기는 하나 인간의 오감을 활용해 뭔가를 경험하는 데는 부족하고 한계가 있습니다. 디지털 공간의 비대면성은 인간다운 온기를 느끼기 어렵죠. 여기에는 온라인의 편리함으로 오프라인이 대체 가능한 공간이 되어서는 안 된다는 의미가 담겨 있습니다.

지금 이 순간에도 세상에 없는 개성적이면서 독창적인 카페와 책방과 가게 들이 준비 중이거나 하나씩 늘고 있습니다. 이들은 또 하나의 스타벅스가 되어 기존 사업자들을 위협할지도 모릅니다.

누구도 경험해보지 못한 격변의 시대입니다. 좋았던 과거를 회상하는 사람들보다 적극적으로 미래를 준비하는 사람들이 이기게 되어 있습니다. 변화를 몸으로 실감하면서 생존의 '절박함' 속에 고객의 니즈 등을 치열하게 연구하는 사람들입니다.

지켜야 할 것들이 많은, 변화가 두려워 복잡한 의사결정 과정과 구조를 계속 고집하는 사람이나 기업은 격변의 시대에 패배할 수밖에 없습니다. 속도는 물론, 날고 기는 스타트업에 비해 유연한 대처가 어렵기 때문입니다.

개인도 마찬가지입니다. 거대한 변화의 물결 속에서 생존하고 성장하기 위해서는 그 흐름에 몸을 맡기고 앞장서서 변화를 선도해야 합니다.

테라로사와
모카다방의 고객경험

엘레강스 콘셉트, 테라로사

몇 개의 키워드를 얘기해 보겠습니다. 과연 어디일까요?

강릉, 커피 공장, 노출 콘크리트로 지어진 건물, 큰 통유리, 널찍한 주차장, 매장 안에 꽉 들어찬 손님들, 개방형 실외공간, 소나무….

어디가 떠오르시나요? 네, 가봤다면 금방 눈치챘을 텐데요. 바로 강릉에 있는 테라로사입니다.

강릉 테라로사는 콘크리트 외벽과 철근 콘크리트 바닥이 곡선으로 끊어짐 없이 연결된 구조를 하고 있습니다. 매장 왼쪽 부분의 1층과 2층 창도 연결되어 있죠. 또 건물의 정면 전체를 통유리로 시공해 시원하고 투명한 느낌을 주는데요. 강릉 테라로사에 처음 다녀온 사람들은 너도나도 칭찬에 입이 마릅니다. 그래서인지 테라로사와 비슷한 매장들이 하나둘 눈에 많이 띄는 요즘입니다.

강릉 테라로사 건물은 법적으로도 저작권을 인정받았습니다. 경남 사천시의 커피숍 건축을 의뢰받은 어느 건축사가 테라로사를 모방해 건물을 지었습니다. 이 사실을 알고 문제 삼자 법원은 사천시의 카페와 테라로사와의 유사성을 인정해 벌금 500만 원을 선고했습니다. 테라로사 건축물에는 기능 또는 실용적인 사상뿐만 아니라 창작자의 개성도 포함되어 있으므로 저작권법으로 보호되어야 한다고 법원이 판단한 겁니다. 자신의 정체성을 지키려는 테라로사 측의 주장을 인정한 판결입니다.

강릉의 명소 테라로사는 광화문에도, 서울 대치동 포스코 건물 안에도, 제주도에도 있습니다. 전국으로 매장을 확장하면서 매출 면에서도 깜짝 놀랄 만큼 성장 중인데 거의 중견기업급입니다.

오프라인 매장에서만 그 정도 매출액이 나오는 건 아닙니다. 테라로사는 오프라인 매장에서 차별화된 경험을 선사한 뒤 B2B 및 B2C 원두 판매 모두에 주력하고 있습니다. 오프라인 매장 수는 많지 않으나, 그 각각의 매장에서 테라로사에서만 느낄 수 있는 경험을 제공합니다. 그리고 이를 바탕으로 '테라로사' 브랜드를 각인시킨 뒤 원두를 대량으로 생산해 유통하는 방식으로 매출을 올리고 있죠.

카페 테라로사의 가장 큰 특징은 인테리어입니다. 전국 매장마다 각각의 차별성을 강조하면서도 높은 수준의 일관성을 유지하고 있습니다.

처음 문을 연 강릉 테라로사는 '미술관 같은 커피 공장'이라는 콘셉트인데요. 에티오피아 국기에서 따온 색상으로 채워진 벽면에 세계 각국에서 모은 구형 그라인더, 각종 연장 등으로 '공장'이라는 단어를 무색하게 합니다. 부산 수영점은 고려제강 공장 터에 맞게 오래된 철판으로 만든 바와 테이블이 인상적입니다. 대치동 포스코점은 1층 높이 6m에 2층 4m 정도의 압도적인 공간을 자랑하며, 서귀포 감귤농원에 자리한 제주 테라로사는 여백의 동양미를 자랑하는 젠 스타일 가구들과 무질서한 듯한 자유로움이 특징입니다. 매장마다 다 다르고 제각각 독특합니다.

테라로사 김용덕 대표는 프랑스 파리와 오스트리아 빈의 카페문화, 철학자 루소의 커피 철학에 영향을 받았다고 합니다. 카페문화는 18세기와 19세기에 걸쳐 프랑스 파리와 오스트리아 빈에서 번성했습니다. 당시에는 어떤 카페를 자주 가느냐에 따라 그가 어떤 사람인지 알 수 있었다고 합니다. 내가 애용하는 공간과 나의 안목이 암묵적으로 사회적 지위를 나타낸다고 보았는데요. 루소는 커피 한 잔을 마셔도 늘 가는 카페에만 갔다고 합니다.

내가 가는 장소가 나를 나타낸다는 것이죠. 그래서 테라로사는 내부공간 설계의 기본을 '엘레강스'에 두었습니다. 각 매장의 일관성을 부여한 콘셉트란 바로 우아함이었던 거죠. 각각의 매장은 다르나 전체적으로는 아름답고 미학적이며 지적인 분위기를 추구함으로써 "과연 테라로사답구나!" 경탄하게 하는 것, 한마디로 표현하면 '엘레강스'가 테라로사의 고객경험이 아닐까요?

　좋은 경험은 좋은 기억으로 남아 그 브랜드에 좋은 인식을 갖게 만듭니다. 이를 '브랜드 익스피어런스(Brand Experience)'라고 하는데 경험 마케팅, 체험 마케팅에서 사용되는 방식 중 하나죠.

　이처럼 커피와 공간에 대한 좋은 경험을 무기로 장착한 테라로사는 엘레강스라는 기본 정체성을 유지하면서 다양한 영역으로 비즈니스를 확장 중입니다.

오래되었지만 좋은 것, 모카다방

　테라로사가 처음부터 엘레강스 콘셉트로 비즈니스에 접근했다면, 올드 브랜드가 변신한 사례도 있습니다. 바로 동서식품의 맥심 모카골드입니다.

　동서식품은 우리나라 커피산업을 이끌어왔다고 해도 과언이 아닌 기업이죠. 그런데 맥심 모카골드라고 하면 '엄마아빠가 마시는 커피', '부장님이 마시는 커피' 등이 연상됩니다. 당신은 어떤가요? 커피숍의 아메리카노를 선호하나요, 커피믹스를 선호하나요?

요즘 신조어 중에 '얼죽아'라는 말이 있는데요. 아시겠지만 '얼어 죽어도 아이스커피'라는 뜻입니다. 젊은 세대들 사이에서 '얼죽아'를 자처하는 이들이 늘어나면서 인터넷 커뮤니티에는 '얼죽아 협회'까지 생겨날 정도입니다. 커피믹스보다는 얼어 죽어도 스타벅스에서 마시는 아이스 아메리카노를 고집하는 거죠.

회사나 가정에서 필수적으로 구비하는 생필품으로 자리잡았음에도 커피믹스는 어른들이 마시는 커피 혹은 부모님 세대의 커피라는 고정관념이 강했습니다. 스타벅스와 블루보틀, 테라로사 같은 스페셜티 시장의 눈부신 성장과 함께 얼어 죽어도 아이스 커피만 마시는 사람들이 증가하면서 커피믹스 시장은 점점 초라하게 축소되어 갔습니다.

동서식품도 당연히 이런 사회 분위기를 알고 있었습니다. 그렇다고 커피 시장을 이끌어왔던 브랜드 헤리티지(heritage), 즉 오랜 유산을 버릴 수는 없었죠. 그래서 커피믹스보다는 스타벅스가 익숙한 세대와의 연결고리를 찾으려 고민했습니다. 그 결과가 바로 '모카다방'입니다.

모카다방은 오래된 것들의 감성과 가치를 전달하기 위한 오프라인 팝업 매장으로서 기억 속의 따뜻하고 좋은 것들, 익숙함 속에서 새로움을 발견하는 즐거움을 제공합니다. 동서식품이 2015년 제주에서 처음 시작한 이 '모카다방'이 2016년 서울 성수동 '모카책방', 2017년 부산 '모카사진관', 2018년 전북 전주 '모카우체국', 2019년 서울 합정동 '모카라디오' 팝업 카페 등으로 확장되며 인기를 끌고 있습니다.

2015년에 처음 문을 연 모카다방은 제주도의 한적한 해안도로변에 있습니다. 평소 커피믹스를 타 마시던 집이나 사무실을 벗어나 밖에서 모카골드를 경험할 수 있도록 한 것인데요. 모카다방은 젊은 사람들의 기억 속에 그 익숙한 커피가 자연스럽게 스며들도록 구성했다고 합니다. 제주도의 한적한 카페에 들어가 모카골드를 마셨던 기억, 따뜻하고 편안했던 그 공간에서의 느낌과 브랜드에 대한 이미지가 어우러지도록 한 거죠. 젊은이들이 모카골드를 새롭게 인식할 수 있도록….

그렇게 출발한 모카다방은 모카책방과 모카사진관, 모카우체국, 모카라디오로 이어지면서 브랜드 익스피리언스에 대한 모범 사례가 되었습니다.

매출 향상 등 단기적인 목표만으로 이 사업을 시작했다면 어땠을까요? 모카골드를 선물로 준다는 식의 이벤트 위주로 진행했다면 결과는 어떨까요?

매출액이 잠깐 높아졌을지는 모르나 맥심 모카골드라는 브랜드는 얼마 지나지 않아 수명을 다했을 수도 있습니다. 하지만 동서식품은 매출 향상에 대한 욕심과 조급함을 버리고 자연스럽게 새로운 사업에 접근했습니다. 억지스럽지 않은 열린 방식으로 젊은 세대에게 다가감으로써 오랫동안 쌓아온 소중한 브랜드 헤리티지를 간직하게 된 것입니다.

맥심 모카골드의 브랜드 익스피리언스 캠페인을 맡은 곳은 제일기획입니다. 국내를 넘어 세계적으로도 손에 꼽히는 광고대행사죠. 제일기획은 동서식품의 광고를 오래 제작해 왔을 뿐만 아니라 일관성, 지속성, 공감성이라는 세 가지 원칙을 가지고 모카다방을 위시한 여러 가지 캠페인을 진행하고 있습니다.

첫 번째 원칙은 일관성(Consistency)입니다. 모카골드는 '올디스 벗 구디스(Oldies But Goodies)'를 일관성 있게 주장하면서 프로모션을 진행했습니다. 모카다방부터 모카라디오까지 '아주 오래되었지만 여전히 매력적'이라는 주제를 신중하게 선정하고 반영했죠. 또 모카골드 고유의 브랜드 컬러를 공간 곳곳에 배치해 비주얼 측면에서도 일관성을 지켰습니다. 과거의 향수에만 편승하려 하기보다는 모카골드만의 특색을 일관되게 유지하면서 소비자들의 인식 속에 박히도록 한 것이죠.

두 번째 원칙은 지속성(Durability)입니다. 아무리 많은 돈을 들여도, 최고의 광고회사가 광고를 맡아도 성공을 보장하지는 못합니다.

실제로 제주 해안도로변에 처음 모카다방을 열었을 때 큰 관심과 인기를 끌지 못한 것도 사실입니다. 하지만 방문 고객이 단 한 명뿐일지라도 최고의 경험을 제공하겠다는 의지는 다섯 번째 팝업스토어까지 열게 만들었습니다. 기업으로서는 조바심이 나기도 했겠지만, 캠페인에 중장기적으로 끈질기게 접근했기 때문에 가능한 일이었습니다.

세 번째 원칙은 공감성(Empathy)입니다. 캠페인은 소비자들의 공감을 얻어야 이슈로 연결됩니다. 모카골드의 오프라인 캠페인은 40~50대에게는 향수를 불러일으켰고, 젊은 세대에는 '뉴트로' 감성을 느끼게 하면서 공감대를 형성했습니다. 브랜드의 캠페인이 소비자들로부터 공감대를 끌어내지 못하면 구매로 이어질 수 없습니다. 공감대 형성은 그래서 중요합니다. 맥심 모카골드가 마침내 소비자에게 큰 호응을 얻은 이유기 단지 매장의 위치가 좋고, 과거의 향수를 불러일으키는 경험을 제공했기 때문만은 아니라는 말입니다.

동서식품은 또 모카다방과는 별개로 이태원에 '도심 속 정원, 숲속 커피 공장'을 표방하며 '맥심 플랜트'라는 플래그십 스토어를 운영하고 있습니다. 5층 건물에 들어선 맥심 플랜트는 좋은 커피를 향한 오랜 철학과 전문성을 '커피나무(Coffee Plant)', '공장(Production Plant)' 그리고 '문화를 심는 공간(Culture Plant)'이라는 세 가지 주제로 구현하고 있습니다. 모카다방이라는 팝업카페가 익숙함 속에서 새로움을 발견하는 콘셉트라면, 이태원의 플래그십 스토어는 커피에 대한 전문성을 어필하는 공간입니다.

테라로사와 동서식품의 브랜드 경험 사례는 앞으로 많은 기업이 주목하리라 생각합니다. 단순한 체험 제공을 넘어 경험을 통한 소통과 긍정적 이미지를 유도하는 경험 마케팅이 산업 전반에 활용된다는 뜻입니다.

제품과 서비스의 품질만으로는 고객의 마음을 사로잡기 힘든 시대입니다. 코로나가 잡히고 나면 사람들은 소중한 경험을 제공하는 오프라인 매장을 앞다투어 찾을 텐데요. 이때 멋진 경험을 제공해 잊지 못할 브랜드 경험을 갖도록 만들어야 합니다. 그래야 고객이 팬이 됩니다.

화려한 포장 같은 건 아무 소용 없습니다. 브랜드의 본질에 바탕한 진실성으로 고객의 마음을 파고들 수 있는 이야기야말로 경험 마케팅의 첫 번째 시작점입니다.

낡은 공간이 풍기는
아날로그 감성

산업과 공업 느낌, 인더스트리얼 스타일

'인더스트리얼 스타일(Industrial Style)'이란 산업과 공업의 느낌이 강조된 분위기를 말합니다. 버려지거나 방치되다시피 한 오래된 공간을 활용하는 것인데요. 언뜻 보면 공사를 하다가 만 것 같기도 하고 아예 손을 보지 않은 것처럼 보입니다.

실제로는 낡고 오래된 공간을 상업시설로 재탄생시킨 것인데요. 콘크리트 벽이나 거친 벽돌, 밖으로 드러난 배관을 그대로 살려내 투박하고 빈티지한 느낌을 줍니다. 이 같은 인더스트리얼 스타일은 건축 공간뿐만 아니라 음악과 미술 등 예술 분야에도 영향을 미치고 있습니다.

쓸모가 없어진 낡은 공장이나 창고 내부의 느낌을 최대한 살리는 한편, 새로운 소재와 디자인으로 공간을 재창조하는 곳이 점점 늘고 있습니다. 사업주는 인테리어에 들어가는 비용을 줄일 수 있어 좋고, 소비자는 그 낡고 투박한 분위기에서 이상하게 편한 휴식을 즐깁니다. 묘한 향수를 느끼게 하는 매력적인 경험 요소가 인더스트리얼 스타일의 장점인 것 같습니다.

서울 성수동의 '대림창고'와 합정동의 '앤트러사이트', 남양주시 화도읍의 '플랜트 202', 부산 초량동의 '브라운핸즈 백제' 등이 초창기의 인더스트리얼 스타일을 추구한 대표적 공간들입니다. 이 공간들은 시멘트 덩어리나 벽돌 등을 고스란히 노출시켜 재료가 지닌 특유의 거친 질감을 있는 그대로 살려내면서 많은 관심을 받았습니다.

1970년대 초 정미소였던 대림창고는 1990년부터 공장 부자재 창고 등으로 사용되다가 젊은 예술가들이 예술행사, 패션쇼 등을 여는 공간으로 활용되었는데요. 이후 인더스트리얼 스타일의 리모델링을 거쳐 카페로 변모했습니다. 합정동의 '앤트러사이트'는 1970년대의 신발공장을 리모델링한 카페 겸 공연장이고, 남양주시 '플랜트 202'는 1993년에 건축한 소파 공장을 개조한 카페입니다. 그리고 부산 '브라운핸즈 백제'는 1922년에 지어진 부산 최초의 근대식 개인종합병원인 백제병원을 리모델링해 카페로 만든 곳입니다.

인더스트리얼 스타일에 대한 관심은 여전히 높아서 보다 규모가 큰 형태로 진화하는 중입니다.

파주의 '더티 트렁크'가 대표적인데요. 이곳은 600평 건물에 700여 명을 동시 수용할 수 있을 만큼 압도적인 규모를 자랑하는 국내 최대 크기의 창고형 카페입니다. 정문을 들어서자마자 웅장한 분위기에 절로 압도되며, 높은 층고와 곳곳에 배치된 식물들은 이국적인 느낌을 물씬 자아냅니다. 또 2층에 설치된 시그니처 포토존은 누구라도 사진을 찍고 싶게 만들며, 무심한 듯 배치된 테이블과 의자와 각종 소품은 인더스트리얼 감성을 배가시켜 줍니다.

낡고 오래된 공장 콘셉트로 인더스트리얼 감성에 몽환적인 분위기를 더했습니다. 메자닌 복층 형태의 개방적인 실내 인테리어, 철강 소재의 뼈대를 그대로 노출시키면서도 우드 소재와 다양한 식물을 활용해 공간에 '쉼'이라는 메시지를 담아냈다는 평가를 받고 있죠. 치밀하게 디자인된 실내공간의 독창성을 인정받아 아시아 3대 디자인 어워드로 불리는 한국의 'K 디자인 어워드', 대만의 '골든핀 디자인 어워드', 홍콩의 'DFA(디자인 포 아시아 어워드)'를 모두 석권했습니다.

거칠지만 힙한 성수동의 카페들

오래전 지어진 건물이나 공장은 미적인 부분보다는 실용성을 중요시했습니다.

단순하면서 튼튼하고 값싼 소재를 찾다 보니 콘크리트 구조물이 많을 수밖에 없었죠. 도심 외곽에 위치했던 공장들은 많은 사람들이 일하던 일터였습니다. 하지만 제조업이 사양길에 접어들면서 문을 닫는 공장이 많아졌고 어떤 공장은 더 좋은 시설을 찾아 떠났죠.

그런데 젠트리피케이션 현상으로 홍대 앞에 모여들던 개성 있는 카페와 예술가들이 성수동 쪽으로 이동을 하게 된 겁니다. 그들은 버려진 공장과 폐허가 되다시피 한 거리에 주목했습니다. 1960년대 대형 제화기업의 하청업체가 모여들며 형성된 수제화 거리도 새로이 기지개를 켜기 시작했습니다.

과거 성수동은 대표적인 수공업 공장지대로 주거지역과 산업시설이 뒤섞여 있었습니다. 서울의 다른 지역에 비해 녹지공간이나 보행자 도로, 문화와 편의 시설이 턱없이 부족해 낙후된 지역이었고 아주 살기 좋은 곳은 아니었습니다.

그런데 도시가 팽창하고 재편되면서 성수동이 살아나기 시작했습니다. 서울 사대문 도심 및 강남과도 가깝고, 동부간선도로와 성수대교, 강변북로와 인접해 있으니 교통편도 너무 좋았습니다. 삼표레미콘 공장부지를 포함하면 61만㎡가 될 만큼 방대한, 서울에서는 보기 드문 대규모 녹지공간인 서울숲도 있었고요.

성수동 일대는 그렇게 도시재생 활성화 지역으로 선정되면서 본격적인 성장 모멘텀을 갖게 됩니다. 성수대교 북단과 고산자로 등 간선도로로 단절됐던 서울숲

일대를 도로 상부와 지하통로로 연결해 접근성을 높이고, 서울숲역과 뚝섬역으로 이어지는 기존 보행로를 정비해 대중교통 이용이 쉬워지자 사람들이 모여들게 된 것입니다. 서울의 새로운 핫플레이스가 되었죠.

"낡고, 넓고, 거칠지만 힙하다."

성수동을 한마디로 표현하는 말입니다. 오랜 세월이 담긴, 인공적으로는 결코 만들 수 없는 것들이 성수동에는 있습니다. 오래된 공간에서 느껴지는 묘한 감성은 강남의 높은 빌딩들에서는 결코 느낄 수 없는 것들입니다.

그 감성에 매료된 예술가들과 셰프들과 바리스타들이 성수동 연무장 길에 몰려들면서 성수동은 최신 문화 첨병의 집합소가 되었습니다.

오늘날 성수동 카페 거리는 '대림창고'에서 비롯되었다고 해도 과언이 아닙니다. 과거 정미소와 제철소였던 곳을 갤러리카페라는 복합공간으로 탄생시킨 대림창고는 옛날 느낌 물씬한 작고 허름한 간판부터 시선을 확 끕니다. 실내로 들어서면 대형 조형물과 5m가 넘는 나무가 눈에 띕니다. 가구와 조명 등도 모두 낡고 거칠게 분위기를 연출하면서 빈티지한 느낌을 살렸습니다. 대림창고 갤러리는 메뉴 주문과 상관없이 주말에는 입장료 1만 원을 받고 있음에도 자리가 없을 정도로 인기가 하늘을 찌릅니다.

대림창고를 시작으로 성수동에는 '어니언', '어반소스', '성수연방' 등 인스타그램 성지로 유명한 장소들이 줄줄이 생겨나기 시작했습니다. 모두 다 기존 건물 철거를 최소화하고 골격을 유지하면서 과거의 이야기를 담아내 인더스트리얼 감성을 느끼게 하는 곳들인데요. '어니언(ONION)'은 디저트카페로 오래된 공장을 재생해 성수동을 '빵지순례'의 성지로 바꿔놓은 곳입니다. 1970년대 금속부품 공장의 녹슨 철문과 낡은 타일과 페인트 자국이 멋지게 조화되어 세상에 없는 멋진 공간으로 탄생한 것이죠.

'어니언'이 직접 소개하는 공간 철학은 다음과 같습니다.

이 공간은 1970년대에 처음 지어졌다. 그리고 50여 년이 다 되어가는 시간 동안 슈퍼, 식당, 가정집, 정비소 그리고 공장으로 변형되었다. 때마다 필요에 따라 쓸모없는 부분은 부서졌고, 더해져야 할 부분은 주먹구구식으로 증축되었다. 심미성보다는 활용성을 중심으로 변화한 공간이기에 시간과 공간의 본 모습은 점점 사라져갔다.

우리는 공간을 탐색하던 중 과거의 구조 속에서 새것이 줄 수 있는 가치를 발견했다. 바닥에 묻은 페인트 자국, 덧대어진 벽돌 하나하나가 세월을 기억하는 훌륭한 소재였다. 우리는 이 모든 흔적을 살리며 과거의 공간을 다시 재생시키는 것에 집중했다. 과거의 공간이자 동시대적인 공간으로서의 재해석이 필요했다.

ONION은 분리된 것 같으면서도 유기적으로 연결된 구조를 존중하고, 사용자의 기능을 고려해 신중하게 추가된 소재들로 만들어졌다. 가구 또한 공간의 일부가 될 수 있도록 건축적인 요소를 더해 제작되었다. 함께 공존하는 식물들도 이곳에 늘 있었던 것처럼 익숙한 모습으로 자리해 왔다.

이 공간은 마음을 정화시키는 휴식과 서비스가 존재하는 곳이자 공간을 찾는 이들의 머릿속 소음을 잠재워 줄 안식처가 될 것이다. 우리는 이 장소가 누군가에게는 새로운 삶의 영감을, 누군가에게는 온전한 휴식을 선사하는 곳으로 기억되길 바란다.

– 패브리커(Fabrikr)

'대림창고', '어니언'과 함께 빼놓을 수 없는 곳이 '어반소스'입니다. 이곳은 1963년에 지어진 봉제공장을 개조한 곳으로 국내 봉제산업이 불황을 맞으면서 1985년 문을 닫았던 공간입니다. 그렇게 30여 년간 빈 채로 방치되어 있던 공간이 '인더스트리얼 스타일'이라는 새 옷을 입고 다시 태어난 거죠.

밖에서 본 어반소스는 단층의 직사각형 건물입니다. 별다를 게 없어 보입니다. 하지만 문을 열고 들어가면 전혀 기대할 수 없었던 풍경이 펼쳐집니다. 널찍한 공간 한쪽에는 오픈형 제빵실과 음료를 만드는 카페 테이블이 있습니다. 세월이 느껴집니다. 오래된 외벽, 너무 낡아 금방이라도 떨어져 나갈 것 같은 문, 여기저기 툭툭 튀어나온 철근들, 쇠파이프와 나무판을 이용해 만든 테이블과 의자가 사람의 감성을 자극합니다.

지금까지 성수동을 살펴보았는데요. 빈 공장과 창고 부지가 얼마나 멋진 공간으로 재탄생할 수 있는지 경이로움을 느낄 정도였습니다. 그 결과 대림창고, 어니언, 어반소스처럼 인더스트리얼 트렌드가 반영된 공간들이 전국적으로 퍼지면서 대세로 자리잡게 되었습니다.

이러한 인더스트리얼 트렌드는 뉴트로와도 연결됩니다. 뉴트로란 새로움을 뜻하는 뉴(New)와 과거의 양식을 뜻하는 레트로(Retro)를 결합한 신조어로, 낡고 오래된 것들에 열광하는 요즘 젊은 세대와도 잘 어울립니다.

인더스트리얼 트렌드는 공간 인테리어에 머물지 않고 패션과 문화 전반으로 퍼져가고 있습니다. 과거의 유행이나 문화를 현대적인 시각으로 재해석함으로써 소수의 취향과 기호로만 치부되던 것들이 트렌드를 넘어 하나의 메인스트림이 되어 버린 대표적인 예가 아닐까요.

아날로그로 살아남은
기업들

필기구는 이제 사양산업?

노트와 연필은 사양산업으로 분류됩니다. 필기나 메모는 스마트폰으로도 얼마든지 가능하니 노트와 연필을 얼마나 쓸까 하는 생각이 듭니다.

그러나 수천 년 동안 인간의 생활 속에서 유전자를 통해 이어져 오던 행위는 하루아침에 없어지지 않습니다. 독일과 스위스 등 유럽 여러 나라에서 스마트폰이나 컴퓨터 대신 손글씨를 쓰고 직접 그림을 그리는 움직임이 있는 것도 그런 이유입니다.

필기구 시장에서 지속적인 혁신을 통해 시장을 선도하는 기업이 있습니다. 바로 1761년에 창업한 '파버카스텔'입니다. 연필 제조회사 파버카스텔은 칼 생산업체로 유명한 '헹켈'과 함께 '메이드 인 저머니(Made in Germany)'의 상징이라 할 수 있습니다. 주력 제품인 연필과 색연필을 비롯해 3,000여 종의 필기구를 생산하며, 전 세계 120개 국가에서 연간 1조 원의 필기구를 판매하는 회사죠.

연필의 역사는 파버카스텔의 역사라고 할 수 있습니다. 경도와 굵기를 결정하는 연필심 B와 H, 전 세계 연필 길이의 표준 18㎝도 파버카스텔이 세계 최초로 규격화한 것입니다. 동그란(원통) 연필의 구름 방지를 위한 6각 연필, 친환경 수성 페인트 최초 사용도 파버카스텔입니다.

예술가들이 사랑한 연필 파버카스텔

파버카스텔은 괴테, 헤르만 헤세, 빈센트 반 고흐, 존 스타인벡 등 수많은 예술가가 사랑한 필기구로 널리 알려졌습니다. 빈센트 반 고흐는 친구에게 보낸 편지에서 "이 연필은 이상적이라고 할 만큼 단단하면서도 매우 부드러워. 목공용 연필보다 색감도 훨씬 좋지. 언젠가 재봉사 소녀를 그릴 때 이 연필을 썼는데 석판화 같은 느낌이 정말 만족스러웠어. 게다가 한 자루에 20센트밖에 안 해⋯."라며 극찬했습니다. 미국의 소설가 존 스타인벡은 "지금껏 써본 것 중 최고야. 물론 값이 세 배는 더 비싸지만 부드럽고 잘 부러지지 않아. 이름은 블랙윙인데 정말 종이 위에서 활강하며 미끄러진다니까."라는 평가를 남겼습니다.

연필에 브랜드를 도입한 것도 파버카스텔이 처음입니다. 파버카스텔은 1905년 연필의 몸체 부분 색상인 짙은 녹색 바탕에 두 명의 연필 기사 이미지를 넣어 로고를 만들었는데요. 파버카스텔을 상징하는 로고 '연필 기사'는 지금도 건재합니다. 중세 기사들의 마상 전투를 모티브로 연필을 가진 기사가 다른 연필을 가진 기사를 압도한다는 의미인데요. 즉 최고의 제품을 만들겠다는 의지를 담고 있습니다. '연필 기사' 로고는 조금씩 바뀌어 지금의 로고에 이르게 되었는데, 세계 최고의 기업 파버카스텔의 고기 연필은 한 자루에 40만 원이 넘을 정도입니다.

시대의 변화에 따라 파버카스텔은 디지털 분야로도 확장 중입니다. 스테들러 디지털 펜 990시리즈는 종이에 별도의 수신기를 끼운 뒤 글씨를 쓰면 작성한 문서를 파일로 전환해 컴퓨터로 받아볼 수 있습니다. 또 어린이 교육용 모바일 애플리케이션도 출시했는데요. 스케치북 대신 디지털 기기 화면에 글씨를 쓰거나 그림을 그릴 수 있음에도, 나무로 펜대를 만들어 연필 느낌을 최대한 살렸습니다. 첨단 IT 기기처럼 완전히 새롭다기보다는 파버카스텔의 정체성을 유지하면서도 기능을 놓치지 않음으로써 계속 수요를 창출하고 있죠.

쓰이지 않은 책, 몰스킨

연필에 파버카스텔이 있다면 노트에는 몰스킨이 있습니다. 몰스킨은 200여 년 전 프랑스의 작은 제본업체가 문구점에 납품했던 수첩입니다. 인조가죽 수첩이란 뜻의 '레 까르네 몰스킨(Les Carnets Moleskines)'으로 불렸는데, 1986년 프랑스의 그 상점이 문을 닫으면서 한동안 자취를 감추었습니다. 그로부터 10여 년 후 이탈리아의 작은 출판사 '모도 앤 모도(Modo & Modo)'가 '몰스킨' 상표를 등록하면서 다시 대중 앞에 서게 되었죠.

모도 앤 모도는 몰스킨의 스토리를 적극적으로 활용했는데요. 빈센트 반 고흐, 파블로 피카소, 어니스트 헤밍웨이 등의 유명 예술가와 철학자 들이 즐겨 사용한 전설의 노트북이라고 브랜딩하며 사람들의 감성을 자극했습니다. 속지를 양가죽으로 감싸고, 페이퍼 밴드로 봉인하며, 내지는 미색으로 디자인한 뒤 뒤표지 안쪽에 주머니를 달았습니다. 그리고 '쓰이지 않은 책(Unwritten Book)'을 콘셉트로 한 몰스킨 노트는 글을 쓰거나 창조적인 일을 하는 사람들에게 큰 호응을 얻으면서 세계 각국에서 매년 1,000만 권 이상 판매되고 있습니다.

몰스킨은 겉으로 보기엔 양장으로 만들어진 책처럼 보이지만 열어보면 아무 내용도 없는 노트입니다. 그런데도 노트가 아니라 '아직 쓰이지 않은 책'이라는 겁니다. 헤밍웨이도, 피카소도 사용했다고 하니 하나쯤은 가져보고 싶게 만듭니다.

노트를 넘어 예술 도구가 된 것이죠. 이게 바로 몰스킨의 가치입니다. 나를 표현하고, 나를 행복하게 해주는 가치! 노트가 아니라 '당신의 창조성이 아직 쓰이지 않은 책'이라는 콘셉트를 더욱 강화하다 보니, 일반 문구점이 아닌 서점을 중심으로 판매하고 있습니다.

브랜드는 기능 그 이상의 가치를 제공하는 중요한 역할을 합니다. 몰스킨 노트가 대표적입니다. 제품의 기능뿐 아니라 다양한 감정과 상징이 숨어 있는데요. 소비자들은 그것을 위해 기꺼이 더 큰 비용을 지불합니다. 브랜드가 주지시키듯 그것을 사용함으로써 내가 원하는 모습에 가까워진다고 생각하는 것입니다. 브랜드는 현재의 내 모습뿐 아니라 희망하는 미래의 모습을 반영하기도 합니다. 기업들이 브랜드에 자꾸 감성적 스토리를 덧입히는 건 그런 이유 때문입니다.

몰스킨은 또 여러 브랜드와 컬래버레이션한 '리미티드 에디션'을 자주 선보입니다. 국내의 경우 스타벅스 다이어리를 예로 들 수 있습니다. 해외에서는 화제의 인물이나 캐릭터들과 협업을 하는데요. 호빗 에디션, 도라에몽 에디션, 배트맨 에디션, 스누피 에디션, 스타워즈 에디션, 미키마우스 에디션, 해리포터 에디션 등 컬래버레이션 상품을 계속 출시하여 소비자들의 구매 욕구를 자극합니다.

제품과 서비스는 세상에 차고 넘칩니다. 일상생활에서 흔히 사용하는 제품은 가성비를 따져서 고르면 되지만, '나를 위한 단 하나의 무엇'은 신중하게, 나에게 의미가 있는 것을 선택하죠. 누군가에게 보여주기 위함이 아니라 오로지 나를 위해, 나에게 딱 맞는 걸 선택함으로써 기쁨을 구매합니다. 이는 다른 사람들에게 보여주기 위한 허영이나 사치와는 다릅니다. 나만의, 나를 위한 선택이니까요!

국민 볼펜 모나미의 도전

유럽에 '파버카스텔'과 '몰스킨'이 있다면 우리나라에는 '모나미'가 있습니다. 그런데 모나미는 누구나 사용하면서도 특별한 관심을 가지지는 않아 실용적인 저가 브랜드로만 인식된 면이 있습니다.

모나미의 모태는 1960년에 세워진 광신화학공업사로 3년 뒤에 '모나미 153' 볼펜을 생산하기 시작했습니다. 지금은 필기용품, 미술용품, 선물용품 등의 다양한 상품을 제조·판매하고 있으나 필기구 사업은 한계에 부딪힌 것이 현실입니다. 모나미의 매출액은 2011년 2,818억 원을 정점으로 연평균 6%씩 감소 중인데요. 신사업으로 추진하고 있는 학원 운영, 화장품 제조 및 판매, 아마존 입점을 통한 해외 판매 강화 부문에서도 기대한 만큼 성과를 내고 있지 못합니다.

반면, 매출 기여는 적지만 '경험'을 테마로 한 오프라인 매장의 반응은 좋습니다. 모나미는 본사가 소재한 용인시 수지에 2017년 '스토리연구소'를 오픈하고 2019년에는 인사동점도 개점했습니다. 2018년에는 롯데 백화점 부산 본점에 '워크룸'을 오픈하기도 했고요.

서울 인사동점과 한남동 팝업 스토어에서는 소비자가 15가지 잉크 중 원하는 색상을 골라 혼합한 후 나만의 만년필 잉크를 만들어보는 '잉크랩(Ink LAB)'이라는 체험 프로그램을 운영합니다. 마음에 드는 색이 나오면 현장에서 나만의 잉크를 만들어주는데, 잉크 기록이 데이터베이스에 저장돼 추후 재구매도 가능합니다. 또 매장 한편에서 대표 제품인 모나미 153 볼펜을 원하는 대로 조립해 DIY(Do It Yourself) 펜을 만들거나 만년필과 고급 필기구 제품에 원하는 문구를 각인할 수도 있습니다. 그리고 모나미 제품을 활용해 그림을 그리거나 캘리그래피(손글씨 예술) 등을 배우는 원데이 클래스도 진행되는데요. 디지털에서 얻기 어려운 감성을 매개로 경험 지향적인 소비자와의 만남을 추구하면서 새로운 시장을 연 것입니다.

그런데 모나미의 오프라인 체험 매장은 코로나로 큰 타격을 입었습니다. 하지만 그런 와중에도 위기를 기회로 삼아 온라인으로의 전환 실험을 하고 있습니다. 취미 플랫폼 업체 '하비풀'과 손잡고 모나미 제품과 취미 관련 온라인 영상 수업을 결합해 판매하는 건데요. 캘리그래피를 비롯해 여러 분야 유명 작가가 진행하는 3시간 분량의 드로잉 수업과 소품 꾸미기를 비롯한 집콕 아이템 영상 수업입니다.

영상 수업은 언제든 반복해서 보고 전문가를 따라 작품을 완성하는 것이 가능합니다. 사람들에게 좋은 평가를 얻고 있는 이 실험은 모나미의 시장 확대 가능성을 보여주는 사례입니다.

모나미는 또 고급화 전략과 함께 다른 기업들과의 컬래버레이션도 활발히 진행 중입니다. 주 소비층인 'MZ세대'에 재미와 특별함을 보여줘 제품 충성도를 높이겠다는 의지인데요. '모나미 153' 볼펜을 스타벅스 코리아 20주년 기념 한정 볼펜으로 판매해 큰 반향을 불러일으켰고, 삼성전자와는 프리미엄급 스마트폰 갤럭시 S21과 컬래버한 터치펜 '모나미 153S펜'을 출시했습니다.

상품을 넘어 새로운 가치를 판매하는 이토야

오프라인 체험 매장인 '모나미 스토어'의 미래는 일본의 '이토야(いとうや)'에서 찾아볼 수 있습니다.

문구점을 의미하는 '스테이셔너리(Stationery)' 간판을 내걸고 1904년에 창업한 이토야는 100년이 넘는 역사를 자랑합니다. 백화점 형식의 문구 및 사무용품 전문점으로 본점에 해당하는 긴자 이토야를 비롯해 10개의 지점과 여러 개의 콘셉트 스토어, 컬래버레이션 매장을 운영 중입니다.

긴자의 이토야는 본점인 G.Itoya와 길 건너편에서 고급 필기구를 전문으로 판매하는 K.Itoya 매장으로 나누어져 있습니다. 거대한 규모에 걸맞게 다양한 문구용품 및 생활 잡화용품을 팔지만 두 매장의 콘셉트는 각각 다릅니다. G.Itoya는 '머물고 싶은 공간', K.Itoya는 '어른들의 비밀 아지트'인데요. 이토야에서 판매하는 상품 자체는 평범해서 크게 특별해 보이지는 않습니다. 그런데 상품을 전달하는 방식이 다른 곳과 차이가 납니다. 엽서나 편지지를 고른 사람에게 마음을 담아 편지를 쓸 수 있는 자리를 제공하고, 거기에 직접 우표를 붙여 누군가에게 그 편지를 전달하게 하죠.

게다기 평범한 종이 하나도 작품을 전시하듯 진열해 놓았는데요. 서반 가득 쌓여 있는 종이는 팔리길 기다리는 상품일 뿐이나, 작품처럼 전시된 종이는 취향과 경험을 즐기기 위한 소재가 됩니다. 이는 자기만의 가치 있는 시간을 보낼 수 있다는 뜻입니다. 판매하는 상품에는 큰 차이가 없지만 리테일에 대한 철학이 다른 거죠. 이토야는 이처럼 물건 파는 행위를 넘어 상품에 담긴 즐거움, 새로움, 아름다움을 그 시대의 가치 기준에 맞게 제안하면서 고객으로 하여금 매장 내에서 창조적인 시간을 보낼 수 있도록 하고 있습니다.

이토야에서는 좋은 물건뿐만 아니라 멋진 서비스도 제공합니다. 긴자 본점 1층에는 스무디를 파는 드링크 바가 있고, 꼭대기인 12층에서는 '이토야'의 농장에서 공수한 신선한 채소를 재료로 만든 음식을 먹을 수 있습니다. 그리고 매장에서는 1,000가지가 넘는 펜과 잉크로 나에게 가장 잘 맞는 펜과 노트를 직접 만드는 체험도 가능합니다.

경제는 부가가치에 따라 이동합니다. 원자재 경제에서 상품 경제로, 그다음은 서비스 경제로, 지금은 경험 경제로 옮겨 가는 중입니다.

사회가 제조업에서 서비스 경제로 전환되면 고객경험이 무엇보다 중요해집니다. 커피 원재료인 커피콩은 2~3센트에 불과하지만, 스타벅스의 오렌지색 조명과 초록색 로고, 미국식 카페테리아 같은 경험요소가 추가되면서 커피 가격은 5천 원을 넘습니다. 그런데 고객은 이를 받아들이죠.

훌륭한 브랜드나 성공한 기업을 분석해 보면 사업의 모든 영역에서 고객에게 더 좋은 경험을 제공하기 위해 치열하게 노력했음을 알 수 있습니다. 고객경험을 제공한다는 말은 단순한 구호나 이벤트에 그치는 것이 아닙니다. 조직의 모든 역량을 하나의 방향으로 설정하고, 고객이 최고의 경험을 느낄 수 있도록 시스템을 구축하며, 그것을 일관되게 실행하는 게 바로 고객경험입니다.

오프라인의 디지털 전환

구경은 오프라인, 구매는 온라인에서

하이마트에서 제품을 확인한 후 네이버에서 최저가를 검색하거나, 오프라인 서점에서 책 내용을 확인한 후 온라인으로 구매하는 행위는 더 이상 낯선 일이 아닙니다. 오프라인에서 실물을 확인했으니 구매 실패에 대한 부담을 더는 동시에, 온라인에서 구매하여 돈도 절약됩니다. 여기에 온라인 사이트에서 제공하는 쿠폰이나 적립 등을 활용하면 혜택은 더 커집니다. 지금 당장 필요한 게 아니라면 하루이틀 배송을 기다리는 것은 문제가 안 되므로 이런 구매방식은 날이 갈수록 증가하고 있습니다.

오프라인에서는 구경만 하고 구매는 저렴한 온라인을 이용하는 행위를 '쇼루밍(Showrooming)'이라고 합니다. 스마트폰을 통해 언제 어디서나 손쉽게 정보를 찾을 수 있게 되면서 나타난 현상인데요. 쇼루밍족이 증가하면 오프라인 중심으로 상품을 판매하는 기업들은 어려움을 겪습니다. 판매를 목적으로 매장을 꾸미고, 재고를 보유하고, 판매 직원을 배치했는데 구경만 하고 구매는 정작 온라인에서 하니 존립 자체에 위협을 느낄 수밖에 없죠. 기업은 큰 고민과 함께 딜레마에 빠지게 됩니다.

소비자들은 온라인이든 오프라인이든 자신의 편의와 이익에 따라 움직입니다. 이익이 더 큰 방식을 선택하게 마련이죠. 자신이 원하는 제품을, 원하는 시간에, 원하는 장소에서, 원하는 방식으로 구매할 뿐이지 온라인과 오프라인이 중요한 게 아닙니다. 결국, 기업은 온라인과 오프라인을 통합해 경험을 제공하는 방식으로 나아갈 수밖에 없습니다.

온·오프라인에서 통합된 경험을 제공하려면 비즈니스 자체가 디지털로 전환되어야 합니다. 하지만 '디지털 전환' 자체는 그리 중요하지 않습니다. 기업이 디지털 전환기술을 도입한다고 해서 떠난 고객이 다시 돌아오거나 관심 없던 고객들이 눈길을 주지는 않을 것이기 때문입니다. 미국 백화점의 상징으로 꼽히는 '시어스(Sears)'와 미국 최대 완구 전문점으로 전 세계 어린이의 지상낙원이었던 '토이저러스(Toys R Us)'가 디지털 기술을 도입하지 않아 몰락한 게 아닌 것처럼요. 많은 기업이 역사 속으로 사라진 이유는 변화를 시도하지 않아서가 아니라 고객의 관점으로 접근하지 않아서입니다.

시어스와 토이저러스가 처음부터 가까운 오프라인 매장에서 제품을 찾아볼 수 있도록 하고, 온라인에서 구매한 뒤 오프라인에서도 교환과 환불 등이 가능하도록 했다면 상황은 달라졌을 겁니다. 그런데 시어스와 토이저러스는 온라인을 오프라인의 보조적인 수단으로 뒤늦게 접근했습니다. 고객관점이 아닌 기업관점으로만 접근한 거죠. 그러니 아마존에게 고객을 빼앗길 수밖에요.

현재 진행형이긴 하나 국내의 상황도 크게 다르지 않습니다.

오프라인 유통 강자 롯데는 지난 20여 년 동안 지속적으로 디지털 전환을 시도 했으나 의미 있는 성과를 거두지 못하고 있습니다. 기업의 DNA 자체가 오프라인을 중심으로, 온라인을 보조적인 수단으로 인식하고 있기 때문입니다.

반면, 신세계(이마트)는 마켓컬리와 쿠팡의 새벽배송에 대응하기 위해 SSG닷컴 (쓱닷컴)을 별도 법인으로 분할해 역량을 키워왔습니다. 그리고 이베이코리아를 인수함으로써 네이버, 쿠팡과 함께 온라인에서 3강 체계를 구축한 SSG닷컴은 임직원의 절반 정도가 IT 개발자라고 하는데요. 신세계 백화점과 이마트 같은 오프라인 매장과 함께 물류망 등을 최적화한다면 온라인과 오프라인을 통합하는 대표적인 기업이 될 것입니다.

오프라인 매장의 핵심자산은 고객경험

중요한 것은 고객입니다. 판매자나 고객의 관점에서 볼 때 기업은 종종 엉뚱한 의사결정을 합니다.

호주의 한 식료품 매장은 오프라인에서 구경만 하고 온라인에서 구매하는 사람들이 증가하자 상품을 구매하지 않는 고객에게 관람료를 받겠다는 황당한 말을 했습니다. 방문 후 구경만 할 경우에는 5달러의 관람료를 받고, 상품을 구매하면 그 5달러를 돌려주겠다는 이 발상은 오프라인 매장들이 얼마나 큰 위기감을 느끼고 있는지를 보여주는 단적인 예일 것입니다.

우리나라로 치면 하이마트와 같은 미국 최대의 가전제품 유통사 '베스트바이(Best Buy)'도 한때 큰 실수를 했습니다. 쇼루밍 현상을 막기 위해 사진과 음성, 바코드로 가격을 비교하는 아마존의 프라이스 체크(Price Check) 기능을 이용할 수 없도록 상품의 바코드를 바꿨다가 소비자들로부터 큰 반발을 산 것이죠.

그러나 여러 번의 시행착오 끝에 베스트바이는 자신만의 길을 찾아냈습니다. 백화점에 입점한 개별 브랜드가 각자 개성을 살려 꾸미는 매장들처럼 베스트바이 오프라인 매장을 쇼케이스장으로 꾸몄는데요. 이를 위해 삼성, 애플, 마이크로소프트(MS) 등과 계약을 체결하고 베스트바이 매장 내에서 자체 브랜드존을 선보이도록 했습니다. 진열대 하나 사이로 여러 회사 제품을 전시하는 기존 방식이 아니라, 각 업체만의 키오스크를 설치하고 방문 고객들이 각각 자기만의 브랜드 쇼케이스장에 온 듯한 느낌을 갖도록 한 거죠.

애플을 예를 들면, 베스트바이 매장에 입점한 애플존에는 애플스토어에 있는 미니멀한 디자인의 원목 테이블을 놓아 마치 애플스토어에 온 것 같은 느낌이 들도록 했습니다. 오프라인을 단순한 상품의 판매장소가 아닌 고객과의 접점, 서비스를 제공하는 공간으로 만들어낸 것입니다.

전자제품 제조사는 새로운 상품이 출시되면 온·오프라인에서 다양한 프로모션을 진행해야 합니다. 그런데 미국 전역에 오프라인 매장을 확보하려면 큰 비용이 들 뿐만 아니라 매장 운영시 여러 항목의 고정비가 발생합니다. 베스트바이는 그 점에 착안하여 오프라인 매장을 경험과 체험의 공간으로 활용하도록 각 제조사에 임대하고 수수료를 받는 방식으로 비즈니스 모델을 개편했습니다. 삼성과 애플 등은 오프라인 매장 확보 및 운영비 등에 대한 부담을 해소하고, 소비자들은 베스트바이에서 다양한 제조사의 제품을 비교 체험할 수 있으며, 베스트바이는 이를 통해 수익이 창출되므로 모두가 윈윈하게 된 거죠.

이처럼 비즈니스 모델을 새롭게 만들어낸 베스트바이의 핵심 강점은 규모의 경제입니다. 미국에만 1,000개 이상의 매장이 있어 규모에서 절대적 우위를 차지하는 베스트바이는 신제품 출시 기업에겐 제품을 알리기에 가장 중요한 채널로 탈바꿈한 겁니다. 과거의 베스트바이가 전자제품을 사는 장소였다면 지금의 베스트바이는 전자제품을 체험하는 장소로 변한 거죠.

온라인 쇼핑이 편리하고 저렴하기는 하나 몇 장의 상품 사진만으로 구매를 결정하기에는 뭔가 부족하고 아쉽게 느껴지는 것이 사실입니다. 구매 전 제품을 직접 만져보고 경험할 수 있는 체험존은 그래서 필요합니다. 수많은 기업이 비싼 수수료를 내면서 베스트바이에 입점하는 이유가 여기에 있습니다.

온라인에도 많은 관심을 가지고 투자를 아끼지 않는 베스트바이는 매장을 방문하는 소비자들이 아마존이 아닌 베스트바이에서 구매하도록 구매 연결성을 높였는데요. '프라이스 매치(Price Match)' 가격전략이 대표적인 정책입니다. 제품을 온라인 최저가로 판매하면서 만일 베스트바이에서 판매한 가격이 온라인 최저가보다 비싸면 차액을 보상해 주는 거죠. 베스트바이 매장을 방문한 소비자들은 체험한 제품을 온라인에서 다시 검색해 구매할 필요가 없어진 것입니다.

수많은 오프라인 매장들이 코로나로 어려움을 겪는 지금도 베스트바이는 승승장구 중입니다. 오프라인 매장을 풀필먼트(Fulfillment) 거점(Epicenter)으로 확대했기 때문입니다. '풀필먼트'란 고객의 주문에 맞춰 물류센터에서 제품을 고르고

(picking) 포장해(packing) 배송(delivery)한 후 고객 요청에 따라 교환 또는 환불까지 해주는 전체 과정을 말하는데요. 이를 위해 매장은 고객이 원하는 시간에, 원하는 상품을, 빠르고 쉽게 얻도록 거점 역할을 하고 있습니다. 고객이 당일에 상품을 원하든지, 한 시간 안에 상품을 원하든지, 매장에 직접 방문해서 상품을 픽업하든지, 혹은 고객의 시간에 맞춘 타임 프레임 전략에 매장을 활용하죠.

이처럼 온·오프라인을 아우르는 디지털 경험, 배송과 관련된 풀필먼트 인프라에 투자하지 않는 기업은 고객의 니즈에 충분하고도 빠르게 대응하기 어렵습니다. 이런 점에서 베스트바이의 '풀필먼트 전략'은 다른 기업에게는 그 자체로 큰 진입장벽이 되고 있습니다.

상품이 아닌 데이터를 파는 오프라인 매장

비용 면에서만 보면 오프라인은 온라인에 비해 불리할 수밖에 없습니다. 오프라인은 매장 오픈 비용 및 운영에 들어가는 고정비가 상대적으로 높기 때문입니다. 또 특정 상권을 중심으로 운영되므로 규모의 경제 측면에서도 온라인에 비해 불리하죠.

그런데 이런 오프라인의 단점을 뒤집으면 장점이 됩니다. 아마존, 무신사, 카카오프렌즈처럼 온라인 기업들이 왜 오프라인에 매장을 오픈하고 늘려가는지 생각해볼 필요가 있습니다. 온라인은 오프라인에 비해 비용 측면에서는 효율적이긴 하나 고객에게 필요한 경험을 제공하는 데는 한계가 있기 마련입니다. 따라서 오프라인에서 고객경험을 제공하면서 온라인을 도입, 상권의 한계를 극복하는 것이 가장 좋은 방법입니다.

오프라인이 상품을 전시하고 판매하는 장소라는 기본 개념을 뒤집는 곳들이 속속 생겨나고 있습니다. 전자기기 매장 '베타(B8ta)'가 대표적입니다.

2015년에 창업한 베타는 매장 천장에 20여 대의 특수 카메라를 설치, 방문 고객의 동선과 움직임을 수집하고 분석합니다. 제품 판매가 아니라 소비자의 행동 데이터를 판매하는 것이죠. 오프라인 유통의 미래상을 제시했다는 평가를 받는 베타는 바로 체험형 매장인 플래그십 스토어와 쇼룸 등에서 수집한 소비자 경험 (행동) 데이터를 제조업체에 제공하는 비즈니스 모델입니다.

디지털 데이터로 수집된 데이터뿐만 아니라 직원과 고객의 대화를 통해 얻은 제품에 대한 피드백 또한 제공하므로 제조업체로서는 제품 개선을 위해 큰 도움이 됩니다. 베타는 다른 매장에서 볼 수 없는 혁신적인 제품과 서비스를 보여주고, 소비자는 과거 오프라인 유통에서 경험하지 못했던 새로운 경험을 즐길 수 있습니다. 한마디로 고객경험에 집중하는 것입니다.

베타는 제품 판매로 돈을 벌지 않습니다. 베스트바이처럼 매장 내에서 판매된 금액은 100% 제조사에 돌려줍니다. 대신 오프라인 매장의 진열공간에 대한 비용을 받습니다. 제품 하나를 8개의 베타 매장에 진열하는 조건으로 월 2,000달러를 과금합니다. 베타는 매장 천장에 20여 대의 카메라를 설치해 고객들의 움직임을 자세히 분석합니다. 성별과 연령대 같은 인구통계학적 정보뿐만 아니라 어떤 제품 앞에서 주로 발걸음을 멈추는지, 제품에 대한 반응이 어떤지를 분석해 제조사에 제공합니다. 이를 통해 제조사는 고객과 제품에 대한 상세한 정보를 얻게 됩니다. 다음 제품 개발을 위해서도 꼭 필요한 자료들입니다.

베타를 찾은 고객들도 즐거워합니다. 다른 곳에서는 살 수 없는 신제품을 가장 먼저 만날 수 있기 때문입니다. 제품 사용 후 구매를 하지 않아도 되므로 부담도 없습니다. 베타의 각 매장 월평균 방문객이 25,000명을 넘는 이유입니다.

온라인의 가격경쟁력에 밀려 사양산업으로 치부되던 오프라인 매장이 온라인의 강점을 흡수하면서 동시에 온라인이 할 수 없는 일들에 집중하면서 요즘 새롭게 변신 중입니다.

오프라인은 결코
없어지지 않습니다

미디어는 메시지다

《미디어의 이해》의 저자 마셜 맥루한(Marshall McLuhan)은 이 책에서 "미디어는 메시지다"라고 간결하게 정리했습니다. 맥루한은 옷, 집, 자동차, 철도, TV, 신문, 잡지, 라디오 등 우리가 일상생활에서 접할 수 있는 거의 모든 것을 미디어로 바라봤습니다. 넓은 관점으로 이해한 것이죠.

맥루한에 따르면 기차도 미디어가 됩니다. 시간과 공간을 축소시켜 줌으로써 사람들의 일상에 큰 영향을 미친 기차는 미디어 관점에서 보면 '이동의 편리함'이라는 메시지를 줍니다. KTX를 떠올리면 '빨리 도착'이 연상되듯, 매체(미디어)의 중요성은 매체가 전달하는 내용보다 그 내용을 담은 메시지가 중요하다는 게 맥루한의 주장입니다.

《미디어의 이해》가 출간된 1964년 당시에 "미디어는 메시지"라는 주장이 큰 관심을 받기는 했지만 이해하기 어려운 부분도 있었습니다. 우리가 아는 미디어는 TV, 신문, 잡지, 라디오와 같은 것들로 대중에게 대량으로 도달하는 매체인 이들을 '매스미디어(mass media)'라고 불러왔습니다. 그리고 시간이 흘러 인터넷과 스마트폰이 일반화되면서 페이스북, 인스타그램, 유튜브처럼 사람과 사람을 연결하는 새로운 미디어가 등장했는데, 이를 '소셜미디어(social media)'라고 정의했습니다.

변한 게 있다면 KBS, MBC, 조선일보, 동아일보 등을 보면서 세상에 대한 이미지를 그렸던 사람들이 이제는 페이스북, 인스타그램, 유튜브 등 새로운 채널을 통해 세상과 더 많이 접속하고 있다는 사실입니다. 가보지 못했던 여행지 구경도 가능해졌고, 지구 반대편 사람들의 소식도 접할 수 있게 되었죠.

《표준국어대사전》에서는 미디어(media)를 '어떤 작용을 한쪽에서 다른 쪽으로 전달하는 역할을 하는 것', 매체(媒體)는 '어떤 작용을 한쪽에서 다른 쪽으로 전달하는 물체 또는 그런 수단'이라고 정의합니다. 그런 측면에서 미디어와 매체는 영어와 한자의 차이일 뿐 거의 비슷한 개념이라고 볼 수 있습니다.

미디어가 발달하면서 인간의 감각도 확장되었습니다. 예를 들면, 카카오택시 등장 이전에는 개인과 택시의 연결과 소통이 불가능했습니다. 대로변에서 택시를 잡는 사람은 뒷골목에서 빈 채로 지나가는 택시를 알 수 없었죠. 개인은 불편했고 택시는 승객을 태울 기회를 놓칠 수밖에 없었는데요. 카카오택시가 등장하면서 나의 위치를 찍고 택시를 호출하는 것만으로 주변에 있는 택시와 연결이 가능해졌습니다. 인간의 감각이 확장되었다고나 할까요?

사전적인 의미로 '다른 것에 도달하게 하는 수단'을 미디어라고 정의한다면 카카오택시는 미디어입니다. 미디어가 사물이고, 사물이 미디어가 되는 겁니다. 스마트폰을 통해 오프라인과 온라인이 연결되고, 사람과 사람이 연결되면서 정보의 비대칭성이 해결되는 현실을 경험했습니다. 더 나아가 책상, 자동차, 가방, 나무, 애완견 등 세상에 존재하는 모든 '사물들(Things)'이 '서로 연결되고(Internet)' 있습니다. 사물인터넷(Internet of Things) 시대가 되면서 카카오택시가 전통적인 콜택시 산업을 무너뜨렸듯, 에어비앤비(Airbnb)가 전통적인 호텔산업을 위협하듯, 비즈니스의 많은 부분이 새롭게 개편되고 정의되는 중입니다.

오프라인도 미디어다

사물이나 제품 자체가 미디어가 되는 길이 열리면서 오프라인이 미디어로 거듭나고 있습니다. 24시간 손에서 스마트폰을 놓지 않는 사람들과 실세계인 오프라인 공간의 상품이 연결되면 사람과 사물 간 상호작용이 가능해집니다. 제품이나 공간이 스스로를 설명하고 스스로를 판매하게 되죠.

스타벅스의 MD상품이 대표적입니다. 스타벅스의 MD상품은 오래 전부터 꾸준히 진행되었고 그것은 다른 커피전문점들도 마찬가지였습니다. 그런데 오프라인이 바로 미디어임을 보여주는 사건이 일어났습니다. 2020년 1월에 진행된 방탄소년단의 MD상품이 그것입니다. 스타벅스와 방탄소년단이 컬래버한 머그컵, 파우치, 키링 같은 MD상품은 나오는 순간 순식간에 소진되었습니다. 서울 명동과 종로 매장에는 온라인 사전 공지를 보고 급히 비행기를 탔다는 일본 팬들까지 있을 정도였으니까요. 컬래버한 MD상품의 가격은 일반 MD상품과 비교해 2배 이상 비쌌지만 방탄소년단 팬들은 아랑곳하지 않았습니다.

이제 일부 누리꾼들은 스타벅스 MD상품을 대신 구매해 주는 '구매 대행' 요청을 주고받기도 하고, 맘카페에서는 스타벅스 MD상품 물량이 더 많은 지점 정보를 공유하기도 합니다. 이벤트가 끝나면 당근마켓 등에서 최초 가격보다 비싼 값에 거래될 때도 있습니다. 이를 'sell(팔다)'에 접두사 're-(다시)'를 붙여 '리셀(resell)'이라고 합니다.

방탄소년단과 스타벅스의 굿즈(goods) 상품은 공간과 제품이 미디어가 될 수 있음을 보여주었습니다. 스타벅스를 통해 사람들의 경험은 확장되었고 사업자는 새로운 사업기회를 얻었습니다. 물론, 방탄소년단(BTS)의 강력한 팬덤으로 인해 가능한 일이기도 했습니다. 하지만 커피를 판매하는 곳이 다른 상품이나 콘텐츠의 가치를 전달하는 미디어가 될 수 있다는 사실을 여실히 보여주는 사례가 아닐 수 없습니다.

이렇게 오프라인 공간이 미디어가 되면 유통채널로의 확장뿐 아니라 광고 유치를 통한 수익 창출도 가능해집니다.

오프라인이 미디어로 거듭날 수 있다는 사실을 보여주는 또 하나의 사례가 있습니다. 뉴욕의 편집매장인 '스토리(STORY)'입니다.

오프라인 공간을 매거진화한 '스토리'는 매월 특정 콘셉트로 구성되는 잡지처럼 1~2달 간격으로 매장의 주제를 정해 인테리어와 상품을 변경합니다. 이때 상품에 엮인 이야기(story)를 발굴해 소비자들의 흥미를 끄는 것이 가장 큰 특징입니다.

스스로를 유통이 아닌 매체로 정의하는 '스토리'의 수익모델은 상품 판매수수료가 아닌 입점업체들로부터 받는 '편집비용(editing fee)'입니다. 올림픽처럼 메인 스폰서도 활용합니다. 인텔, 타깃, GE, 리바이스, 펩시, 아메리칸 익스프레스 등의 글로벌 기업들이 스폰서로 적게는 7만 5천 달러에서 많게는 75만 달러를 냅니다.

잡지가 콘텐츠 중간중간에 광고를 게재해 수익을 얻는 방식과 유사합니다. 기업들이 돈을 내는 건 제품 판매 목적도 있지만, 미디어가 끌어모은 사람들의 관심을 바탕으로 브랜드 포지셔닝을 강화하려는 브랜딩 관점이 더 큽니다.

'스토리'가 오프라인에서의 잡지 같은 공간이라면, '쇼필즈(Showfields)'는 쇼룸의 미래를 보여줍니다. 쇼필즈 매장을 경험하려면 사전에 티켓을 예약해야 합니다. 30분 단위로 일정한 수의 고객을 모아 입장시킨 후 매장 내에서 공연하듯이 상품을 소개합니다. 예를 들면, 내추럴 커피 스크럽 제품으로 유명한 프랭크 보디(Frank Body)의 쇼룸은 브랜드에서 사용하는 커피 원두를 고객이 직접 갈아보게 하는 등 다양한 경험을 제공합니다. 단순히 상품을 진열해 판매하는 것이 아니라 사용 환경과 경험을 제공하는 것이죠.

쇼필즈에서의 공연 소재는 브랜드입니다. 배우들은 브랜드 쇼룸을 넘나들면서 공연을 하고, 고객들은 쇼룸의 상품과 배우들의 공연을 즐깁니다. 배우와 고객은 서로 호흡하면서 제품을 시연하고, 배우의 연극을 관람하기도 합니다. 공연의 흐름이 끊길 수 있어 매장 내에서는 제품을 판매하지 않습니다. 구매는 공연을 마친 후 마지막 코너인 '더 랩'에서 가능합니다. 놀이공원에서 온종일 신나게 놀다가 집에 돌아가는 길에 기념품을 사는 모습과 다르지 않습니다.

쇼필즈의 수익모델은 판매수수료가 아닌 구독료입니다. 쇼필즈 매장에서 판매되는 상품의 수수료는 기업(브랜드)이 가져갑니다. 대신 쇼룸의 위치에 따라 기업들에게 구독료를 받습니다. 사람들이 많이 방문하는 장소는 구독료를 높게 책정하고, 티켓을 끊어야만 입장이 가능한 지역은 조금 낮은 가격의 구독료를 받습니다. 유동인구가 많은 대로변 점포는 임대료가 비싸고, 이면도로에 위치한 곳은 임대료가 저렴한 것처럼요.

콘텐츠로 접근하는 오프라인 매장들

'스토리'와 '쇼필즈'가 많은 자본이 들어간 백화점처럼 느껴진다면, 우리나라 제주에 있는 '해녀의 부엌'은 규모가 크지 않아도 오프라인이 미디어가 될 수 있음을 보여주는 곳입니다. 제주 구좌읍 종달리 부둣가에 방치됐던 오래된 어판장을 공연장 겸 식당으로 개조한 것입니다.

'해녀의 부엌'은 사전에 예약받은 손님들에게 제주도 해녀의 삶을 주제로 연극 공연을 한 후 해녀들이 잡은 해산물로 만든 식사를 제공하고 있습니다. 연극을 관람하는 공연장이기도 하고 해산물 요리를 먹을 수 있는 식당이기도 한 거죠. 제주만의 콘텐츠인 해녀의 인생 및 그들이 직접 잡은 해산물로 요리한 음식은 그 자체만으로도 호기심을 자아내기에 충분합니다. 세계 어디에서도 볼 수 없는 유일한 것이니까요.

'해녀의 부엌'처럼 오프라인을 기반으로 콘텐츠를 만들어가는 '로컬 크리에이터(Local Creator)'로는 통영의 '남해의 봄날'과 제주도의 '재주상회'도 주목해볼 만합니다.

출판사 '남해의 봄날'은 《통영 예술지도》, 《우리가 사랑한 빵집 성심당》, 《밥장님! 어떻게 통영까지 가셨어요?》, 《바닷마을 책방 이야기》 같은 로컬 콘텐츠 중심의 책들을 펴내고 있습니다. 출판 인프라가 전무하다시피 한 통영이라는 지역에서 로컬의 무한한 가능성을 보여준 '남해의 봄날'은 통영시 봉평동에 '봄날의 책방'이라는 오프라인 서점도 운영 중입니다. 로컬의 이야기를 콘텐츠로 기획해 책으로 출간, 지역 사람들은 물론 전국의 독자들과 연결되면서 다양한 확장성을 보여주고 있습니다.

로컬 콘텐츠 기업으로 '재주상회'의 도전도 흥미롭습니다. 제주도를 기반으로 콘텐츠를 만들어가는 '재주상회'는 로컬 매거진 〈인iiin〉을 발행합니다. 1년에 네 번 발행되는 계간지 〈인iiin〉은 나올 때마다 1만 부 이상 팔릴 정도로 인기가 높습니다. 그리고 매거진을 시작으로 단행본은 물론 로컬 푸드 발굴, 굿즈 제작까지 영역을 확장하고 있습니다. 또 도시에서 이주한 사람들이 동네에 오픈한 작은 서점들과 연합해 콘텐츠 소비를 확장해 가는 것도 특징입니다.

출판은 그 자체로 훌륭한 콘텐츠입니다. 과거처럼 종이책만을 출판으로 규정하기보다는 IP비즈니스로 접근할 필요가 있습니다. 종이책은 전자책이나 대여는 물론 굿즈 또는 저작권 형태로도 판매가 되기에 콘텐츠라는 전체적인 관점에서 출판을 바라보면 그 가능성은 무궁무진합니다.

《콘텐츠의 미래》의 저자 바라트 아난드(Bharat Anand)가 한 말은 유념해볼 만합니다.

"핵심 제품에 집중하는 조직은 콘텐츠를 새로 만들어내기 위해 더 많은 노력을 쏟거나 콘텐츠 가격을 올리려 한다. 하지만 이런 기업은 점점 성공에서 멀어질 확률이 높다. 제품 하나에만 집중하면 제품들 간의 관계를 보지 못하고, 따라서 다른 곳에 있는 큰 가치를 지닌 기회를 놓치게 된다."

결국 모든 것은 연결에 달려 있다는 말입니다.

'대림맨숀'의 비밀 쇼룸

공간 자체를 콘텐츠화하는 곳도 있습니다. 화장품, 캔들, 의류, 잡화 등을 제조·판매하는 뷰티 브랜드 '논픽션'이 대표적입니다. 서울 한남동, 성수동과 부산

해운대에 쇼룸을 개장한 논픽션은 인스타그램 등의 SNS에서 식물성 원료를 사용한 독특한 향의 바디 제품으로 이름을 알려왔는데요. 가장 큰 특징은 공간을 세심하게 브랜딩한다는 점입니다.

서울 한남동 쇼룸에 이어 두 번째로 오픈한 부산 해운대점은 1975년에 지어진 '대림맨숀'에 있습니다. '맨숀'은 국내에서 아파트가 처음 지어질 때 사용하던 표기로 오랜 세월이 묻어나는 단어인 데다 대림맨숀은 아직도 사람들이 살고 있는 아파트(맨숀)입니다. 그래서 입구 한편에는 주민들이 거주하고 있으니 방문시 유의해 달라는 안내문이 있습니다.

대림맨숀에 도착하면 논픽션 쇼룸을 알리는 입간판이 없음에도 사람들은 스마트폰을 이용해 매장을 찾아옵니다. 아는 사람들만 오는, 그래서 더 재미난 공간입니다. 복도를 조심스럽게 걷다가 쇼룸으로 들어서면 매장이 아닌 누군가의 집에 놀러온 듯한 기분이 들죠.

논픽션의 쇼룸 위치는 207호와 306호입니다. 무인으로 운영되는 306호는 나만의 향을 즐기며 잠시 쉬었다 갈 수 있도록 꾸며졌습니다. 친구 집에라도 놀러온 듯 편안한 상태에서 맡는 향기는 공간이 가진 독특한 분위기와 어우러져 향에 새로운 질감을 부여하는데요. 느긋한 마음으로 시향을 하며 핸드크림이나 향수 등의 제품을 경험할 수 있습니다. 공간을 중심으로 아름다운 곳으로 여행을 온 듯한 느낌을 연출함으로써 쫓기듯이 살아온 도시의 삶을 잠시나마 내려놓을 수 있게 한 것입니다.

오프라인 매장, 리테일의 미래

코로나19 이후 사람들은 '오프라인의 종말'을 자주 입에 올립니다. 실제 통계를 보아도 유통에서 차지하는 온라인의 비중이 코로나 이후 큰 폭으로 상승했습니다.

소비자들도 쿠팡, 마켓컬리, 쓱닷컴 등을 통해 물건을 구매하면서 새벽배송의 편리함과 간편함을 이야기합니다. 동일한 상품을 더 저렴하게 살 수 있는 데다 무료배송까지 해주니 오프라인 매장을 찾을 이유가 없어진 거죠. 편리함을 경험한 사람들은 과거로 돌아가지 못합니다. 온라인이 오프라인보다 더 저렴하고, 편리하고, 안전하다고 생각하는 고객들이 늘어날수록 오프라인의 위기가 더 커지는 건 분명한 사실입니다.

여기서 한번 생각해보죠. 우리는 정말 온라인과 오프라인을 엄격하게 구분하고 살아가는 걸까요?

실제로 소비자들은 단지 더 편한 방법을 찾을 뿐 그것이 온라인인지 오프라인인지 딱딱 구분하면서 살지는 않습니다. 자동차 내비게이션(navigation)을 예로 들어보겠습니다. 내비게이션이 가리키는 세계는 현실세계일까요, 가상세계일까요? 내비게이션을 통해 우리는 현실세계의 길을 찾아가지만 내비게이션 자체는 분명 가상세계입니다. 그런데 우리는 내비게이션을 가상세계라고 생각하지 않습니다. 어찌 보면 온라인과 오프라인의 구분은 공급자 관점에서 나누는 것일 뿐 소비자 관점에서의 나눔은 아니었던 것이죠.

사실, 오프라인은 온라인과의 경쟁을 의식하지 않고도 많은 부분에서 디지털로 전환해 왔습니다. 키오스크와 사이렌오더 등 비대면 주문 서비스를 도입하고, 배달의민족 등을 활용해 판매방법을 다양화하고 있으니까요. 이처럼 언택트와 배달 서비스 등의 디지털 환경은 온라인만의 전유물이 아니었습니다.

오프라인이 망하지 않는 이유는 온라인의 여러 가지 한계 때문입니다. 온라인에서의 경제활동은 오프라인에 비해 간편하고 고정비가 적게 듭니다. 비싼 상권에 위치할 필요도 없고, 높은 월세를 낼 필요도 없습니다. 반면, 포장 용기 비용, 배달료, 외부 플랫폼 수수료 등을 내야 하죠. 고정비는 적을지 모르나 매출이 발생할 때마다 증가하는 변동비는 커집니다. 치킨 전문점이 배달앱을 사용하면 월수입이 60% 하락한다는 주장이 국회 국정감사에서까지 제기될 정도입니다. 포장을 위한 재료비와 배달 수수료는 계속해서 상승하는 데다 1회용품에 대한 환경규제 등 온라인에서의 경제활동에는 여러 가지 불확실성이 존재하는 것입니다.

온라인 쇼핑몰 입점도 다르지 않습니다. 오프라인에 비해 고정비는 적게 들지 모르나 광고비와 재고비 등을 감내해야 합니다. 가격을 중심으로 경쟁하는 만큼 소비자들의 시선을 잡으려면 광고를 해야 하는데요. 소비자들과의 접점이 중요한 만큼 많이 노출되려면 네이버, 페이스북, 인스타그램, 유튜브 등 다양한 채널에 모두 집행할 수밖에 없습니다. 여기에 빠른 배송을 위해 사전에 매입한 상품의 재고비 부담까지 생각하면 온라인 점포 운영에 소요되는 비용이 오프라인 점포 운영에 비해 적다고 단언하기 어렵습니다.

　또 안전 및 상품의 품질에 대한 이슈도 있습니다. 오프라인 매장에서는 고객이 직접 눈으로 보고 구매하기 때문에 구매 이후 과정에서 특별한 이슈의 발생이 적습니다. 하지만 온라인은 구매, 보관, 배송과정에서 안전과 품질에 대한 이슈 발생의 소지가 다분합니다. 예를 들면, 신선도 유지를 위해 포장을 아주 꼼꼼히 한다고 했음에도 배송과정에서 문제가 불거질 수 있는데요. 이렇게 되면 책임 소재에 대한 다툼도 발생하기 마련입니다.

　리테일 시장에는 수많은 변수가 작용합니다. 따라서 온라인이 리테일의 미래가 되리라는 전망은 하나의 가설일 뿐입니다. 앞서 언급한 것처럼 온라인과 오프라인을 구분하는 것 자체가 판매자의 관점입니다. 소비자는 온라인이든 오프라인이든 가릴 것 없이 자기에게 유익하고 편리한 방식을 선택하게 되어 있습니다. 이런 점에서 볼 때 앞으로 온라인과 오프라인은 하나의 세상으로 통합되는 형태로 발전하리라 믿어 의심치 않습니다.

오프라인 채널 간의 경쟁 이후

코로나 이후 1단계 승자는 언택트(Untact)입니다. 언택트는 온라인만을 의미하지 않습니다. 스타벅스가 사이렌오더를 중심으로 드라이브 스루(Drive Thru)를 확장했듯 오프라인도 키오스크, 무인 계산대, 배달 서비스 등을 도입하면서 언택트로 전환했습니다.

오프라인 기업이 온라인으로 전환한 대표적인 사례는 앞에서도 소개했듯 '도미노피자'입니다. 도미노피자는 스마트폰이 막 출시된 2010년경에 턴어라운드 캠페인을 시작했는데요. 피자 맛을 비롯한 고객경험 혁신, 어디서든 주문 가능한 애니웨어(AnyWare) 주문 시스템 구축으로 온라인 주문 시대에 선제적으로 대처했죠. 매장을 촘촘하게 배치함으로써 배달 시간을 단축하는 요새(Fortress) 전략으로 매장당 매출과 수익을 10%씩 높인 것입니다. 이처럼 언택트로의 성공적 전환은 매장이 대폭 늘고, 온라인을 통한 주문비율이 70% 수준에 육박, 주가가 30배 이상 뛰는 결과를 가져왔습니다.

1단계가 '언택트'와 '콘택트'의 경쟁이었다면 2단계는 오프라인 채널 간의 경쟁이라고 할 수 있습니다. 코로나로 많은 오프라인 매장이 큰 타격을 받았으나 동네 상권과 야외 테라스 등을 보유한 친자연 상권은 상대적으로 타격을 덜 받은 것으로 나타났습니다.

특히, 동네 상권에 해당하는 편의점은 접근성과 상품 차별화 등을 무기로 코로나 와중에도 매출이 성장하는 모습을 보여주었는데요. 사무실 밀집 지역인 오피스 상권이나 영화관 및 쇼핑몰이 있는 대형 상업시설은 큰 타격을 받은 반면, 동네 상권은 선전한 것입니다.

친자연 상권의 상승세도 눈에 띄었습니다. #바다뷰 #노을뷰 #논밭뷰 #신상카페 등의 해시태그에서 #부산카페 #인천카페 #청도카페 #기장카페 #함평카페처럼 산과 바다, 자연을 볼 수 있는 카페거리가 형성되면서 오프라인 상권이 바뀌고 있습니다. 새롭게 떠오른 오프라인 상권이 코로나 이후 막혀버린 해외여행 욕구를 채워주는 한편, 답답한 도시를 떠나 새로운 활력을 주는 핫플레이스로 등장한 거죠. 그래서 전국의 유명 맛집과 빵집과 카페를 찾아다니는 게 새로운 문화로 자리잡고 있습니다.

언택트와 콘택트의 경쟁, 오프라인 채널 간의 경쟁 이후는 '원거리 배송'과 '단거리 배송'의 경쟁이 될 가능성이 큽니다. 그런 측면에서 한동안은 온라인과 오프라인 채널이 충돌하면서 춘추전국시대가 될 것입니다.

쿠팡, 마켓컬리, 신세계(쓱닷컴, 옥션과 지마켓) 등은 전국적인 물류망을 바탕으로 원거리 배송 중심의 이커머스를 강화할 텐데요. 규모의 경제로 가격경쟁력을 확보하면서 운영 효율성의 극대화로 수익률을 높여가리라 예상합니다. 반면, 지역 중심의 중고거래 서비스인 당근마켓을 비롯해 오프라인에 촘촘하게 출점해 있는 편의점, 네이버 위치 기반 서비스 등은 '단거리 배송'에 집중할 것입니다. 단거리 배송은 식품처럼 안전에 대한 이슈가 있는 상품군에서 강점을 가집니다. 일반적인 먹거리는 평균 3일~6일 정도 소요되는 데 반해, 로컬푸드 같은 단거리 배송은 0.5~1일이면 충분하니까요.

보완적인 비즈니스 찾아내기

온라인과 오프라인은 모든 산업에서 소비자 편의를 높여가는 형태로 나아갈 것입니다. 지금은 경쟁 관계 같아도 오프라인과 온라인은 궁극적으로 하나가 될 수밖에 없습니다. 온라인과 오프라인은 상호 배타적인 채널이 아닙니다. 충분히 서로의 단점을 보완하면서 새로운 시장을 만들어낼 수 있기 때문입니다.

예를 들면, 음악을 무료로 다운로드할 수 있었던 소리바다가 나왔을 때 대부분의 음반회사들은 저작권 침해를 주장하며 문제를 해결하려 했습니다. 무료 다운로드 같은 해적 행위는 음반 판매의 저하로 이어져 기업의 수익성이 낮아질 거라고 판단했으니까요. 그렇다면 다른 방법으로 문제를 해결할 수는 없었을까요?

우려와는 달리 엔터테인먼트 기업들은 새로운 형태로 문제를 해결해 나가고 있습니다. SM, JYP, YG 등 엔터테인먼트 기업의 주요 수익원은 음원판매가 아닌 국내외 콘서트입니다. 더 나아가 외식업, 뷰티, 패션, 게임 등으로 사업 영역을 확장하고 있습니다. 물론 소속 연예인의 열애설, 사고, 마약류 복용 같은 리스크가 존재하는 데다 각각의 비즈니스마다 속성이 다르므로 연예인 콘텐츠만으로 무한하게 사업이 확장될 수 있는 건 아닙니다. 그럼에도 부정적인 연결 관계에 매몰되지 않고 긍정적인 연결 관계를 활용한다는 부분에서는 분명 중요한 시사점이 있습니다.

음악 산업이 건재한 이유는 소리바다와 싸워 이겼기 때문이 아닙니다. 그렇다고 음원 가격을 대폭 올리지도 않았죠. 음악 산업의 성장요인은 콘서트와 같은 공연 수익, 굿즈나 화장품 회사와의 협업 상품 출시 등 보완적인 비즈니스를 찾아냈다는 데 있습니다. 비즈니스의 경계를 좁은 상태로 한정 짓지 않아 가능했던 일입니다.

이처럼 성장과 혁신은 더 나은 기술이나 콘텐츠뿐 아니라, 더 좋고 더 저렴한 보완재를 제공했을 때 나오기도 합니다. 제품과 서비스 간의 연결 관계에서도 성장과 혁신이 이루어진다는 뜻입니다.

골목길이 트렌드입니다

슬리퍼 신고 가까운 곳을 어슬렁

코로나가 장기화되면서 해외여행은 어려워졌고, 그렇다고 사람들이 많은 도심에서 시간을 보내기도 쉽지 않습니다. 그러다 보니 집과 동네에서 보내는 시간이 많아졌는데요. 이처럼 슬리퍼를 신고 가까운 곳에서 소비활동을 하는 이른바 '슬세권(슬리퍼+세권(勢圈))'이 주목을 받고 있습니다.

'슬세권'으로 떠오른 대표적인 지역은 '마용성'으로 불리는 마포구, 용산구, 성동구입니다. 마포구에는 홍대와 연남동이, 용산구에는 이태원과 한남동이, 성동구에는 서울숲과 성수동이 있는데, 준(準)강남권이면서 도심 직주(直走) 근접성이 좋아 젊은 층에게 인기가 높습니다. 그래서인지 강남 3구의 뒤를 이어 집값이 가장 많이 올랐죠.

골목길 트렌드는 코로나 이전에도 있었습니다. 1990년대 중반부터 홍대를 중심으로 삼청동, 신사동, 이태원으로 골목길 문화가 확산되었는데요. 이때만 해도 트렌드라기보다는 일부 사람들이 즐기고 향유하는 장소였습니다. 2000년대 중반부터 본격적으로 부상한 골목길은 스마트폰과 소셜미디어를 등에 업고 하나의 트렌드로 성장하기 시작했습니다. 골목길은 MZ세대에게는 그동안 접해 본 적 없던 새로운 경험의 장소였고, 부모들인 X세대에게는 과거로 돌아가는 경험의 장소였기 때문입니다.

사실, 도시로 밀려든 사람들이 빌딩과 아파트 단지, 지하철 속에서 바쁘게만 살아가는 순간에도 골목길은 존재했습니다. 또한, 그곳을 떠난 사람도, 남은 사람도, 새롭게 들어오는 사람도 늘 있었습니다. 세월이 지나며 사람들이 떠난 자리에는 개성 있는 커피숍이 생겨나고, 아기자기한 소품을 판매하는 매장도 들어오기 시작했습니다. 오래된 식당이 맛집으로 등극하기도 했죠.

이처럼 골목길에는 삶의 이야기가 있고, 도시에서 접하지 못했던 역사와 문화가 담겨 있습니다. 아주 오래된 것들로부터 느끼는 편안함을 경험하는 공간이 골목길이었던 겁니다.

골목길에 생명을 불어넣는 활동들

골목길이 주목받자 정부와 지자체를 중심으로 도시재생사업이 활발해지기 시작했습니다. 서울 종로구 익선동, 부산 감천문화마을, 전주 한옥마을, 대구 '김광석 다시 그리기 길', 청주 수암골, 군산 근대화 거리 등이 바로 그런 곳들입니다.

종로구 익선동은 종묘, 인사동, 종로, 창덕궁과 북촌에 둘러싸인 곳으로 최근까지도 근대식 한옥이 많이 남아 있던 지역입니다. 한때 재개발로 한옥이 사라질 위기에 처하기도 했으나 정부와 지자체가 도시재생사업을 주도하면서 한옥 밀집 지역으로 지정되었죠. 그렇게 한옥 밀집 지역이라는 명확한 지향점이 제시되자 젊은 창업자들이 익선동에 들어와 한옥을 개조해 카페와 공방, 갤러리 등 개성이 듬뿍 담긴 공간을 만들기 시작했는데요. 다른 곳에서는 볼 수 없던 분위기의 매장들이 들어서자 유행에 민감한 젊은층이 모여들었고, 어느새 핫(Hot)하고 힙(Hip)한 익선동으로 탈바꿈되었습니다.

부산의 감천동은 한국전쟁 때 피난민들이 모여 판잣집을 짓고 살던 허름한 달동네였습니다. 10여 년 전만 해도 부산사람들조차 외면했던 곳이었죠. 그런 감천동이 2009년 문화체육관광부의 마을 미술 프로젝트가 시작되면서 지금의 감천문화마을로 거듭나게 되었는데요. CNN에서 '아시아에서 가장 예술적인 마을'이라고 소개할 만큼 부산의 대표적인 관광지로 변모했습니다. 그래서 젠트리피케이션 문제와 개발로 인한 훼손 문제 등으로 한때 시끄럽기도 했습니다. 2017년 9월 사하구는 감천문화마을 일원 18만 8,177㎡에 대해 '감천문화마을 보전형 지구단위계획'을 수립, 문제 해결을 위해 꾸준히 노력을 기울였습니다. 또 감천문화마을 일대에 프랜차이즈 가맹점 입점을 제한하고, 3층을 초과하는 건축물과 대규모 개발을 규제해 뛰어난 경관을 잘 보존하고 있습니다.

대구의 '김광석 다시 그리기 길'은 대봉동 방천시장에 위치하는데요. 방천시장은 도시공동화와 대형마트 및 백화점 개장 등으로 인해 상권이 쇠락하면서 규모가 작아진 데다 유동인구도 줄어 슬럼화된 지역 중 하나였습니다.

변화의 계기는 2010년 침체된 전통시장을 지역 문화공간이니 관광지로 활성화하기 위해 시행한 '문전성시 프로젝트'였습니다. 가수 김광석이 대구시 중구 대봉동에서 태어났다는 사실을 바탕으로 '김광석 다시 그리기 길'을 조성한 것이죠. 통영 동피랑 마을을 포함해 전국에 많은 벽화골목이 생겨나고 거리조성 사업이 진행되었으나, 시간이 흐르면서 콘텐츠가 점점 더 풍성히 채워진 사례는 '김광석 다시 그리기 길'이 거의 유일합니다.

MZ세대의 마음을 사로잡은 골목길

다시 홍대, 한남동, 이태원, 성수동으로 돌아가 보겠습니다.

이들 지역에는 강남처럼 높은 빌딩들은 없으나 주거지역을 중심으로 다양한 여가시설과 편의시설이 갖추어져 있습니다. 지형과 역사·문화적 가치가 담긴 건축물 등의 보존을 위해 고도 제한 지역으로 묶는 바람에 개발이 더뎠기 때문이죠. 그런데 역설적이게도 그 고도 제한 규제가 바로 오늘의 홍대, 한남동, 이태원, 성수동을 탄생시킨 겁니다.

홍대(연남동), 한남동, 이태원, 성수동에 사는 행위는 일종의 힙한 행동으로 여겨지기도 합니다. 파리에 거주하는 사람들을 '파리지앵'이라고 부르는 것처럼 성수동에 거주하는 사람들을 '성수지앵'이라고 부르기도 하죠. '성수지앵'을 판단하는 기준 중 하나는 오래된 길을 아느냐 모르느냐인데요. 구(舊) 길은 어디고 신(新) 길은 어딘지에 답할 수 있다면 성수지앵이라고 불릴 만합니다.

그렇다면 골목길이 왜 뜨는 걸까요? 개성과 다양성, 삶의 질, 자연보호 등 사회적 가치를 중시하는 사람들의 증가와 더불어 코로나도 한몫했습니다. 해외여행을 못 가고 재택 근무를 하는 날이 많아지면서 바로 우리 옆에 있는 아름다운 골목길이 눈에 들어왔습니다. 게다가 옛것의 향수가 물씬 묻어나는, 자동차로 이동이 어려운 골목길은 구석구석을 둘러보는 재미도 있습니다. 사람들의 눈높이에 따라

각각 다르게 과거와 현재가 공존하는 것도 매력적입니다. 우리의 골목길이 놀고, 먹고, 즐길 수 있는 대표적인 트렌드가 된 것이죠.

해결해야 할 과제, 젠트리피케이션

학술적으로 보면 젠트리피케이션(Gentrification) 현상은 쇠퇴한 지역이 여러 가지 원인으로 부유화되는 과정에서 발생하는 사회경제적, 인구학적 변화를 의미합니다. 종로구 익선동 사례처럼 젊은 사람들이 들어와 새로운 공간을 만들자 트렌드에 민감한 젊은층이 대거 유입되고, 상권이 활성화되자 대형 프랜차이즈 매장이 들어서는 것과 같습니다.

젠트리피케이션은 도시 발전과정에서 나타나는 자연스러운 현상입니다. 사람이 태어나서 성장하고, 결혼해서 아이 낳고, 나이 먹고 죽음을 맞이하듯 상권도 유행을 타며 자연스럽게 성장과 쇠퇴를 반복하게 되어 있습니다. 반면, 우리나라에서는 쇠퇴하던 공간에 들어와 성장에 기여했던 사람들이나 떠나지 못하고 거주하던 사람들이 어쩔 수 없이 밀려나는 부정적 의미로 사용되면서 단순히 막아야만 하는 것으로 인식되고 있습니다.

물론, 도시재생과정에서 누군가가 부당하게 이익을 취한다거나, 사회적 약자가 길거리로 내몰리는 일은 막아야 합니다. 기존에 거주하던 사람들은 열린 마음으로 새로운 사람들을 받아들여야 하고, 새롭게 유입된 사람들은 기존 거주민에 대한 세심한 배려가 필요합니다. 이와 연관된 일들이 원활하게 소통되지 않으면 서로 간에 갈등이 발생하며, 외부요인에만 의존해 지나치게 속도를 높인다면 부작용으로 인해 더 큰 사회적 비용이 발생하기 마련입니다.

젠트리피케이션 현상을 최소화시키면서 지역 활성화를 이끌어낸 대표적인 지역으로 '부산시 영도구 봉래동'이 있습니다. 영도는 신선이 산다고 불렸을 만큼 우수한 자연환경과 전통문화가 잘 어우러진 곳입니다. 부산시 중구, 서구, 동구, 영도구로 이루어진 원도심은 과거 부산의 중심이었습니다. 영도구의 북부 대평동, 남항동과 청학동, 봉래동 해안은 대표적인 공업지대로 일자리가 많아서 활기가 넘치는 지역이었죠. 그런데 어느 때부턴가 해운대, 광안리 등 서부산을 중심으로 개발이 되면서 영도구는 쇠락하기 시작했습니다.

그러자 지역을 살리고자 하는 다양한 시도가 있었는데요. 그중 하나가 '대통전수방 프로젝트'입니다. '사람과 기술 그리고 지역을 잇다'라는 캐치프레이즈를 내건 대통전수방 프로젝트에서 '대통'은 "크게 통한다"는 뜻으로, 기술과 역사 및 문화자산 등을 미래 세대인 청년들에게 전수해 그들이 영도구에서 큰 통로 역할을 맡도록 기획된 프로젝트였죠.

이 사업에는 핵심 역할을 한 이들이 있습니다. 영도구 봉래시장에 뿌리를 둔 삼진어묵과 봉래동에서 일해 오던 장인들이 바로 그들입니다.

삼진어묵은 기업이 실천해야 할 사회적 책임(CSR)의 일환으로 '삼진이음'이라는 비영리 단체를 설립해 기업역량의 사회 환원을 계획하고 있었는데요. 그것이 '대통전수방 프로젝트'를 통해 창업을 꿈꾸는 청년들에게 전문기술을 전수하고 창업 컨설팅까지 돕는 실행으로 이어졌습니다.

지역의 청년들을 비롯해 관심 있는 사람들은 어묵 만드는 기술부터 창업과 매장 운영에 이르기까지 약 3개월 동안 체계적인 교육을 받을 수 있었습니다. 1개월 간 봉래동 소재 공실 점포에서 창업 인큐베이팅을 받았으며, 그 과정을 성실하게 마친 사람들은 자신의 이름으로 된 매장을 열 수 있었습니다.

삼진어묵뿐만이 아닙니다. 명성양복점, 성실식품(두부), 영신칼스토리(장미칼), 옛날국수, 조내기고구마 등 전통시장에서 오랫동안 사랑을 받아오던 노포들도 '대통선수방 프로젝트'에 참여하기 시작했습니다. 칼국수 장인은 칼국수 만드는 기술을, 양복 장인은 양복 만드는 기술을 처음부터 끝까지 전수해 청년들의 창업을 도왔습니다.

정부와 지자체 또한 힘을 보탰습니다. 국토교통부의 2017년 '도시재생뉴딜 시범사업'을 시작으로 2020년까지 국비와 시비 등 182억 원이 투입되었는데요. 인프라 확충 및 하드웨어인 시설 개선과 함께 'M마켓'이라는 축제 형태의 프리마켓을 운영하고 있습니다. 영도구가 주최하고 대통전수방과 삼진이음에서 주관하는 이 M마켓은 지역상권의 회복력을 높이고 상인들과 주민들의 자신감을 높여주는 데 큰 역할을 하고 있습니다. 지역에서 생산되는 상품과 먹거리를 판매하는 한편 다양한 이벤트를 개최해 소비자들의 관심을 끄는 데 성공했습니다.

영도구 봉래동의 대통전수방 프로젝트에는 중요한 특징이 존재합니다. 콘텐츠가 분명하고, 그 콘텐츠를 끌고 나갈 비즈니스 주체들이 명확하다는 사실입니다. 여기에 소상공인과 전통시장의 참여가 이어지면서 부산의 새로운 명물이 된 것이죠. 소문을 듣고 관광객이 몰려들면서 이 지역의 경제는 더욱 확실히 살아나고 있습니다.

북미나 유럽에서는 슬럼의 인구구조 변화를 설명하기 위해 '젠트리피케이션'이라는 용어를 사용하는 반면, 국내에서는 사회적 약자의 비자발적 이주라는 문제로 인식되었습니다. 외래어가 국내로 유입되면서 본래의 뜻이 왜곡된 측면이 있죠. 언론에서도 젠트리피케이션 문제를 지나치게 부정적으로만 바라보기 때문에 효과적인 합의 도출이 어렵습니다.

새로운 골목길이 뜨게 되면 대규모 자본이 유입되기 마련입니다. 젠트리피케이션 문제에 효과적으로 대응하기 위해서는 명확한 현실과 이해를 바탕으로 지역주민들의 적극적인 관심과 참여 아래 해결방안을 모색해야 합니다.

4장

소유에서 이용으로 구독경제

소비구조의
대대적인 전환

공간까지 확장되는 구독 모델

신문처럼 일정 기간 구독료를 지불하고 필요한 제품이나 서비스를 지속적으로 주기적으로 제공받는 경세활동을 '구독경제(Subscription Economy)'라고 합니다. 멜론 같은 음악 스트리밍 서비스, 넷플릭스 같은 동영상 스트리밍 서비스가 대표적인데요. 음반 한 장 가격도 안 되는 비용으로, 극장에서 영화 한 편 볼 수 있는 돈으로 한 달간 언제 어디서니 음악을 듣고 영화를 보는 게 가능합니다.

구독 모델의 역사는 신대륙 탐험 시대로 거슬러 올라갑니다. 16세기에 구텐베르크의 인쇄기 발명으로 출판물의 대중화가 촉발되었는데요. 출판사들이 인쇄기를 직접 구입해서 운영하기에는 초기 투자비용과 운영비용이 만만치 않았습니다. 이에 출판업자들은 향후 발행될 출판물을 주기적으로 보내는 조건으로 독자들에게 정기 구독료를 받게 됩니다. 그렇게 구독자는 새롭게 발행되는 정보를 가장 빠르게 정기적으로 받아보고, 출판업자들은 출판에 소요되는 비용을 안정적으로 확보해 나갔죠. 이것이 바로 구독 모델의 출발점입니다.

구독 모델은 디지털 콘텐츠 같은 무형의 상품에서 많이 활용합니다. 하지만 최근에는 식료품, 화장품, 패션, 가구, 가전, 자동차뿐만 아니라 심지어 공간까지 구독을 접목하고 있습니다.

공간 구독으로는 일본의 '어드레스(ADDress)'가 대표적인 사례인데요. 어드레스는 월 4만 엔 정도의 구독료를 지불하면 일본 전역에 산재한 빈집이나 리모델링한 유휴 별장을 무제한으로 이용할 수 있습니다. 언뜻 생각하면 셰어하우스와 같다고 생각할지 모릅니다만 좀 다릅니다. 셰어하우스는 계약한 곳만 이용이 가능하지만 어드레스의 주거 구독 서비스는 플랫폼에 올라온 모든 주거 공간이 대상이니까 언제든 이용할 수 있습니다.

어드레스의 주요 고객은 도시를 떠나 좀 한적한 곳에서 자유롭게 일하고 싶은 사람들입니다. 지방에서의 생활을 꿈꾸지만 그렇다고 한 곳에 발이 묶이기는 부담스러울 때 어드레스 정기구독이 아주 좋은 선택지가 되죠. 그리고 구독료에는 기본적인 설비와 가전제품, 와이파이, 전기료 같은 모든 공과금이 포함되어 있을 뿐만 아니라 택배도 대신 수령해 주는 등 여러 가지 편의를 제공합니다. 또 각 지역의 거점에는 관리자 역할을 하는 '집 지킴이'가 있어서 현지 생활에 빨리 적응할 수 있게 도와주기도 하는데요. 시골 및 민가 중심으로 빈집을 매입하거나 임차해 쓰는 한편 여관, 호텔, 게스트하우스, 항공사, 차량 공유 회사 등과도 제휴를 맺어 사업을 확장해 나가고 있습니다.

구독 모델과 네트워크 효과

구독 모델의 성공사례는 디지털 상품이 많습니다. 이유는 비용 구조와의 밀접한 연관성 때문인데요. 디지털 상품은 초기 제작비는 많이 들지만, 추가 생산비용은 0원에 가깝습니다. 예를 들어, 웹툰 제작에는 많은 시간과 비용이 소요되지만 완성된 웹툰의 추가 생산이 필요하면 그냥 복사해서 사용하면 됩니다. 또 유통 비용도 매우 적습니다. 공장에서 제품을 생산하고 물류를 활용해서 배송하는 등의 과정과 활동이 필요 없으니까요.

이 같은 디지털 상품의 비즈니스는 편리하지만 여러 가지 전제조건이 붙습니다. 대표적인 것으로는 많은 사람이 사용해야 비즈니스로 의미가 있다는 사실입니다. 만약 친구 중에 누군가 혼자만 스마트폰을 가졌다면 혼자 노는 외에는 쓸모가 없습니다. 반면, 친구들이 모두 가지고 있다면 스마트폰의 사용 가치는 급격히 증가합니다. 친구들과 단체로 카카오톡을 할 수도 있고, 게임을 할 수도 있으니까요. 이렇게 사람들이 많이 사용하면 할수록 가치가 높아지는 것을 '네트워크 효과(Network Effect)'라고 합니다.

네트워크 효과는 미국의 경제학자 하비 라이벤스타인(Harvey Leivenstein)이 소개한 개념인데요. 일단 어떤 상품에 대한 수요가 형성되면 이것이 다른 사람들의 선택에 큰 영향을 미친다는 얘기로, 같은 제품을 소비하는 숫자가 늘어나면 늘어날수록 그 제품을 소비함으로써 얻는 효용이 더욱 증가한다는 것이 특징입니다.

네트워크 효과를 얻기 위해서는 사람들의 인식 속에 사실상의 표준이 되어야 합니다. 가까운 사람들과 대화할 때 사용되는 카카오톡, 잘 알지 못하는 사람들과도 일상을 공유할 수 있는 페이스북, 모임의 용도로 사용되는 밴드, 동영상을 공유하는 유튜브처럼요. 우리는 이들을 간단하게 '소셜미디어'라고 부르지만 각각의 용도에 따라 인식하고 있는 만큼 특정 시장에 집중하는 전략이 필요합니다. 선택과 집중이 있어야 초기 사용자 확보가 가능하고, 이를 바탕으로 네트워크 효과를 이끌어낼 수 있기 때문입니다.

네트워크 효과 측면에서 특히 초기 사용자의 의견은 대중이 사용하는 데 큰 영향을 미칩니다. 인테리어 플랫폼 '오늘의 집', 간편 송금 서비스 '토스', 동네 중고

거래 플랫폼 '당근마켓' 등의 폭발적인 성장에는 초기 사용자의 자발적인 홍보가 큰 역할을 했죠. 긍정적인 사용자 경험이 주위 사람들에게 영향을 미쳐 추가 사용자를 만들어내면서 그 상품을 선택하는 사람들이 많아지면 많아질수록 수요가 늘어나는 편승효과가 나타난 것입니다.

다양한 구독 비즈니스 모델들

구독경제가 관심받는 이유는 합리적인 소비자들의 증가와 함께 소비의 목적이 소유에서 경험으로 바뀌는 데 기인합니다. 그리고 클라우드를 활용한 실시간 스트리밍 기술, 스마트폰을 활용한 온라인 커머스 환경, 빅데이터 기반의 고객 맞춤형 기술, 네이버페이와 같은 간편결제 등 IT 기술이 그 뒤를 든든히 받치고 있기 때문이죠.

어떤 상품을 필요할 때만 이용할 수 있게 된다면 소유에 대한 부담이 줄어듭니다. 자동차를 할부로 구매하는 것은 '소유'지만 쏘카 등을 이용해 필요할 때마다 사용하면 '서비스'가 됩니다. 서비스 개념으로 자동차를 이용하고 경험하는 것인데요. 기존의 렌터카와 다른 점은 서비스를 이용할 때마다 렌터카 회사에 연락하고, 계약하고, 입금하는 등의 번거로움이 없다는 것이죠. 스마트폰에서 터치 몇 번으로 이용하고 싶은 자동차와 사용시간을 10분 단위로 결정할 수 있을 뿐만 아니라, 계약서 작성 및 자동차 키를 받기 위해 영업사원을 만날 필요도 없습니다. 이 같은 구독 모델은 음악이나 영화처럼 상품의 수가 많아지면 나에게 맞는 것을 추천하므로 개인화된다는 특징도 있습니다.

상품을 구매하고 소유하던 구조에서, 돈을 지불하고 필요한 만큼만 상품을 이용하는 소비구조의 전환은 지금 다양한 산업 분야에서 활발히 진행되는 중입니다.

'런드리고'는 모바일 앱 세탁 서비스인데요. 앱을 통해 세탁을 신청하고 밤 12시까지 스마트 빨래 수거함인 '런드렛'에 세탁물을 넣어두면 런드리고가 이를 회수해 세탁한 후 다음날 밤 12시까지 런드렛에 담아 문 앞에 놓아줍니다. 물빨래 세탁물은 물론, 드라이클리닝이 필요한 양복과 이불도 세탁해 주는 런드리고 서비스는 필요한 순간마다 정찰 가격으로 이용할 수 있는 자유이용 서비스와, 주기적인 세탁이 필요한 사람들을 위한 월정액 서비스 등으로 구독료가 책정되어 있습니다.

또 쏨와인, 퍼플독, 술담화, 그리팅 등은 먹거리 정기구독 서비스인데요. '쏨와인'은 소믈리에가 해당 계절에 가장 잘 어울리는 와인 2병을 골라 와인 키트와 함께 보내주고, '퍼플독'은 포도 품종과 음용 온도, 어울리는 음식이 적힌 설명서와 함께 그에 해당하는 와인 1~2병을 함께 배송해 줍니다. '술담화'는 매달 전통주 소믈리에가 전국 각지에서 발굴해 선정한 다양한 한국 전통주 2병과 잘 어울리는 안주, 술에 대한 소개가 적힌 큐레이션 카드를 보내주고, '그리팅'은 저당 식단, 그리고 유지어터를 위한 칼로리 식단, 영양소의 균형을 맞춘 장수마을 식단 등으로 세분화해 영양식 정기배송 서비스를 제공합니다.

개인의 취향에 맞춘 정기구독 서비스도 있습니다. 어니스트플라워, 꾸까, 마음수업 코끼리, 클래스101 시그니처 플러스, 하비풀 등이 많은 사랑을 받고 있습니다.

자체 기준으로 선별한 농장에서 갓 수확한 제철 꽃을 보내주는 '어니스트플라워'는 전국 50여 농가와 협력해 300종 이상의 제철 꽃과 식물을 소개합니다.

'꾸까'는 구독자에게 정기적으로 꽃다발을 보내주는 꽃 정기구독 서비스를 운영합니다. 원하는 크기에 받고 싶은 요일을 선택하면 전문 플로리스트가 만든 꽃다발을 2주에 한 번 배송해 주는데요. 꾸까 서비스를 이용하는 사람들은 평균 연령이 30세로 MZ세대가 가장 많습니다. 몇만 원 인 되는 가격으로 계절마다 어울리는 꽃으로 집을 장식하면 삶의 만족도가 높아지기 때문에 이용자들이 계속 증가하는 추세입니다.

명상 앱 구독 서비스인 '마음수업 코끼리'는 심리 전문가들이 직접 제작한 명상,

수면, 심리치유 콘텐츠와 힐링 음악을 제공합니다. 스트레스, 불안감, 불면, 우울, 자존감 저하 등 현대인이 자주 겪는 마음의 문제를 음원과 비대면 수업 등을 통해 해소할 수 있도록 해주죠.

온라인 강의 플랫폼 '클래스101'은 자회사인 '하비인더박스'를 흡수 합병해 '시그니처 플러스'를 출시했는데요. 이 '시그니처 플러스'를 통해 음악, 요리, 예술, 뷰티 같은 콘텐츠의 연간 구독이 가능합니다. 매월 구독료를 내면 1년 동안 해당 카테고리의 전 클래스를 경험할 수 있습니다.

다음은 다양한 취미활동을 가르쳐주는 온라인 플랫폼입니다. 컬러 드로잉 클래스, 모던 규방공예 클래스, 미니어처 만들기 클래스 등 다양한 취미를 경험해 볼 수 있는 '하비풀'은 바쁜 일상을 쪼개어 취미생활을 즐기는 사람들이 증가하면서 사용자들이 꾸준히 늘고 있습니다.

지식정보 서비스의 구독 모델도 주목해볼 만합니다. 퍼블리, 폴인, 아웃스탠딩, 뉴닉 등이 틈새시장을 개척하고 있는 가운데 전통 매스미디어들도 구독 모델로 전환 중입니다. 지식정보 서비스의 구독 모델은 과거 TV, 신문, 잡지 등의 유료화(Paywall) 모델과는 다소간의 차이가 있습니다. 꽤 큰 성과를 거두고 있는 퍼블리, 아웃스탠딩, 폴인 등은 SNS에서 구축된 독자 네트워크를 기반으로 사회적 영향력을 확보하고, 독자의 선호도와 수요 분석을 통해 콘텐츠를 제공합니다. TV, 신문, 잡지가 매체 자체를 이용하고 결제하는 방식이었다면 퍼블리, 아웃스탠딩, 폴인 등은 내가 선호하는 취향의 콘텐츠를 구독한다는 차이가 있습니다.

'퍼블리'는 일하는 사람들의 콘텐츠 플랫폼을 지향합니다. 실무에서 활용 가능한 양질의 콘텐츠를 정당한 대가로 이용하는 문화가 통한다는 사실을 입증하는 서비스입니다. 콘텐츠가 넘쳐나는 상황에서 누가 돈을 내고 서비스를 이용할까 싶지만 퍼블리 가입자 중 60%가 유료 고객인데다 재구매율이 25%에 달합니다. 신문 구독자 수가 갈수록 감소하면서 이를 극복하기 위해 조선일보 등 주요 언론사들이 시도한 뉴스 콘텐츠 유료화 실패 경험과는 대조적인 모습이죠.

중앙일보에서 만든 '폴인'도 지식 콘텐츠 플랫폼을 지향하면서 전문가들이 글을 쓰고 강연 프로그램을 판매하는 모델입니다. 콘텐츠를 구독한다기보다는 전문가들을 구독하고 커뮤니티에 참여하는 멤버십 성격에 가까운데요. 정기구독을 이용하면 모든 디지털 콘텐츠를 무료로 읽을 수 있을 뿐 아니라 폴인이 개설하는 온라인 세미나에 월 2회 무료 참석이 가능합니다. 게다가 오프라인 세미나에 참석하면 할인 혜택도 줍니다.

'리디북스'에 인수된 '아웃스탠딩'은 기존 매체에서는 볼 수 없던 차별화된 콘텐츠로 유료화 서비스를 안착시켰다는 평가를 받고 있습니다. 기존의 신문처럼 딱딱

한 방식이 아니라 기자를 캐릭터화해서 친구에게 설명해 주는 듯한 독특한 기사 문법으로 큰 반향을 일으켰죠. 현재는 경제, 문화, 산업, 생활 등으로 영역을 확대해 콘텐츠를 제공 중입니다.

구독 서비스는 하나의 흐름

구독 모델의 핵심은 '정기적'이라는 겁니다. 새로운 고객에게 일회성으로 판매하는 게 아니라 제품과 서비스를 꾸준히 이용하게 만드는 것이죠. 이를 위해서는 다양한 상품군을 보유함으로써 개인 맞춤화를 할 수 있어야 합니다.

20여 년 전, 제철에 수확된 농산물을 일주일에 한 번 보내주는 서비스가 있었습니다. 지금으로 보면 '제철 농산물 정기배송'이라고 할까요. 그런데 이 농산물 꾸러미 사업은 이제 어디에서도 찾아볼 수 없을 만큼 자취를 감추었습니다. 무슨 이유에서일까요? 오이를 싫어하는 사람들에게 오이를 배송하거나, 지난주에 보내준 상추를 아직 뜯지도 않았는데 또다시 보내주는 등 개인 맞춤화에 실패했기 때문입니다. 구독 모델은 이처럼 개인 맞춤화가 되지 않으면 실패할 수밖에 없습니다.

개인화(personalization)에 가장 앞선 곳이 바로 '스포티파이'와 '넷플릭스'입니다.

스포티파이는 개인이 선택한 노래의 코드, 박자, 분위기 등까지 분석하는 인공지능 알고리즘을 바탕으로 개인화된 음악 추천 서비스를 제공하는데, 이용하는 그 순간부터 바로 적용됩니다. 스포티파이의 이 같은 개인화는 수천 가지가 넘는 시그널을 토대로 이뤄지는데 사용자가 어떤 음악을 듣는지, 어떤 음악을 플레이리스트에 추가하는지, 사용자와 비슷한 취향의 다른 사용자들은 어떤 청취 습관이 있는지 등을 비교해서 분석합니다. 서비스 이용 시간대, 음악 청취 순서, 음원 발매일 등 자잘한 요소도 빼놓지 않습니다. 사용자 데이터가 많을수록 인공지능 알고리즘 정확도는 높아지고, 이를 기반으로 더 많은 고객을 끌어들일 수 있으니까요.

기존의 요금 체계를 월정액으로 바꾸기만 한다고 구독 서비스가 되는 게 아닙니다. '정기적'으로 구독하게 하려면 넘쳐나는 선택지 사이에서 고객의 수고와 비용을 줄여주는 큐레이션이 필요하고, 한 명 한 명의 취향에 맞춰주는 개인화가 필요합니다. 그리고 서비스를 이용하는 과정에서 계속 새로운 경험을 제공해야 소비자들이 중단하지 않고 구독 서비스를 이용하는 것입니다.

2007년(국내에는 2009년) 아이폰 출시 이후 다양한 구독 비즈니스 모델이 세상에 나왔으나 넷플릭스나 유튜브 등 일부 기업을 제외하면 의미 있는 성과를 거둔 곳은 제한적이었습니다. 그런데 10여 년이 넘는 기간 동안 관련 기술이 발전하고 외부환경이 대폭 개선되자 시장 규모는 물론 다양한 산업분야에서 구독 서비스가 하나의 흐름으로 자리 잡기 시작했습니다.

우리의 비즈니스, 나의 비즈니스에는 어떤 구독 모델을 적용하는 것이 좋을까요?

모든 것을 빌려드립니다, 렌털 비즈니스

구독 모델과 렌털 비즈니스 모델

구독 모델은 주기적으로 구독료를 지불한 후 구독자가 제품이나 서비스에 대해 소비할 권리를 갖고, 사업자는 구독자의 구독료를 생산과 운영과정에 투자하는 비즈니스 모델인데요. 서비스의 유형, 상품군, 제공방식에 따라 멤버십형, 정기배송형, 렌털형 등으로 구분합니다.

멤버십형에는 넷플릭스, 유튜브 프리미엄, 멜론 같은 디지털 상품과 쿠팡와우클럽, 네이버멤버십, SKT우주패스처럼 플랫폼에서 제공하는 서비스가 많은 것이 특징입니다. 소비자가 일정 주기에 맞춰 이용료를 지불한 후 상품을 무제한 혹은 부가적으로 이용하는 방식인 멤버십형은 각각의 제품과 서비스를 개별적으로 구매할 때보다 더 큰 혜택을 얻을 수 있다는 게 장점입니다.

정기배송형은 생수, 휴지, 샴푸, 면도기 등과 같은 생필품이나 소비자별 취향에 따른 커피, 와인, 취미용품 등의 품목을 주기적으로 배송받는 방식인데요. 최근에는 생수나 면도기처럼 일정 주기로 주문이 필요한 품목에 큐레이션을 접목하면서 소비자의 다양한 니즈를 충족시키는 형태로 진화하고 있습니다.

가장 오래전부터 존재해 왔던 방식은 렌털형입니다. 렌털이란 계약을 통해 기업이 특정 상품을 구입해 보관한 상태에서 이에 대한 일체의 유지관리 책임을 지고 사용자에게 일정 기간 대여해 수익을 만드는 비즈니스 모델입니다. 정수기, 자동차, 가구처럼 구입할 때 큰 비용이 드는 품목에서 렌털을 많이 활용하죠.

구독 모델에서 말하는 렌털 비즈니스 모델과 오래전 웅진코웨이 등에서 운영했던 렌털 서비스에는 별 차이가 없습니다. 구독 모델의 렌털형은 과거 할부 개념의 렌털 서비스를 모두 포함합니다. 진화된 차이라면 제조회사가 직접 구독 모델을 운영하면서 금융을 접목해 수익모델을 만들고 있다는 점입니다. 현대자동차가 운영하는 현대셀렉션이 그 예로 유통회사가 아닌 제조회사가 직접 운영하는데요. 현대자동차 차종에서 월 단위 요금제에 따라 월 2회 교체가 가능할 뿐만 아니라 지인이나 가족의 운전도 가능합니다. 월 구독료에는 보험, 정비, 자동차세가 포함되어 있으며 약정기간과 선납금, 위약금이 없어 마음만 먹으면 언제든지 간편하게 해지할 수 있습니다.

　제조에 관한 역량과 유통에 관한 역량은 각각 다릅니다. 제조기업이 유통까지 잘하거나 유통기업이 제조까지 잘한 사례가 많지 않은 이유입니다. 제조는 연구개발 중심으로 품질관리와 생산관리가 중요한 영역이고, 유통은 고객에게 판매할 수 있는 접점을 다양하게 만들고 판매하는 게 중요한 영역이기 때문입니다. 그럼에도 이제는 현대자동차 같은 제조기업이 구독 모델을 통해 직접 유통을 하는 거죠. 이렇게 되면 제조 마진을 더해 더 높은 수익을 올릴 수 있을 뿐만 아니라 금융을 도입하면 렌털 수익 또한 추가로 얻을 수 있습니다. 그리고 서비스를 이용하는 사람들의 이야기를 직접 들음으로써 빠른 피드백도 가능합니다.

　물론, 제조기업이 직접 유통을 하게 되면 시장에 균열이 생길 가능성이 큽니다. 전국에 오프라인 매장이 있는 현대자동차가 구독 모델을 비즈니스로 활용해 자동차를 이용하는 사람이 증가하면 유통채널의 반발을 불러올 수 있습니다. 자동차를 구매하려는 사람과 이용하려는 사람은 종류가 다른 만큼 직접적인 경쟁은 아니라고 하더라도, 동일한 소비자를 대상으로 하므로 경쟁관계에서 벗어나기가 어려운 거죠.

　유통기업도 얌전히 구경만 하고 있지는 않습니다. 코웨이, SK매직 등은 직접 제조도 하는 대표적인 기업입니다. 유통기업이 소형가전 등을 직접 만들게 되면 삼성전자, LG전자 같은 기업들과 충돌이 발생하게 되는데요. 그런데도 제조를 하는 이유는 기존에 없던 제조 부문의 마진을 가져오기 위해서입니다. 물론, 생산에 대한 노하우가 부족하면 품질에 문제가 발생하거나 재고 같은 관리 부담이 증가하기도 합니다. 그래서 렌털기업들은 상대적으로 기술적 난이도가 높지 않은 제품들을 만듭니다.

렌털하면서 얻는 이자수익은 유통기업의 전통적인 수익모델입니다. 렌털 상품은 냉장고, 세탁기, 건조기, 안마의자처럼 고가의 제품일 때가 많습니다. 일시불로 구입하기는 부담스럽죠. 소비자들의 부담을 줄여준다는 명목하에 카드 할부나 무이자 할부 상품을 제공하는데요. 이때 유통기업이 렌털을 하면서 카드 할부보다 이자율이 낮거나 더 많은 서비스를 제공하면 소비자들은 당연히 할부가 아닌 렌털을 이용하게 됩니다.

그렇다면 렌털기업은 어떻게 이자율을 낮추거나 더 많은 서비스를 제공할 수 있을까요? 유통을 위해 상품을 매입하는 과정에서 생기는 수익 때문입니다. 예를 들면 코웨이가 냉장고 1,000대를 구입하는 조건으로 삼성전자에 10% 추가 할인을 요청합니다. 삼성전자 입장에서도 대량 판매라 개별 고객을 응대하며 팔 때보다 비용이 절감되니 손해가 아니며, 기존 유통채널과 겹치지 않아서 할인해 준 제품의 가격대가 무너질 이유도 없으니 렌털기업과 제조기업 모두에게 도움이 됩니다. 그리고 렌털기업은 추가 할인받은 금액을 렌털상품에 적용해 소비자들에게 할부 판매보다 낮은 이자율로 제공합니다.

소비자들은 렌털기업이 할부 구입과 비슷하거나 약간 낮은 수준에서 더 많은 서비스를 제공한다면 렌털을 마다할 이유가 없습니다. 상대적으로 손해가 아니라고 생각하는 데다 당장 전액을 지불하지 않아도 되므로 렌털시 내야 하는 4~5% 수준의 이자 정도는 부담할 자세가 되어 있죠. 그럼 고객에게 4~5% 이자율을 적용해 렌털하는 렌털기업이 실제 은행에서 돈을 빌려오는 이자율은 어느 정도일까요? 확보된 사용자 계정을 바탕으로 그보다 훨씬 낮은 수준으로 돈을 빌려옵니다. 렌털 과정에서 이자수익을 얻는 것이죠. 렌털 기업으로서는 낮은 이자를 내고 빌려온 돈으로 제조기업에게 10% 할인받은 가격으로 구매비용을 지불하고, 렌털로 인한 이자수익까지 얻게 되니 일거양득이 됩니다.

렌털기업은 관리를 통해서도 수익을 얻습니다. 이 부분에서 기존 제조기업은 유통기업에 비해 불리할 수밖에 없는데요. 코웨이는 전국에 약 15,000여 명의 코디가 존재합니다. 이들을 통해 상품 판매뿐만 아니라 설치된 제품들을 관리하며, 그 과정에서 필터 교환 등으로 부가 상품을 판매합니다. 소비자들은 통상 3년~5년간 계약을 맺고 등록비와 월별 렌털료를 지불하는데, 계약기간이 끝나면 새로운 상품을 다시 렌털하거나 소유권 이전 후 멤버십을 통해 관리 서비스만 받기도 합니다. 렌털 가입 시점에서는 등록비와 렌털료가, 사용하는 단계에서는 매월 약정된 렌털료가, 렌털이 만료되는 시점에서 재렌털과 멤버십 가입료 등의 관리수익이 발생하는 거죠.

이처럼 렌털 비즈니스 모델의 장점은 안정적인 현금 흐름에 있으나, 모든 기업이 이 지점에 도달할 수 있는 것은 아닙니다. 가장 큰 이유는 비용 지출이 수익 실현에 선행하기 때문입니다. 소비자들에게 렌털 서비스를 제공하려면 사업 초기에 완성된 제품을 제조하거나 매입해야 합니다. 대규모 비용이 필요하죠. 반면, 약정 기간을 5년으로 했을 때 매출은 1/60씩 점진적으로 발생합니다. 즉, 사업 초기의 마이너스(-) 현금흐름을 감당할 수 있을 만큼의 사용자를 확보하지 못하면 렌털 비즈니스 모델은 구현이 어렵습니다.

렌털은 상품을 일시불로 구매하는 방식에 비해 비싸긴 하나 초기 부담 비용이 적은 데다 여러 개의 부가서비스가 묶여 있어 가격을 정확히 비교하기는 쉽지 않습니다.

한국소비자단체협의회가 안마의자의 렌털 상품을 살펴보고 일시불 가격 차이,

중도해지 위약금 등을 분석한 적이 있습니다. 원리금 균등상환 이자율 계산방식에 따라 일시불 가격, 약정 개월 수, 월 렌털료를 각각 대출원금, 상환 횟수, 1회 상환원리금으로 계산해 보니 렌털 할부 이자율이 6.4%~10.2%로 산출되었습니다. 제1금융권의 대출금리가 매우 낮은 수준임을 감안한다면 이자율이 엄청 높은 거죠.

물론, 렌털 서비스의 특성상 언제든 계약을 중도에 해지할 수 있습니다. 하지만 실제 서비스를 이용해 보면 공정거래위원회에서 권고하는 기준보다 몇 배나 높은 위약금을 내야 할 때가 많아 중도에 해지하는 소비자는 그리 많지 않습니다.

중도해지를 하지 않는 또 다른 이유는 마케팅 관점에서 '소유 효과'가 발생하기 때문입니다. 사람들은 자신이 보유한 집이나 땅, 자동차, 노트북 등에 애착을 갖기 마련입니다. 그렇다 보니 자신이 소유한 게 다른 것보다 더 좋다고 생각하는 경향이 있는데요. 일단 자산이나 물건을 소유하게 되면 갖기 전보다 그것에 대해 훨씬 더 후한 평가를 내리죠. 전통 경제학에서는 사람들을 합리적인 경제주체로 바라보지만, 실제 사람들이 중고상품을 거래하는 과정을 지켜보면 별로 합리적이지 않다는 사실을 알 수 있습니다.

1인 가구 중심의 렌털 비즈니스

렌털시장은 앞으로도 꾸준히 성장하리라 예상합니다. 경기 침체와 함께 소비욕구 및 인구구조의 변화, 관리 서비스에 대한 기대감 때문일 것입니다.

그중 인구구조의 변화는 많은 부분과 연결되는데요. 대표적으로 20~30대 1인 가구를 예로 들 수 있습니다. 풍요로움을 경험한 밀레니얼 세대이자 상대적으로 소득수준이 높지 않은 그들은 일시불 구매방식보다 무이자 할부를 선호합니다. 그런데 그 할부 수준의 금액에 다양한 부가서비스와 관리를 받는 렌털이 있다면 어떨까요? 당연히 렌털을 선택할 것입니다.

일시불이나 할부가 아닌 렌털을 선택하면 이처럼 일시불에 비해서는 초기에 지불해야 하는 비용 부담이 적고, 할부에 비해서는 보다 다양한 서비스를 받을 수 있습니다. 상품의 가치는 기능적 특징에 해당하는 제품 가치와 부가서비스 및 관리에 해당하는 서비스 가치로 나뉘는데요. 렌털산업에서 상품의 가치는 제품보다는 서비스 쪽일 때가 많습니다.

코웨이와 SK매직의 정수기를 볼까요? 둘 사이의 기술력은 별 차이가 없습니다. 기업마다 장점과 차별점을 제시하고는 있으나 소비자가 객관적으로 평가할 수 있을 만큼 다르거나 혁신적이지는 않죠. 성능이나 렌털 비용도 중요하지만, 그보다는 필터를 얼마나 주기적으로 관리해 주는지, 서비스는 꼼꼼히 제공되는지, 문제가 생겼을 때 얼마나 빨리 대응해 주는지 등이 의사결정에 있어 더 중요한 기준이 된다는 얘기입니다. 렌털 비즈니스는 고객을 유치한 후 이탈 방지를 위한 세심한 서비스가 가장 큰 경쟁력인 거죠.

고객을 관리한다는 말은 또 다양한 상품으로의 확장이 가능하다는 의미이기도 합니다. 정수기 관리를 위해 고객의 집이나 사무실을 방문하면서 자연스럽게 공기청정기와 의류청정기 같은 제품으로 판매 확대도 가능합니다. 기존 정수기 상품과 묶음 형태로 만들어 추가 할인을 해준다면 소비자에게는 솔깃한 제안이 되니까요. 만일 반려동물을 키우고 있다면 반려동물과 관련된 렌털 서비스 상품도 제안할 수 있습니다. 실제 렌털기업들은 반려동물용품 구매에 부담을 느끼는 소비자들을 겨냥해 렌털 방식으로 펫시장을 개척 중입니다.

나를 위한 소비

1인 기구는 '나' 자신을 위한 소비 비율이 높습니다. 신한은행에서 발간한 〈보통사람 금융생활 보고서〉를 보면 1인 가구의 소비성향이 76.7%로 전체 가구보다 5% 포인트 더 높게 나타납니다. 상대적으로 소득수준이 낮음에도 '나'를 위한 소비를 많이 하기 때문인데요. '나'를 위한 소비라는 말은 개인의 취향과 경험을 의미합니다. 이에 기업들은 반려동물용품 렌털처럼 소비자도 원하지만 스스로 깨닫지 못하고 있는 상품을 제안하면서 끊임없이 수요를 만들어가고 있죠. 한정된 자본과 높은 소비성향이 합쳐진 거대한 잠재수요가, 취향과 경험을 소비하기 위해 꿈틀댄다고 보아도 과언이 아닙니다.

소비자들의 인식 또한 빠르게 변화하고 있습니다. 과거에는 물건을 소유한다는 생각이 지배적이었습니다. 그러다 신제품과 신기술의 교체가 빠르게 진행되는 가운데 가격은 비싸고 제품 사용주기는 짧아지면서 구매보다 렌털에 대한 관심이 증가했습니다. 주기적으로 부품을 교체하거나 관리가 어려운 제품은 추가 비용을 부담하더라도 렌털로 관리 서비스를 받는 게 낫다고 생각하는 사람들이 많아진 겁니다.

렌털시장은 사후관리 서비스 같은 부가서비스에 집중하거나, 첨단기술을 바탕으로 높은 진입장벽을 만들거나, 기존에 생각지 못했던 상품으로 다변화하는 형태로 발전하며 성장 중인데요. 생활가전, 헬스케어, 유아용품 등에서 취미용품, 패션용품, 애견용품처럼 전문성과 다양성을 바탕으로 하는 상품들로 확장되고 있습니다. 앞으로는 더 나아가 플랫폼 구축을 통해 여러 업종의 기업들과 제휴함으로써 다양한 제품군을 소비자에게 선보이는 형태로 발전할 것입니다.

카카오 '구독ON'이 한 예입니다. 구독ON에서는 제철 과일, 샐러드, 반찬, 과자 같은 각종 식품과 가전, 생필품, 서적, 펫푸드 등 실물 상품뿐 아니라 청소와 세탁 등의 서비스까지 다양한 상품 구독이 가능합니다. 전 국민이 사용하는 카카오톡과 연동되는 데다가 카카오페이로 간편하게 결제하니 매우 편리합니다. 구독 상품 내역과 결제일, 결제액을 카카오톡 내 하나의 화면에서 볼 수 있고, 가입만큼 간편한 구독 해지 또한 장점이며, '발견하기' 탭을 누르면 '귀찮은 일을 대신', '뜻밖의 취향 발견' 등 테마별 구독 상품·서비스 모음도 한눈에 볼 수 있습니다.

플랫폼이 못 되는 기업은 보통 전문화의 길을 선택합니다. 세계 1위 가구업체인 이케아는 본격적으로 가구 렌털 사업을 시작했습니다. 이는 현대인들이 거주지를 자주 옮김과 동시에 인테리어에 관심이 많으나 매번 새 가구를 구매하기는 어렵 다는 점에서 착안되었습니다. 국내에서는 한샘과 현대리바트 등이 가구 및 인테리 어 제품의 렌털시장에 진입했는데요. 뉴욕, 샌프란시스코 등에는 가구 공유 스타 트업 기업 '페더'가, 일본에서는 '키마르크' 등이 영업 중입니다.

뿐만 아니라 렌털의 영역도 홈뷰티 기기나 맥주 제조기, 반려동물용품, 예술품 등 새로운 카테고리로 점점 확장되는 추세입니다. 향후 렌털 비즈니스는 '무엇을 빌려줄 것인가'에 대한 고민보다 '어떤 서비스를 제공하는가' 같은 고객관점에서의 케어 서비스가 더 중요해지리라 예측됩니다. 따라서 렌털시장 내에서 생존하기 위해서는 자체적인 R&D 역량도 중요하지만, 중장기적으로는 여러 업종의 회사들과 제휴해 다양한 제품군을 소비자에게 선보이는 '오픈 서비스 이노베이션 (Open Service Innovation)' 능력이 성과를 가를 것입니다.

라이프 스타일을
구독합니다

오프라인도 구독합니다

일정 금액을 지불하고 상품이나 서비스를 받는 '구독 서비스'가 일반화되고 있습니다. 지금까지는 넷플릭스, 유튜브, 멜론 등 주로 디지털 상품에 적용되었는데요. 최근에는 오프라인 매장으로도 확대되는 중입니다.

오프라인 매장에 구독 모델을 적용하는 대표적인 곳으로는 파리바게뜨와 뚜레쥬르가 있습니다. 모바일 앱에서 원하는 서비스를 결제하면 바코드 확인으로 서비스 이용이 가능한데요. 스타벅스처럼 전국 매장에서 자유롭게 이용할 수 있는 단계까지는 아닙니다. 아직은 서비스를 결제한 매장에서만 해당 서비스가 제공되거든요.

파리바게뜨는 커피, 샐러드, 샌드위치를 중심으로 구독 서비스를 시범운영해 본 후 전국의 가맹점으로 확대 운영 중입니다. '커피 구독 서비스'는 한 달(30일)간 20회(19,800원) 또는 30회(29,700원)로 이용 횟수 선택이 가능하고, '샐러드 & 샌드위치 구독 서비스(6만 원)'는 한 달에 15회 이용할 수 있습니다. 커피는 1회에 천 원이 안 되는 가격이죠.

CJ푸드빌의 뚜레쥬르도 월간 구독 서비스를 가맹점으로 확대 운영 중입니다. 뚜레쥬르의 월간 구독 서비스는 월 19,900원을 내면 아메리카노를 하루 1잔 제공합니다. 30일간 매일 마신다면 정가 대비 80% 이상 할인된 가격으로 계산하면 하루 700원 꼴이 되는데요. 이는 자판기 커피보다 조금 더 비싼 수준입니다.

이 같은 구독 모델은 소비자와 판매자 모두에게 이익을 가져다줍니다. 소비자는 저렴한 가격에 서비스를 이용할 수 있어 좋고, 판매자는 가격을 할인해주기는 하지만 매월 안정적인 매출이 확보되어 좋죠. 또 사람들을 매장에 방문시킴으로써 추가적인 상품 판매의 기회를 얻게 됩니다. 구독 모델은 기존의 것을 포기하고 얻는 자기잠식(Cannibalization)이 아니므로 판매자에게도 손해가 안 됩니다. 만일, 구독 모델이 기존 다른 상품의 매출 감소를 가져온다면 도입하기 어렵죠.

사업주에게 인건비(아르바이트 등)와 월세 등은 고정비에 해당합니다. 매출은 '구매고객 수×객단가'로 구성되는데요. 구독 모델의 객단가(1회당 구매금액)는 낮으나 구매고객 수가 증가하면 할수록 수익이 많아집니다. 인건비와 월세 등의 고정비는 방문한 사람들의 수와 같은 비율로 증가하는 게 아니기 때문입니다. 게다가 매장을 방문한 사람의 추가 상품 구매가 일어나면 부가적인 수익 창출도 가능하죠.

물론, 오프라인 매장의 구독 모델에는 몇 가지 제약이 따릅니다. 이는 어쩌면 디지털 콘텐츠와 비슷할 텐데요.

첫 번째는 상품 제안력입니다. 좋은 말도 여러 번 들으면 싫어지듯 한 가지 음식을 계속해서 먹을 수는 없습니다. 소비자가 원하는 양질의 상품(커피, 샌드위치 등)을 계속해 제안해야 하는데, 이게 절대 쉬운 일이 아닙니다. 누구나 쉽게 시작할 수 있으나 지속성을 갖기 어려운 이유가 바로 이런 상품 제안력의 한계 때문입니다.

두 번째는 고객의 취향에 맞는 맞춤화입니다. 오래전 제철 농산물을 일주일에 한 번 배송했던 사업을 예로 들어보겠습니다. 소비자로서는 농산물 재배 시기에 딱 맞춰 생산자가 직접 징기직으로 보내주므로 품질이 보증된다는 측면과 더불어 매일 장을 보는 번거로움이 줄어든다는 장점이 있었습니다. 하지만 농산물 정기배송은 성공한 사례가 거의 없습니다. 왜냐하면 고객 개개인의 취향을 반영하기가 쉽지 않거든요. 앞에서도 예를 들었듯 오이를 싫어하는 사람에게 오이가 계속 배송되거나 상추가 많이 남았는데 또다시 상추가 배송된다면 어떻게 될까요? 고객을 편리하게 해준다는 장점이 오히려 불필요한 상품을 제안하는 형태가 되어 불편해지는 건 기정사실입니다.

세 번째는 IT시스템 구축입니다. 월정액으로 매월 구독이 갱신되는 형태이므로 이를 뒷받침하는 IT시스템이 갖추어져야 합니다. 애플리케이션 같은 서비스 구축은 기본인데요. 서비스 안에는 개인 인증이 가능한 인증 시스템 및 고객이 카드로 결제할 때 필요한 금융 연계 시스템, 언제든 손쉽게 서비스를 해지할 수 있는 개인화 시스템 등 생각보다 복잡한 많은 장치가 필요합니다. 그러니 사업 규모가 작은 소상공인에게 구독 모델은 그림의 떡이나 다를 게 없는 거죠.

구독을 지원하는 플랫폼들

그런데 시장에 몇 가지 변화가 일어나고 있습니다. '카카오톡 채널'에서 상품 구독 서비스를 운영 중인 카카오가 대표적입니다. 카카오톡 채널을 통해 렌털, 정기배송 등의 상품 구독 서비스 신청이 가능한데요. 가전, 가구, 공기청정기의 필터 등 다양한 상품에 대한 렌털과 정기배송 정보 및 소식 등을 한눈에 확인할 수 있습니다. 상품 구독에 필요한 정보를 알림으로 받아볼 수 있을 뿐 아니라 상담과 결제도 가능합니다. 기존 오프라인에서 정기구독 상품에 가입하고 이용하는 데 드는 복잡한 과정을 카카오톡 안에서는 몇 번의 클릭만으로 가능하도록 편의성을 높인 거죠.

카카오톡에서는 또 상품 구독 서비스를 제공하는 비즈니스 파트너에게 상품 구독 관리 플랫폼 'SSP(Subscription Service Platform)'도 제공하는데요. 이를 통해 파트너는 카카오 SSP에 상품정보를 등록하고 상품 구독 서비스의 모든 과정을 관리함으로써 체계적인 서비스 제공이 가능합니다.

카카오의 상품 구독 플랫폼은 규모가 작은 소상공인 매장이 활용하기엔 아직 미흡한 점이 많으나 네이버, 쿠팡, 신세계 중심의 전자상거래 시장에서 볼 때는 차별점이 있습니다. 지금은 미흡하더라도 관심을 가지고 지켜볼 필요가 있다는 뜻이죠.

이처럼 온라인 사이트에서부터 오프라인 매장까지 구독 모델을 적용하는 기업이 증가한다는 사실은 무엇을 의미할까요?

고객을 일회성으로 바라보던 비즈니스가 '오랫동안 함께하는 팬' 중심으로 전환되고 있는 겁니다. 이는 거래보다는 관계로 비즈니스가 바뀌어 간다는 뜻입니다. 충성고객은 계속해서 구매할 뿐만 아니라 가족이나 친구, 커뮤니티에 상품을 추천하기도 합니다. 연구 결과에 따르면 재방문 고객은 그곳을 신뢰하기 때문에 더 많은 돈을 소비하고, 더 비싼 제품과 서비스를 구매한다고 합니다.

구독 모델은 하나의 마케팅 수단이 아니라 고객과 장기간 관계를 지속하겠다는 기업의 방향성을 담은 사업입니다. 따라서 비즈니스에 적용하기 위해서는 고객을 이해하고 신뢰를 구축함으로써 서로에게 이익이 되도록 노력을 기울여야 합니다.

플랫폼은 과연 선할까?

기술이 아닌 소비자에게 집중해야

사람들은 여러 가지 선택사항 중 자신에게 편리한 것을 택하여 익숙한 방식으로 살아갑니다. 하루아침에 소비 습관이 바뀌지 않는다는 뜻입니다. 온라인의 성장세가 가파른 가운데서도 오프라인 중심의 백화점이 여전히 건재한 것도 그런 이유 때문입니다. 오프라인을 선호하는 사람들이 아직 많다는 뜻이죠.

반면, 충격적인 경험을 하게 되면 행동습관에도 큰 변화가 나타납니다. 코로나19로 인한 변화기 대표적인 예입니다. 오프라인에 익숙했던 사람들이 코로나를 겪으면서 온라인으로 급속히 전환되었죠. 매장 방문이 어렵게 되면서 어쩔 수 없이 온라인을 이용하기 시작한 것인데요. 흥미로운 사실은 온라인이 오프라인보다 나쁘지 않다는 것과, 온라인이 더 편리하다는 것을 경험하게 되었다는 점입니다.

코로나로 인해 반강제적으로 온라인을 경험한 사람들이 온라인의 새로운 이용자가 된 것이죠.

머지않아 코로나가 종식된다 해도 우리의 일상은 코로나 이전으로 돌아갈 수는 없을 겁니다. 어쩔 수 없이 재택근무를 하고, 어쩔 수 없이 온라인으로 강의를 듣다 보니 그 편리함에 눈을 뜬 것이죠. 새로운 세상을 경험한 사람들은 과거로 돌아가기 어렵습니다.

온라인과 디지털로의 전환은 물론 코로나 이전에도 진행되고 있었습니다. 다만, 완전히 자리를 잡으려면 시간이 좀 더 필요했죠. 그런데 코로나가 비즈니스 자체를 디지털로 전환하는 중요한 기폭제 역할을 했습니다. 상상도 할 수 없었던 급격한 변화인 거죠.

그러나 세상을 바꾸는 건 기술이 아닙니다. 비즈니스에서 기술은 매우 중요한 요소이긴 하나 그것 자체가 세상을 바꿀 수는 없습니다. 우리 주변에서 사용하는 서비스만 들여다봐도 최고의 완벽한 기술이 담겼다고 보긴 어렵습니다. 고객이 지불하는 것보다 조금 더 나은 수준 정도인 거죠.

기술이 기술로만 머물지 않게 하려면 소비자에게 집중해야 합니다. 기술을 활용해 새로운 가치를 제공하고, 이를 통해 편리함을 경험하게 되면 소비자들은 오랫동안 지켜왔던 기존의 패턴에서 벗어나 새로운 방식을 받아들입니다. "우리의 기술은 이렇게나 우수합니다"라고 주장하기보다 "우리는 소비자들에게 새로운 가치를 제공하기 위해 이런 기술을 확보하고 있습니다"라고 이야기하는 기업이 미래의 주인이 될 것입니다.

네이버와 쿠팡 등 플랫폼 비즈니스의 파워

코로나로 가장 크게 변화되는 산업 중 하나가 유통입니다. 오프라인의 많은 부분이 온라인으로 바뀌고 있으니까요. 군이 통계 수치를 인용하지 않더라도 우리는 일상생활에서 오프라인보다 온라인이 차지하는 비중이 급속도로 커졌음을 체감 중입니다. 반면, 오프라인 위주로 전개됐던 많은 산업은 2009년 금융위기 때보다 더 극심한 불황을 겪고 있습니다.

이런 상황에서 온라인 유통의 성장을 가장 빠르게 주도하는 분야는 식품입니다. 식품은 신선도가 중요하다 보니 오프라인이 중심일 수밖에 없습니다. 그런데 높은 품질, 빠른 배송, 저렴한 가격이라는 무기를 앞세운 쿠팡과 네이버 스마트스토어와 '신선식품 새벽배송'이라는 기치를 내건 마켓컬리가 큰 폭으로 성장하면서 판도가 달라졌습니다. 식품을 온라인으로 판매할 수 있다는 사실이 증명된 겁니다. 그러자 오프라인 중심이었던 현대백화점도 이 시장에 뛰어들었죠.

밸류체인(value chain) 상에서 이렇게 온라인 유통 파워가 막강해지자 고민이 커진 곳이 있는데요. 바로 제조업체입니다. 소비자들이 쿠팡과 네이버 같은 온라인에서 구매하는 비중이 증가하면 제조업체는 온라인에서의 유통 비중을 높일 수밖에 없습니다. 그런데 문제는 온라인 유통 플랫폼들이 제품의 가격 인하를 압박하는 한편 반대로 수수료는 높여가고 있는 현실입니다. 이런 악순환이 반복되면 수익성이 악화된 제조업체들이 큰 문제에 봉착하게 됩니다.

네이버 스마트스토어는 기본 수수료 3.74%에 검색을 통해 구매로 이어지면 연동 수수료 2%를 추가합니다. 수수료가 5.74%가 되는 거죠. 이는 평균 10% 안팎인 다른 오픈마켓 수수료보다는 저렴해 보입니다. 하지만 네이버쇼핑 내에서 경쟁이 심해지다 보니 광고를 집행할 수밖에 없습니다. 여기에 구매적립금과 N페이 적립, 라이브 쇼핑 시 발생하는 1% 연동 수수료까지 보태면 전체 수수료는 10%를 훌쩍 넘어섭니다.

쿠팡도 오픈마켓 판매는 수수료가 10% 정도지만 로켓배송으로 상품을 판매할 때는 20% 이상의 수수료를 받습니다. 최근에는 30% 수준으로 수수료가 높아지고 있는데요. 로켓배송으로 팔려고 하면 판매량이 많아지는 만큼 수수료가 부담되고, 오픈마켓 방식으로 팔려고 하면 상위에 노출되지 않아 판매가 안 되는 딜레마에 빠지게 됩니다. 로켓배송 상품은 오픈마켓 방식과 병행해서 판매하지 못하게 막아놓았기 때문에 제조업체로서는 당연히 고민스러울 수밖에 없죠.

쿠팡과 티몬, 옥션, 지마켓, 11번가 같은 온라인 유통업체들은 타 사이트에서 판매되는 최저가를 자동 감지하는 시스템을 활용해 제조업체들에게 끊임없이 가격 인하를 요구하고 있습니다. 제조업체는 온라인 성장에 편승하면서 거대한 온라인 유통업체에 종속될 것인지, 아니면 주도적으로 성장을 추구해야 할지 선택의 기로에 서 있습니다.

검색창을 장악하고 있는 네이버

코로나는 네이버의 매출에 날개를 다는 효과를 가져왔습니다. 기존 광고 사업과 함께 선제적으로 투자한 커머스와 네이버페이 그리고 클라우드 서비스 같은 B2B(기업 간 거래) 사업 등의 성장이 비대면 문화의 급속한 확산에 힘입어 가속화된 것이죠.

이중 단연 돋보이는 것은 스마트스토어입니다. 스마트스토어는 네이버에서 제공하는 인터넷 쇼핑 서비스인데요. 신규로 스마트스토어를 개설한 개인이나 기업이 전년 동기 대비 61% 늘어나 전체 35만 개가 되었다고 합니다. 단순히 판매자 수만 늘어난 게 아니라 이곳에서 상품을 판매하는 기업들의 매출도 늘어났습니다.

네이버에 의하면 연 1억 원 이상 매출을 내는 판매자가 26,000명을 넘어섰다고 합니다.

그러나 단순히 스마트스토어 판매자가 증가해 네이버의 매출이 높아진 건 아닙니다. 이들을 대상으로 다양한 광고 상품과 부가서비스 등을 제공해 수익률을 극대화했기 때문이죠. 실제 네이버는 네이버커머스와 관련된 구체적인 숫자는 확인할 수 없다고 말합니다.

네이버쇼핑은 네이버의 광고 상품이 포함된 비즈니스 플랫폼 매출에 있어 큰 부분을 차지합니다. 네이버는 쇼핑 입점 판매자를 대상으로 클릭당 과금(課金) 방식의 쇼핑 광고와 함께 구매가 발생할 때마다 판매금액의 2%에 해당하는 수수료를 받는 비즈니스 모델을 취하고 있습니다. 검색의 끈을 네이버가 쥐고 있다는 점에서 네이버의 시장지배력은 앞으로도 더욱 높아질 것으로 보입니다.

기업들은 앞으로 어떻게 해야 할까요? 현실적인 대안은 네이버라는 외부환경을 적절히 이용하면서 자사의 채널 경쟁력을 강화하는 겁니다. 그러려면 네이버에서 어떤 서비스에 중점을 두고 있는지 알아야 합니다.

첫 번째는 라이브 커머스입니다. 오랫동안 투자하고 있으나 성과가 크지 않은 분야가 영상시장입니다. 네이버는 유튜브같이 일반인을 대상으로 사용자를 올리기보다는 연예인이나 유명한 셀럽 그리고 스마트스토어 판매자를 대상으로 영상시장의 확장을 시도하고 있습니다.

2020년 3월부터 스마트스토어 판매자를 대상으로 라이브 커머스 도구를 제공하기 시작했고, 6월 말부터는 네이버가 출시한 스마트스토어 판매자 앱에도 '라이브 방송' 기능을 지원하기 시작했습니다. 네이버 라이브 커머스를 통해 판매자가 단골을 만들 수 있도록 하려는 것인데요. 영상을 통해 스토어에 방문한 고객과 다시 영상을 중심으로 커뮤니케이션하도록 하기 위함입니다. 판매자와 고객의 커뮤니케이션을 위해 라이브 커머스를 키워가겠다는 의지를 담은 것이죠.

판매자에게도 라이브 커머스는 활용가치가 있습니다. 네이버에 따르면 라이브 커머스는 앞으로 네이버 메인화면과 검색화면에 더 많이 노출될 예정이라고 합니다. 네이버가 신경을 많이 쓰는 분야이므로 선제적으로 활용한다면 더 많은 판매 기회를 얻을 가능성이 큽니다. 현재는 스마트스토어 파워셀러 등급 이상의 판매자만 라이브 방송을 할 수 있는데, 장차 등급 제한 없이 모든 판매자가 이 도구를 사용할 수 있을 것이라 생각합니다.

두 번째는 유료 멤버십 서비스인 '네이버플러스'입니다. 아마존과 쿠팡, 코스트

코가 활용했던 방식을 네이버도 도입했는데요. 네이버플러스는 월 4,900원으로 네이버가 제공하는 웹툰과 웹소설, 오디오북, VOD 스트리밍, 음악, 네이버 클라우드, 추가 쇼핑 적립금 등 다양한 혜택을 제공합니다. 네이버플러스를 통해 더 많은 충성고객을 확보하겠다는 뜻입니다.

여기서 눈에 띄는 게 '네이버쇼핑 적립금'으로, 고객들이 네이버 통장에 적금 형태로 돈을 넣어놓고 네이버페이 결제 시 사용할 수 있도록 하는 건데요. 네이버 통장에 보관만 해도 최대 3% 이자를 주고, 네이버페이로 결제하면 최대 3%의 포인트를 적립해 줍니다. 언뜻 보면 6%의 이자를 주는 것처럼 보이죠.

하지만 그렇다 해도 네이버는 손해 볼 게 없습니다. 네이버에 적립금이 쌓일수록 사람들은 다른 곳으로 이탈하지 못할 테니까요. 그렇게 되면 네이버의 전자상거래 규모는 훨씬 더 커질 뿐만 아니라 네이버 통장에 입금된 돈은 선불충전금이라 네이버에서 다양하게 활용할 수도 있습니다. 금융을 중심으로 다양한 비즈니스 모델이 파생되는 것인데요. 비즈니스 모델 관점에서 금융업으로의 진출은 매우 큰 의미를 가집니다.

선불충전금을 통해 비즈니스 모델을 고도화하고 있는 선봉에는 스타벅스가 있습니다. 사이렌오더 주문을 위해 선불충전으로 적립된 돈이 2020년 6월 기준으로 1,300억 원이 넘는다고 합니다. 은행에 예치만 해도 수십억 원의 이자가 발생하게 되죠. 물론, 스타벅스가 은행에만 예치할 만큼 순진하지는 않을 겁니다. 법령에서 정하는 금액 외의 돈은 다른 곳에 투자해 더 많은 수익을 냈겠죠. 하지만 그보다 더 큰 이익은 데이터를 연계해 다양한 마케팅이 가능하다는 점입니다. 스타벅스는 충전된 디지털 화폐의 사용으로 알게 된 고객 개개인의 음료 취향, 충전 패턴, 이용 매장 등 다양한 정보를 조합하고 분석해 신제품 개발과 맞춤형 상품을 추천합니다. 데이터가 많지 않은 초기에는 활용도가 낮을지 모르나 시간이 흐를수록 추천 알고리즘은 정교해질 것입니다.

네이버가 네이버 통장, 네이버페이, 네이버 적립금 등으로 금융시장을 장악해 간다면 그 규모는 스타벅스보다 몇십 배 더 커질 게 뻔합니다. 네이버 비즈니스 모델의 출발점은 결국 네이버 스마트스토어, 네이버 통장, 네이버페이, 네이버 적립금 등이 되는 거죠. 네이버플러스는 서비스를 본격적으로 시작한 지 얼마 되지 않아서 조금 더 지켜봐야겠지만, 네이버 안에서 충성고객을 만들어가는 데는 큰 역할을 할 것이 자명합니다.

네이버플러스는 상대적으로 구매 빈도가 낮았던 사용자들의 구매 확대에도 큰 역할을 하는데요. 네이버에 따르면 전체 가입자의 절반을 차지하는 월 20만 원 이하 구매 고객의 구매액이 3배 이상 증가했다고 합니다. 고객의 충성도 또한 강화되고 있습니다. 네이버플러스 회원 중 월 20만 원 이상 소비하는 사용자가 전체의

50%가 넘는다고 하는데, 이 사용자의 월평균 구매액이 멤버십 사용 전과 비교해서 28% 증가했습니다. 카카오페이에 비해 초기의 흥행 정도는 떨어지지만, 장기적으로 네이버플러스는 네이버 커머스 확장의 기반이 될 것이라 보여집니다.

　네이버는 커머스뿐 아니라 네이버페이, 파이낸셜, 클라우드, 라인웍스 등 다양한 서비스가 함께 성장 중입니다. 자산을 연계한 성장 포트폴리오 전략이 성과를 나타낸다고 할 수 있는데요. 네이버가 꿈꾸는 것은 검색을 시작으로 쇼핑, 페이, 멤버십, 클라우드, 라인웍스 등의 모든 서비스가 서로 연계되어 선순환됨으로써 더 높은 충성도를 갖게 만드는 결과일 것입니다.

플랫폼에 어떻게 대응해야 할까?

　그렇다면 이런 급속한 변화 속에서 어떻게 대처해야 할까요? 네이버와 쿠팡 등의 거대한 물결 속에서도 휩쓸리지 않고 나름의 성과를 올리는 곳을 알아보면 답을 찾을 수 있습니다.

　대표적인 게 정관장에서 운영하는 정몰과 CJ, 동원, 대상, 풀무원 등인데요. 이들의 특징을 보면 자사몰의 포지션을 명확히 한 후 온라인 유통업체의 의존도를 줄이면서 소비자와 직거래 비중을 높이고 있습니다. 이를 제조업체와 소비자 간 직접 거래라고 해서 'Direct to Consumer', D2C라고 부릅니다.

D2C 판매 방식을 도입하는 이유는 이를 통해 소비자의 구매 특성 데이터를 확보함으로써 브랜드 관리와 고객경험 개선에 활용할 수 있기 때문입니다. 과거 도매상과 소매상을 거쳐 제품이나 서비스를 공급하던 방식에서 벗어나, 공급망 전체를 아우르는 고객경험에 따른 마케팅 활동이 가능해지는 거죠. 또 직접 판매하면 불필요한 유통마진이 줄어들어 가격을 낮추거나 수익을 늘릴 수 있습니다.

그런데 D2C 방식으로 판매하려면 더 큰 역량을 갖춰야 합니다. 기업이 소비자에게 직접 판매하기 위해서는 최적화된 물류시스템 및 페이스북, 인스타그램, 유튜브 등 다양한 채널을 활용할 수 있는 내부역량이 필요합니다. 왜 그럴까요? 예를 들어보겠습니다.

비용을 줄이기 위해 유통기한을 늘리려는 제조 관점에서의 접근과, 신선한 식품을 빨리 받아볼 수 있도록 하려는 유통 관점에서의 접근 중 소비자들은 무엇을 선호할까요?

제조의 관점에서 유통기한이 긴 식품을 만들어낼 수는 있으나 이는 소비자들이 원하지 않을 게 뻔합니다. 결국, 신선한 식품을 빠르게 배송하려면 고객 서비스와 물류 시스템이 중요해지죠. 겉으로 보이는 건 대충 흉내를 낼 수 있으나 고객 서비스와 물류 시스템은 말로 떠들어서 되는 게 아닌 실제로 보여줘야 하는 역량입니다. 고객 서비스 체계가 확립돼 있어야 브랜드 인지도를 높일 수 있으며 쿠팡과 마켓컬리 정도는 아니어도 전국에 익일 배송이 가능한 물류 시스템은 기본입니다.

이처럼 제조사가 직접 판매를 하기 위해서는 시스템을 만들고 운영하는 데 투입해야 할 것들이 매우 많습니다. 쿠팡이나 네이버에 주는 수수료가 아깝게 느껴지더라도 온라인 유통채널을 이용하다가 의존도를 점점 줄여나가는 게 현실적인 접근일 것입니다. 채널 또는 플랫폼이 있어야 고객의 정보 확보가 가능하고 이를 바탕으로 새로운 제품과 서비스를 제공할 수 있는 것입니다.

온라인 유통채널 내에서도 균형이 필요합니다. 제조기업은 당연히 팔 수 있는 모든 채널에 자신의 제품을 노출하고 싶어 합니다. 실제 제조사들 대부분이 오픈마켓, 백화점몰, 마트몰, 카카오 등 모든 온라인 채널을 활용합니다. 직접 입점해 직영몰처럼 운영하면서 대리점을 통한 위탁 입점을 병행하는 곳도 있는데요. 이때 동일한 상품의 노출을 위한 채널 확대보다는 온라인 채널 각각에서 차별화를 꾀해야 합니다. 쿠팡은 가격대에 민감한 소비자를 위해 비교적 저렴한 상품들을 중심으로, 신세계몰 같은 백화점몰에서는 중·고가 상품을 위주로 하는 전략이 그것입니다.

판매 채널이 온라인으로 바뀌는 것일 뿐 판매의 본질은 변하지 않습니다. 빠른 배송, 저렴한 가격, 친절한 서비스 같은 기본도 제대로 갖추지 않고 무조건 성과를 기대하는 건 말이 안 되는 일입니다. 또 오프라인에서 운영했던 경험만을 기준으로 온라인에 접근하거나, 그런 제조 마인드로 온라인을 바라보아서도 안 됩니다. 전혀 새로운 형태로, 소비자가 원하는 형태로 온라인 유통에 접근하고 실행해야 합니다.

중요한 건 온라인과 유통업의 관점으로 마인드를 철저하게 전환하는 것입니다. 제조업 관점으로 온라인 비즈니스에 접근해 별도 조직 없이 오프라인과 비슷한 방식으로 운영하면, 대응 속도와 유연성이 떨어져서 경쟁사에 뒤처질 수밖에 없습니다.

시간이 흐를수록
가성비를 향하는 것들

가성비는 처음부터 관심의 대상이 아니었다

일상에서 우리는 '가성비'라는 단어를 많이 사용합니다. 품질이 좋으면서 가격이 낮으면 "가성비가 좋다"라고 표현하고, 품질은 별로인데 가격이 비싸면 "가성비가 좋지 않다"라고 하죠. 그런데 가격과 만족감은 주관적이어서 객관적인 잣대로만 삼기는 어렵습니다. 예를 들어, 가격이 10만 원인 같은 운동화를 보고 어떤 사람은 "가성비가 좋다"고 하고, 다른 누군가는 "가성비가 안 좋다"고 상반된 말을 하니까요. 이런 관점에서 '가성비'는 동일한 상품군에서 다른 상품에 비해 가격이 높지 않으면서 기대했던 바를 채울 때를 의미한다고 볼 수 있습니다.

품질이 뛰어난데 가격까지 저렴한 '가성비' 좋은 상품을 싫어할 사람이 있을까요? 브랜드의 외적인 면들이 영향을 미치지 않는다면, 동일한 상품을 비싸게 구매할 이유가 없습니다. 낮은 가격에 높은 품질의 제품과 서비스를 제공할 능력을 갖춘 기업에게 가성비는 매우 유효한 전략입니다. 문제는 기업이 주장하는 차별점에 소비자들이 수긍하지 않거나, 경쟁 상품들과 품질이 비슷할 때입니다. 기능적인 특징만으로 차별화하기에는 한계가 있다는 말입니다. 결국, 기업은 기능적 특징보다 감성적 특징으로 차별화를 시도하게 되는데요. 이때 브랜드는 기능적 가치 그 이상을 제공하는 역할을 합니다.

스타벅스나 애플, 나이키 같은 브랜드 안에는 제품의 기능뿐만 아니라 다양한 감정과 상징들이 숨어 있습니다. 그리고 소비자들은 자신이 원하는 감정과 상성을 소비하기 위해 그 비용을 지불합니다. 특정 브랜드를 사용함으로써 자신이 원하는 모습으로 변모할 수 있다고 생각하기 때문입니다. 브랜드는 현재의 내 모습을 반영하기도 하지만 내가 되고자 하는 미래의 이상형을 반영하기도 합니다. 기업들은 그래서 자신의 브랜드에 다양한 감성적 요인들을 넣으려고 노력 중이죠.

그렇다면 맥주의 '가성비'는 어떨까요? 뜨거운 여름날에 마시는 생맥주의 첫 잔과 두 번째, 세 번째 잔의 시원함은 분명히 다릅니다! 같은 맥주인데도 말이죠.

이처럼 어떤 상품을 소비하면서 만족감이 감소하는 현상을 경제학에서는 '한계효용 체감의 법칙'이라고 부르는데요. 일반적인 상품은 소비하는 횟수가 거듭될수록 만족도가 떨어지기 마련입니다. 처음 사용했을 때의 만족감과는 비교가 안 되니까요. 따라서 비슷한 상품이라면 저렴한 가격에 좋은 품질의 상품을 찾는 게 합리적인 선택입니다. 다른 사람들에게 나를 특별하게 보여줄 수 있는 상품이 아니라면, 그 외의 대부분은 선택에 있어 가성비가 중요한 기준이 됩니다. 그런데 사치품은 좀 다릅니다. 소비할 때마다 만족도가 감소하지 않습니다.

소스타인 베블런(Thorstein Veblen)은 이를 자신의 부를 과시하기 위해 의식적으로 행하는 '과시적 소비'라고 정의했는데요. 사치품에는 애초부터 가성비를 적용하지 않기 때문에 처음 접했을 때의 감동이 오랫동안 지속되죠. '과시적 소비'는 중독과도 같아서 한 번 경험하면 단계가 점점 높아져 더 비싼 것으로 향해가기 마련입니다. 욕망은 결코 배가 부르지 않으니까요.

'가성비'는 분명 소비의 중요한 한 축입니다. 상품에 대한 모든 정보가 열려 있고 다른 사람들과 경험을 쉽게 공유하는 지금의 현실에서, 브랜드보다는 제품의 질을 따져보는 합리적인 소비는 증가할 수밖에 없습니다. 기업은 결국 가성비 좋은 상품으로 경쟁하거나 차별화를 시도해서 가치 중심의 상품으로 대응할 수밖에 없습니다.

예를 들어보겠습니다. 고객이 만 원을 주고 특정 상품을 샀다면 그가 느끼는 가치는 만 원 이상이어야 합니다. 그래야 구매를 할 테니까요. 그럼 기업은 어떨까요? 고객에게 받은 만 원보다 낮은 비용을 상품에 들여야 합니다. 그래야 돈을 벌 수 있으니까요. 이렇게 가격과 가치의 차이를 벌리는 것을 '가치 기반', 가격과 원가의 차이를 벌리는 것을 '원가 우위'라고 합니다.

같은 산업에 속하면서도 가치를 기반으로 비즈니스를 추구하는 기업과 원가를 기반으로 비즈니스를 추구하는 기업이 있습니다. 무엇이 옳다고 정의할 수는 없습니다. 목표로 하는 고객이 다를 뿐만 아니라, 기업의 전략도 선택의 결과이기 때문입니다.

유사한 산업에서 가치 기반의 비즈니스를 하는 기업으로는 영국의 슈퍼마켓 체인인 웨이트로즈(Waitrose)가 있고, 원가 기반으로 하는 기업으로는 독일의 슈퍼마켓 체인인 알디(Aldi), 집중화를 추구하는 일본의 로피아(Lopia)가 있습니다.

웨이트로즈는 1904년에 설립된 프리미엄 슈퍼마켓으로 공정무역 상품과 지역 상품, 프리미엄 상품 등을 갖추어 놓고 가치를 중요하게 생각하는 소비자들을 집중해서 공략하는 기업입니다. 유기농 제품군의 경우 고급화 전략으로 영국 슈퍼마켓 시장에서 높은 점유율을 기록 중이죠.

웨이트로즈가 중점을 두는 부분 중 하나는 디자인입니다. 에너지 절약을 이유로 불편하지 않을 정도의 밝기를 유지하는 다른 슈퍼마켓과 달리 매장 전체를 환하게 밝힙니다. 인테리어는 편안한 느낌을 강조하면서 곳곳에 나무 마감재를 적용하고 선반 사이에는 널찍한 공간을 확보해 여유를 느끼도록 했습니다. 제품 디자인에도 심혈을 기울입니다. 계피향 설탕을 내용물이 훤히 보이는 투명용기에 담아 판매하며, 통조림과 레트로트 식품은 사진을 패키지 디자인에 활용하고 내용물에 대한 성분정보를 그대로 담습니다. 가격보다는 가치로 승부하죠.

반면, 독일의 슈퍼마켓 체인인 알디는 '초저가 할인점'이라는 원가 기반의 비즈니스 모델을 취하고 있습니다. 우리나라의 노브랜드가 알디를 벤치마킹했다고 보면 되는데요. 알디는 90% 이상의 제품을 자체 PB상품으로 운영하면서 테스코와 월마트를 앞서나가는 중입니다. 또 매장 인테리어 최소화, 저렴한 조명 사용, 직선형 매장 구성으로 상품 이동의 간편화, 바구니나 박스에 담은 채로 상품을 진열해 불필요한 비용을 제거합니다. 게다가 다섯 명 이내의 직원이 청소부터 진열, 계산까지 모두 담당합니다. 인건비도 최소화했죠. 알디는 그렇게 대형마트보다 15~30% 저렴한 가격에 판매하고 있음에도 영업이익률은 5%로 업계 최고 수준인데요. 매출이 매년 8% 이상 늘고 있습니다.

웨이트로즈처럼 가치 기반의 비즈니스를 펼칠지, 알디 같은 원가 기반의 비즈니스를 할지는 기업의 선택입니다. 가치를 높이면서 원가도 낮출 수 있다면 이상적이지만 이 두 가지를 모두 달성하기는 쉽지 않습니다. 가장 큰 이유는 내부적으로 요구하는 역량이 다르기 때문입니다. 가치 기반의 비즈니스를 위해서는 브랜드를 중심으로 한 마케팅이 중요하고, 원가 기반의 비즈니스를 위해서는 생산관리, 품질관리, 재고관리 같은 시스템 구축이 중요하니까요. 또한, 자유로운 환경에서 창의적인 일을 하는 사람에게 원가를 낮추라는 압박이 계속되면 그는 그곳을 떠날 것이고, 기계적이고 반복적인 업무에 편안함을 느끼는 사람에게 창의성을 요구하면 그 역시 마찬가지일 것입니다.

가치를 높이면서 원가를 낮추는 방법도 있습니다. 그 중 하나는 '집중화'입니다. 일본 중소 슈퍼마켓 로피아(Lopia)는 정육을 중심으로 한 신선식품으로 승부하고 있습니다. 일본 전역에 50여 개의 매장을 운영 중인 로피아는 최근 10여 년간 매출이 지속적으로 오르고 있습니다. 매장 규모는 크지 않으나 오프라인 유통업계의 위기 속에서 꾸준히 성장 중이라는 사실에 주목할 필요가 있습니다.

로피아의 핵심 무기는 낮은 가격(Low Price)입니다. 그리고 정육에 집중하기 때문에 소비자들이 느끼는 가치가 상대적으로 높습니다. 지금은 슈퍼마켓으로 발전했음에도 정육을 중심으로 한 신선식품에서 대부분의 매출이 발생하는데요. 이처럼 정육 같은 특정 상품군에 집중하게 되면 차별화와 원가 우위를 동시에 달성할 수 있습니다. 규모의 경제로 정육 원가를 낮추고, 정육을 중심으로 신선식품을 판매한다는 인식이 형성되어 차별화가 가능하니까요. 게다가 좋은 품질의 다양한 신선식품을 저렴하게 살 수 있다면 소비자들은 계속 그곳을 찾을 수밖에 없습니다. 고정비와 변동비의 최적화도 가능해집니다.

제조의 힘과
유통의 힘

제조와 유통, 어느 쪽이 중요할까?

제조업체가 유통까지 잘하기는 쉽지 않습니다. 제조라는 영역은 연구개발을 중심으로 품질관리와 생산관리가 중요하고, 유통이라는 영역은 고객과의 접점을 다양하게 갖추어 놓고 규모의 경제를 통해 저렴하게 판매하는 게 가장 중요하기 때문입니다. 제조에서 요구하는 역량과 유통에서 요구하는 역량이 이처럼 달라서 하나의 조직이 제조와 유통을 동시에 잘하기는 어렵습니다.

그럼 제조 능력이 중요할까요, 유통 능력이 중요할까요? 소비자들은 제품을 구매하므로 1차적으로는 제조가 중요합니다. 하지만 아무리 좋은 제품도 소비자가 구매하지 않으면 의미가 없으니 유통도 중요합니다. '제조가 중요한가, 유통이 중요한가?'라는 질문은 그 자체가 잘못된 것이죠.

그럼에도 이 질문은 계속되고 제조와 유통은 매일매일 현장에서 갈등을 빚고 있습니다. 제조는 유통 마진을 인정하려 하지 않고, 유통은 어떻게든 저렴하게 제품을 매입하려고 노력하는 과정에서 나타나는 결과입니다.

만약, 높은 기술력과 경쟁자를 압도하는 생산능력이 없다면 유통의 힘이 더 셀 것입니다. 실제로 유통망을 구축해 놓은 유통기업이 제조기업을 컨트롤할 때가 많습니다. 쿠팡과 이마트는 자체 브랜드 PB(Private Brand)제품을 판매하는데요. PB제품은 통상 유통사가 직접 기획하고 개발해서 기존 제조사와 협업하는 방식으로 만들어집니다. 말이 협업이지 제조기업은 유통기업의 아웃소싱 역할을 할 뿐입니다. 유통회사로서는 직접 만들어 팔기 때문에 수익성이 좋은 데다 다른 유통업체와 차별화를 꾀할 수 있는 반면에, 제조회사는 자체 브랜드를 키워가기 어렵게 되죠. 결국, 시간이 흐를수록 유통회사에 종속될 수밖에요.

유통업체들의 PB 경쟁은 더욱 치열해지는 중입니다. 다른 경쟁사에서는 구매 불가능한 매력적인 상품들을 갖추는 게 앞으로 유통업체들의 주요 '차별화' 포인트가 될 가능성이 크기 때문입니다. 소비자 입장에서는 '가성비 갑'인 상품이 많아지면 나쁠 게 없습니다. 이마트 '노브랜드'가 세상에 나오기 전까지는 PB제품은 가격이 저렴한 만큼 제품의 질이 떨어진다는 선입견이 있었는데요. 노브랜드가 가격은 물론 제품의 질까지 잡았다는 평가를 받으면서 새로운 카테고리를 정착시켰습니다.

쿠팡도 PB제품에 많은 공을 들이고 있습니다. 특히, 쿠팡이 처음 선보인 생활용품 PB 브랜드 '탐사' 제품 중에서 '탐사수'는 쿠팡 내에서 단일 제품으로 가장 많이 팔리면서 기존의 생수 시장에 큰 위협이 되기도 했습니다.

최근에는 배달의민족이 PB상품을 중심으로 비즈니스 모델을 확장하고 있습니다. 치킨집과 소비자 중개를 넘어 'B마트'라는 서비스로 자체 PB상품을 판매하는데요. 1~2인 가구를 타깃 삼아 소포장 제품으로 어필하고 있습니다. 네쪽식빵과 반반만두, 0.7공깃밥 등 소량으로 나온 상품들입니다. 시중에서 판매되는 햇반 같은 즉석밥을 소비자들이 남기는 경우가 많다는 사실에 착안하여 양을 조금 줄인 즉석밥을 내놓고 있는 것이죠.

규모의 경제로 압박 중

쿠팡, 이마트, 배달의민족처럼 탄탄한 유통망을 확보한 기업들은 규모의 경제로 제조업체를 압박 중입니다. 제조업체가 가격 인하에 소극적이면 중국에서 OEM으로 생산해 오는 방식으로 가격을 낮추기도 합니다. 그러면 기술력이 높지 않거나 브랜드를 확보하지 못한 기업은 울며 겨자 먹기로 유통업체의 요구사항을 들어줄 수밖에 없습니다.

제조업체는 어떻게 대응해야 할까요? 제조업체는 앞으로 유통업체에 종속될 수밖에 없는 걸까요? 섣불리 단정할 수 없습니다. 어떻게 대응하느냐에 따라 달라지겠죠.

비슷한 품질의 제품과 서비스를 제조하는 기업이라면 유통업체에 종속될 가능성이 큽니다. 하지만 온라인의 유통 비중이 커지면서 이제는 제조기업도 유통에 뛰어드는 시대가 되었는데요. 오프라인 유통채널 확보를 위해서는 많은 인력과 자본이 필요하지만, 온라인은 상대적으로 저렴한 비용으로 진입이 가능하기 때문입니다.

아웃도어 시장의 이단아 칸투칸

제조기업이면서 직접 유통까지 해서 성과를 올리고 있는 기업으로는 칸투칸이 있습니다. 칸투칸은 자주 입지도 않는 등산복에 큰돈을 투자하고 싶지 않은 사람들을 공략해 600억 원대의 매출액을 만들어낸 기업입니다.

2003년에 조은쇼핑이라는 작은 온라인 쇼핑몰로 시작한 칸투칸은 2005년에 아웃도어 제조와 유통을 시작했습니다. 특이한 점은 유명 연예인 모델을 쓰지 않고도, TV와 신문 등에 광고를 하지 않고도, 오프라인 매장 없이도 600억 원대의 매출을 올리는 기업으로 성장했다는 것입니다.

의류산업은 전통적으로 제조가격보다는 디자인과 브랜드, 판매가격을 중심으로 유통, 판매, 마케팅이 이루어져 왔습니다. 그런데 이러한 관행에서 벗어나 아웃도어를 넘어 의류산업을 혁신하고 있는 기업이 바로 칸투칸입니다. 칸투칸은 판매의 중간 단계를 과감히 생략하면서 제품단가를 줄였는데요. 문제를 숨기기보다는 이를 해결하기 위해 사업을 재창출함으로써 비즈니스 문제를 해결한 사례입니다.

칸투칸은 비즈니스의 전통적인 구조를 따르지 않습니다. 중간 유통단계를 없애고 공장에서 의류를 제조한 후 온라인에서 직접 파는데요. 특이한 건 온라인 사이트에 원가 등 가격구조를 공개한다는 점입니다. 온라인을 중심으로 마케팅을 진행하는 칸투칸은 태생부터 온라인을 전략의 중심에 놓고 40대 이상 남성들을 공략하면서 기존 아웃도어 브랜드와 차별화를 시도했습니다. 회원이 약 130만 명인데 남성 회원의 구매율이 90%를 넘는다고 합니다. 40대 이상 남성 소비자를 대상으로 한 리타기팅 광고와 관계형성을 통한 커뮤니케이션으로 성장한 기업이라고 해도 과언이 아닙니다.

대한민국 중소기업 중에 디지털 마케팅을 가장 잘하는 기업으로 칸투칸이 유명합니다. 인터넷이나 스마트폰에서 자주 콘텐츠를 소비하는 남성이라면 칸투칸이 어떤 회사인지는 잘 몰라도 한 번쯤은 들어본 적이 있을 것입니다. 이는 칸투칸이 40대 이상의 남성을 타깃으로 다양한 디지털 마케팅을 진행했기 때문입니다.

예를 들어 페이스북에 등산이나 산책 이야기를 남기면 어김없이 칸투칸 광고가 노출됩니다. 그렇게 칸투칸 사이트에 유입되면 조금 전에 보고 간 상품이 다른 사이트에서 또 노출됩니다. 페이스북에서 타깃 광고를 한 후 웹사이트에 방문한 사람들을 대상으로 구글 리타기팅 광고를 집행한 거죠. 실제 디지털 마케팅을 컨설팅하는 전문가들이나 구글 관계자들은 이구동성으로 칸투칸이 우리나라에서 디지털 마케팅을 가장 잘하는 기업 중 하나라고 입을 모읍니다.

40대 이상의 남성을 타기팅한 것도 주요한 전략 중 하나로 칸투칸은 4050 남성 소비자를 설득할 수 있는 카피와 콘텐츠에 집중합니다. 칸투칸 상세설명을 들여다보면 마치 유능한 부하직원이 진심을 다해 권하는 듯한 느낌을 줍니다. 또한, 제품의 특징을 직관적으로 알 수 있는 사진을 전면에 내세우는데요. 미적인 부분을 강조하는 다른 브랜드와는 확연한 차이를 보입니다. 온라인에서 구매하는 고객들을 위해 상세설명은 꼼꼼하게, 그리고 제품 사진과 함께 구매후기들을 손쉽게 확인할 수 있도록 구성해 놓았습니다. 과하지 않고 기본에 충실한 제품 디자인, 합리적인 가격 등으로 40대 이상의 남성들을 사로잡은 거죠.

물론, 칸투칸도 지금은 다른 기업처럼 성장통을 겪고 있습니다. 아웃도어 시장이 정점에 달하면서 골프웨어, 비즈니스 캐주얼, 스포츠웨어 등으로 상품군을 확대했는데 원가비율이 65% 수준에 달하면서 수익률이 한계에 다다랐거든요. 최대 강점으로 꼽혔던 원가경쟁력 등 경영 효율성이 후퇴하면서 손실을 피할 수 없게 되었습니다. 칸투칸은 매출원가율이 60% 미만일 때는 흑자이지만 60% 수준을 넘어서면 수익성이 악화됩니다. 이는 저가 중심 온라인 판매라는 비즈니스 모델의 한계이기도 합니다. 모든 차별화는 결국 나중에 비슷해지기 쉬우므로 칸투칸의 비즈니스 모델이 한계를 맞이한 상황은 어찌 보면 당연한 것인지도 모릅니다.

그럼에도 매출액 대비 적자가 감당 못할 수준은 아니며, 지금의 성장통을 겪고 나면 더 큰 기업으로 성장하리라 생각됩니다.

데이터 중심의 고객경험 최적화

다시 묻겠습니다. 제조 능력이 중요할까요, 유통 능력이 중요할까요? 물론 둘 다 중요합니다. 그러나 앞으로 이러한 구분은 의미가 없어질 것입니다. 유통은 제조를 통합하고, 제조는 유통을 통합할 테니까요.

앞서 이야기했듯 유통기업은 PB상품 등으로 전방에 있는 제조기업을 통합하고 있습니다. 반면, 칸투칸 같은 제조기업은 온라인을 중심으로 유통을 통합 중입니다. 이를 수직적 통합이라고 하는데요. 쿠팡의 방식은 수직적 통합 중 전방통합에 해당하고, 칸투칸은 수직적 통합 중 후방통합에 속합니다.

그렇다면 기업들은 왜 수직적 통합을 할까요? 또 수직적 통합이 늘어나는 이유는 무엇일까요?

가장 큰 이유는 최적화된 고객경험을 제공하기 위해서입니다. 그리고 수직적 통합이 가능한 이유는 비즈니스가 디지털을 중심으로 통합되고 있기 때문입니다. 이를 실증적으로 보여주는 곳이 바로 중국의 알리바바입니다. 알리바바는 오프라인 유통업체를 공격적으로 인수해 유통망을 확보하는 한편, 온라인 플랫폼과 연결해 혁신적인 서비스를 계속 만들어냅니다. 여기에 전자상거래 및 물류 서비스를 통해 확보한 데이터를 바탕으로 새로운 상품과 서비스를 제공하고 있죠.

알리바바가 운영 중인 식료품 체인점 '허마셴성(盒馬生生)'은 미래의 유통을 보여줍니다. 허마셴성은 중국 주요 도시에 오프라인 매장을 설치한 후 그 데이터를 기반으로 공급망을 관리하고 있습니다. 데이터 중심의 비즈니스로 인해 제로 수준의 결품률과 5% 미만의 폐기율을 자랑합니다. 매장에서 5km 이내 거리는 주문 후 30분 이내에 제품을 배달해 주는데요. 주문 및 배송 관리, 공급망 관리 등에서 탁월한 역량을 축적했기 때문에 가능한 결과입니다.

앞으로의 제조와 유통은 알리바바 허마셴성과 같아질 확률이 높습니다. 데이터를 중심으로 최적화된 고객경험을 제공하는 거죠. 기업들은 모두 고객경험을 중시한다고 하지만, 실제로 온라인과 오프라인을 관통하는 고객의 인사이트를 체계적으로 축적하고 이를 제품개발과 서비스에 반영하는 기업은 그리 많지 않습니다. 하지만 알리바바는 미디어, 상거래, 물류, 모바일 결제 및 금융 등 주요 사업 영역에서 상품 및 고객과 관련한 모든 데이터를 실시간으로 수집해 분석합니다. 이를 바탕으로 성장을 가속화하고 있는 것이죠.

큰 그림 속에서
디테일 추구하기

고객경험과 서비스의 차이점

우리는 고객경험을 단순히 멋진 공간을 만들고 다양한 서비스를 제공하는 정도로 가볍게 생각하는 경향이 있습니다. 멋진 공간과 서비스도 물론 고객경험의 일부이기는 합니다만 개념이 다릅니다. 고객경험은 의도적으로 고객을 참여자로 끌어들이는 것이며, 서비스는 상품을 구입하면서 기대되는 혜택을 말합니다. 예를 들면, 애플스토어에서 운영 중인 '지니어스 바(Genius Bar)'는 고객경험에 해당합니다. 지니어스 바는 매장 내 바(Bar) 형태의 테이블에서 전문가(Genius)와 기기를 함께 다루며 상호 소통합니다. 단순 판매보다 사용자 체험과 문제해결에 초점을 맞추죠.

반면, 호텔 등에서 제공하는 회원 전용 주차공간, 뷔페 레스토랑 식사권, 중식 코스요리 식사권 등은 서비스에 해당합니다. 제공되는 서비스가 종료되면 다시 돈을 내야 이용할 수 있는데요. 이렇게 여러 개의 서비스를 제공한다고 해서 고객경험이 만들어지지는 않습니다.

사용하는 단어에서도 고객경험과 서비스의 차이가 나타납니다. 서비스를 제공하는 기업은 고객을 게스트나 클라이언트 등으로 부릅니다. 기업들이 고객을 위해 무엇인가를 할 필요가 있음을 뜻하죠. 반면, 고객경험에서는 고객을 참여자로 봅니다. 상호작용(interaction)을 통해 감정을 느낀 사용자가 행위와 감정을 연결함으로써 고객경험이 완성되는 것입니다.

경험은 복잡한 듯 보이지만 늘 존재해 왔습니다. 기업이 원하는 결과를 이루기 위해서는 누군가가 목적을 가지고 개입해야 합니다. 경험 디자인이란 경험 요소들을 의도적으로 조율해 참여자들과 함께 상호작용하게 만드는 걸 말합니다. 이처럼 다양한 접점들이 고객을 위해 얼마나 조회롭게 작동하는지에 따라 품질이 결정되므로 적절한 개입이 필요할 수밖에 없죠.

최적화된 고객경험을 제공하기 위해서는 비즈니스 모델 관점의 접근이 필요합니다. 나무보다는 숲을 보는 게 비즈니스 모델의 관점이라고 할 수 있습니다. 숲을 보아야 하는 이유는 온라인과 오프라인의 경계가 없어지고, 제조와 서비스가 통합되면서 기업의 비즈니스가 더욱 복잡해졌기 때문입니다.

이 같은 비즈니스 모델 관점으로 고객경험을 바라보기 위해 제가 집필한《비즈니스 모델을 혁신하는 5가지 길》과《디지털 마케팅 레볼루션》의 내용 일부를 소개하겠습니다.

고객경험 측면의 비즈니스 모델은 '수직적 통합'과 '수평적 통합'을 중심으로 설명될 수 있습니다.

수직적 통합은 고객경험 측면에서 주로 활용되는데 전방통합과 후방통합으로 다시 구분됩니다. 예를 들면, 쿠팡과 마켓컬리는 당일배송을 위해 상품을 매입해 판매하는데 이를 '후방통합'이라고 합니다. 반면, 정관장은 오프라인 매장을 운영하는 한편 온라인 쇼핑몰인 '정관장몰'을 운용하고 있는데, 이를 '전방통합'이라고 합니다. 후방통합이든 전방통합이든 수직적 통합을 하는 이유는 고객경험을 최적화하기 위함입니다.

수평적 통합은 시장 확대 측면에서 활용됩니다. 교차판매(Cross-Selling)가 대표적인 수평적 통합에 해당합니다. 예를 들면, hy(야쿠르트)는 야쿠르트 아줌마(프레시 매니저) 채널을 통해 반찬 배달 및 뷰티제품 등을 판매합니다. 동일한 고객에게 판매하는 상품의 수를 확대하는 전략입니다. 이는 영화관에서 팝콘으로, PC방에서 간식으로, 패스트푸드점에서는 콜라로 돈을 버는 방식과 비슷합니다. 판매 상품에 다른 상품을 묶어 판매하면 객단가가 높아지고 매출이 커지거든요.

수직적 통합과 수평적 통합이 이루어지면 고객에게 더 나은 조건 제시가 가능해집니다. 마케팅 측면에서 활용되던 업셀링(Up-Selling)을 비즈니스 모델에도 적용할 수 있죠. TV를 구입하러 온 고객에게 홈시어터를 권장하거나, 침대를 사러 온 고객에게 화장대와 소파를 한꺼번에 판매하는 방식입니다. 업셀링은 다른 한편으로 고객의 니즈를 분석해 새로운 가치를 제공하는 상품제안이 되기도 합니다.

모든 산업이 대전환기에 접어들었습니다. 온라인과 오프라인의 경계 또한 허물어졌습니다. 스마트폰을 통해 언제 어디서나 손쉽게 정보 탐색이 가능한 시대입니다. 여기에 가상현실, 간편결제, 물류 혁신까지 변화는 이미 진행 중입니다.

변화의 중심축에는 디지털 기술이 있으나 본질은 소비자입니다. 편리함을 경험한 사람들은 과거로 돌아가지 못합니다. 디지털 기술이 소비자를 편리하게 해주고, 그 편리함에 익숙해진 소비자들은 이제 과거로 돌아갈 수 없다는 뜻입니다.

온라인, 오프라인, 가상현실까지 유례가 없을 만큼 광범위한 연결성(connectivity)의 확장이 비즈니스 모델 자체를 변화시키고 있습니다. 이를 통한 소비와 유무형 상품의 흐름도 달라졌습니다. 이 같은 변화 속에서 기업의 브랜드 경쟁력도, 소비자의 의사결정권도 상당 부분 힘을 잃어가고 있습니다. 따라서 기업과 소비자의 관계에 대한 접근 방식에도 변화가 불가피합니다.

작은 디테일, 고객은 크게 본다

고객경험을 설계하기 위해 고객을 구체적인 대상으로 바라봐야 합니다. 이를 위한 방법론이 '페르소나(Persona)'입니다. 나이키는 여성 고객 확대를 위해 1억 4000만 명의 나이키 플러스 회원 데이터를 분석했습니다. 나이키가 주목한 여성 고객의 욕구는 '하프 마라톤', '30세', '스타일 중시', '쇼핑'이었습니다. 이를 바탕으로 페르소나를 작성해 나이키가 제공할 수 있는 서비스를 세세하게 분석했고, 이에 맞는 서비스를 론칭함으로써 많은 여성 고객을 확보할 수 있었습니다.

모두를 만족시키려 하기보다는 소수를 공략하는 것도 필요합니다. 스포츠 브랜드인 '짐샤크(Gymshark)'는 보디빌딩 마니아를 공략해서 성장한 회사입니다. 짐샤크는 근육 마니아들을 위주로 기능성과 디자인을 강조하며 근육을 돋보이게 해주는 제품들을 출시했습니다. 보디빌딩 박람회에 참석하고, 전문 보디빌더와 피트니스 대회를 후원하고, SNS 마케팅을 활성화하고, 선수들을 끊임없이 후원했는데요. 결과적으로 짐샤크는 보디빌딩 마니아 시장에서 엄청난 인기를 누렸고, 피트니스 산업의 발전과 함께 급속도로 성장했습니다.

비즈니스 모델 관점에서 고객경험을 바라보는 것만큼이나 중요한 게 디테일입니다. 전설이 된 디자이너 지방시(Givenchy)는 "럭셔리는 작은 디테일에 있다"고 설파한 바 있습니다. '디테일(detail)'은 몸통(trunk)보다 작고 덜 중요한, '사소한 꼬리' 같은 개념입니다. 사실, 모든 비즈니스는 먼저 작고 소소한 사항들에 집중해야 합니다. 예를 들면, 맛집이라고 찾아간 식당에서 종업원의 불친절한 말투에 기분을 망친 경험처럼 세부적인 사항이 간과될 때 소비자들은 실망하기 마련입니다.

상품이나 서비스에 실망했을 경우 소비자에게는 여러 대안이 있습니다. 경쟁기업으로 이탈하거나 자신의 불만족스러운 경험을 가족이나 친구들에게 퍼뜨릴 수도 있죠. 하지만 더 큰 문제는 네이버, 페이스북, 인스타그램, 유튜브 같은 온라인 공간에 기록으로 남길 때입니다. 기업이나 판매자에게는 이런 행위가 불공평하게 생각될 수도 있으나 비즈니스 세계에서는 모든 것이 중요하다는 사실을 잊어서는 안 됩니다. 별거 아니라고 생각하는 작은 것들이 큰 문제로 확장되기 마련이니까요.

고객경험 사례로 스타벅스가 항상 언급되는 이유는 디테일한 부분까지 놓치지 않는 데 기인합니다. 커피가 맛없다고 평가하는 사람도 있고, 사람들이 너무 많아서 도떼기시장 같다는 이야기를 듣기도 합니다. 그런데도 사람들이 스타벅스를 찾는 것은 매장 공간의 개방성, 커피 고유의 향을 해치지 않는 메뉴 구성, 시즌별로 관심을 끄는 메뉴 보드, 카운터의 디자인, 청결한 매장, 항상 밝은 목소리로 응대하는 직원 등 세세한 사항들에서 전체를 경험할 수 있기 때문입니다.

디테일한 부분까지 집중하는 기업으로 이케아도 유명합니다. 이케아는 통로를 따라 진열해 놓은 제품을 구경하는 차원이 아니라 완벽하게 꾸며진 거실, 식사 공간, 부엌, 화장실 등을 제안합니다. 마치 누군가의 집에 초대받은 느낌을 받는데요. 실제로 이케아는 쇼룸을 디자인할 때 그 집에 사는 사람에 대한 스토리를 만들어낸다고 합니다. 각 방에 누가 사는지, 어떤 일을 하는지, 어떤 취미를 가졌는지 상세한 스토리를 구성해 쇼룸을 만드는 거죠.

이케아가 제안하는 쇼룸의 디테일과 규모, 다양성은 상상 이상입니다. 그냥 이대로 여기서 살아도 되겠구나 싶을 정도로 가구와 관련 없는 소품까지 디테일하게 갖춰놓았거든요. 가구 서랍을 열면 잘 개어놓은 옷들이 있고, 세탁기를 열어보면 세탁해야 할 빨래들이 들어 있습니다. 단순히 진열만 해놓은 게 아니라 우리의 라이프 스타일을 그대로 재현한 노력이 돋보입니다.

이케아의 디테일은 쇼룸에만 있는 게 아닙니다. 고객이 미처 인식하지 못하는 지점까지 꼼꼼하게 설계합니다. 이케아 매장에는 쓸모없는 공간이 없습니다. 쓸모없는 공간은 과감히 삭제합니다. 널찍한 공간은 휴식 장소로, 좁은 공간은 디테일한 쇼룸으로 모든 공간이 빈틈없이 자신의 역할을 부여받아 수행 중입니다. 바닥의 화살표도 그중 하나로, 매장이 넓다 보니 자칫 복잡하게 보일 수도 있으나 바닥에 그려진 화살표를 따라 걸으면 쇼핑의 흐름을 놓치지 않습니다. 매장을 잠깐만 둘러봐도 고객의 동선과 조명, 화살표까지 디테일하게 신경 쓴 흔적을 곳곳에서 확인할 수 있습니다.

"위대한 행동이라는 것은 없다. 위대한 사랑으로 행한 작은 행동들이 있을 뿐이다"라는 테레사 수녀의 명언처럼 기업들이 판매하는 제품과 시비스에는 진정성이 담긴 디테일이 필요합니다.

물론, 디테일은 눈 깜짝할 사이에 경쟁사에 의해 상향평준화되기 마련입니다. 처음에는 "와우!" 하고 외치던 고객들도 몇 번 접하다 보면 시큰둥해지거든요. 따라서 고객경험을 1회성 이벤트나 인테리어를 변경하는 정도로 생각해서는 안 됩니다. 기업의 모든 관계자들이 고객의 관점에서 생각하고, 다양한 기술을 도입해 고객경험을 최적화해 나가야 합니다.

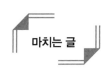

마치는 글

　지금은 모든 부분에서 소비자들의 취향이 세분화되었습니다. 그들은 평준화된 소비보다 차별화된 경험을 중요하게 생각합니다. 이런 변화 속에서 골목길이 다시 조명을 받고 맞춤형 소비와 큐레이션 서비스, 구독경제, 맞춤형 서비스 등이 트렌드를 넘어 하나의 산업으로 성장 중입니다.

　《취향과 경험을 판매합니다》 원고를 마무리하는 중에 '걷기'와 '유튜브'가 떠올랐습니다. '라이프 스타일', '비즈니스 모델', '취향', '경험'을 키워드로 처음 아이디어를 떠올린 후 출간까지 2년 정도가 걸렸습니다. 그 시간 동안 책 속에 나와 있는 다양한 곳들을 방문하면서 실체를 확인하려 노력했습니다. 한남동과 이태원 거리를 걸으면서 플래그십 스토어를 방문해 보기도 하고, 성수동을 걸으면서 힙하기로 유명한 카페에서 사람들의 행동을 관찰하기도 했으며, 홍대와 연희동을 걸으면서 젊은 감성이 무엇일까를 생각해 보고, 코로나로 인해 외국인의 발길이

끊긴 명동을 구석구석 걸어보기도 했습니다.

통영에서 강의가 있는 날은 봄날의 책방과 배양장 카페, 전주에서 강의가 있는 날은 완주군에 소재한 아원고택을 방문했고요. 파주, 강릉, 속초, 부산, 청주, 공주, 군산, 인천, 제주 등 전국 곳곳을 다녀보는 경험도 각별했습니다.

해외 사례와 생각을 확장하는 데는 유튜브의 도움을 받았습니다. 뉴욕의 소호 거리를 걸어볼 수는 없었으나 스토리와 쇼필즈 매장을 구경했으며, 룰루레몬에 열광하는 소비자를 찾아보았고, 아마존과 알리바바의 허마센셩 서비스를 들여다보았습니다. 루이비통, 샤넬, 구찌 등의 명품 브랜드를 이해하는 데도 유튜브가 도움이 되었는데요. 인류가 코로나를 종식시켜 이동이 자유로워진다면 유튜브가 아닌 두 발로 직접 걸어보는 날을 상상하곤 했습니다.

《디지털 마케팅 레볼루션》,《비즈니스 모델을 혁신하는 5가지 길》,《마케팅의 정석》,《인터넷 쇼핑몰을 위한 사업계획서 만들기》처럼 그동안 출간한 책들은 나름의 전문성과 함께 뾰족함을 갖고 있었습니다. 강의와 컨설팅, 멘토링 등이 포함되는 작업이라 나름 자신감을 가졌던 책들입니다.

《취향과 경험을 판매합니다》는 앞의 책들과 연관되면서도 조금 더 대중성을 띤 내용입니다. 그렇다 보니 다양한 브랜드를 직접 접해 보려 노력했고, 구체적인 사례로 설명한 곳들은 직접 가보기도 했는데요. 의지와는 달리 경험의 폭이 제한적이라 집필에 더욱 어려움을 느꼈던 것도 사실입니다.

매번 느끼지만 글쓰기는 나와 만나는 과정이기도 합니다. 쓰면서 기쁨을 맛보기도 하지만, '제대로 아는 게 없구나!', 쓰디쓴 나의 현실에 직면하기도 합니다.

이런 점에서 보면《취향과 경험을 판매합니다》도 잘 알기 때문에 쓰기 시작한 게 아니라 모르기 때문에 쓰기 시작했다는 표현이 맞습니다. '라이프 스타일', '비즈니스 모델', '취향', '경험' 등의 키워드로 시중에 출간된 많은 책들을 읽어보면서 흩어진 생각들을 정리할 수 있었습니다. 가능한 범위 내에서 실제 소비자가 되어보기도 하고, 때로는 한 발짝 떨어져서 그들의 입장을 대신 고민하기도 했습니다.

이 책을 쓰면서 라이프 스타일 비즈니스 모델에 대한 생각이 정리되고 확장되는 경험을 했습니다. 독자들에게도 이러한 경험이 와닿길 바랍니다. 감사합니다!

은종성

초판1쇄 발행 2022년 5월 1일

지은이 은종성
펴낸이 제이슨
펴낸곳 도서출판 책길

신고번호 제2018-000080호
신고년월일 2018년 3월 19일

주소 서울특별시 강남구 테헤란로2길 8, 4층(우.06232)
전화 070-8275-8245
팩스 0505-317-8245
이메일 contact@bizwebkorea.com
홈페이지 bizwebkorea.com / oneceo.co.kr / interviewer.co.kr
페이스북 facebook.com/bizwebkorea   **인스타그램** instagram.com/bizwebkorea
블로그 blog.naver.com/bizwebkorea   **유튜브** youtube.com/c/jongseongeun

ISBN 979-11-963976-7-8 12320